L'ITALIE EN 1671

RELATION D'UN

VOYAGE DU MARQUIS DE SEIGNELAY

SUIVIE DE LETTRES INÉDITES A VIVONNE,
DU QUESNE, TOURVILLE, FÉNELON

ET

PRÉCÉDÉE D'UNE ÉTUDE HISTORIQUE

PAR

PIERRE CLEMENT

de l'Institut.

PARIS
LIBRAIRIE ACADÉMIQUE
DIDIER ET Cⁱᵉ, LIBRAIRES-ÉDITEURS
QUAI DES AUGUSTINS, 35.

L'ITALIE EN 1671

RELATION D'UN

VOYAGE DU MARQUIS DE SEIGNELAY

Paris — Imprimé chez A. PILLET fils aîné, rue des Grands-Augustins

L'ITALIE EN 1671

RELATION D'UN

VOYAGE DU MARQUIS DE SEIGNELAY

SUIVIE DE LETTRES INÉDITES A VIVONNE,
DUQUESNE, TOURVILLE, FÉNELON

ET

PRÉCÉDÉE D'UNE ÉTUDE HISTORIQUE

PAR

PIERRE CLÉMENT

de l'Institut.

PARIS
LIBRAIRIE ACADÉMIQUE
DIDIER ET Cⁱᵉ, LIBRAIRES-ÉDITEURS
QUAI DES AUGUSTINS, 35.

1867
Tous droits réservés

PRÉFACE

Nous n'avons nullement la prétention d'introduire sur la scène un nouvel écrivain et d'augmenter la galerie des prosateurs célèbres du grand siècle. Ce volume a des visées moins hautes. La première partie du voyage qu'on va lire est, tout simplement, pour une époque où les relations de ce genre font défaut, un guide rétrospectif à l'usage de ceux qui désireraient connaître quelles merveilles emplissaient, il y a tantôt deux cents ans, les églises, les musées, les palais de l'Italie. Le touriste dont nous exhumons le rapide journal, et qui devint plus tard un ministre éminent, n'était alors qu'un jeune homme de vingt ans ; mais son père lui avait adjoint trois compagnons éclairés : l'architecte Blondel, un neveu de Mignard, excellent dessinateur, le lettré Isarn, son précepteur ; et l'on peut croire, sans lui faire tort, qu'il est presque toujours l'écho de leurs jugements. Viennent ensuite, sur l'arsenal de Venise, et sur sa constitution et celle de Gênes, des détails et des appréciations d'un tout autre caractère, suivis d'une excursion en Hollande. Le volume se termine par des lettres de Seignelay qui voient le jour pour la première fois.

Le premier et le plus grand *curieux* du dix-septième siècle, le cardinal Mazarin, avait collectionné, en amateur qui ne compte pas, les raretés artistiques de toutes les époques, et rempli ses palais de chefs-d'œuvre. Seignelay, qui avait pu les admirer avant qu'un indigne légataire les eût saccagés et dispersés, s'éprit de la même passion. De retour en France, le goût épuré et formé par les merveilles de toutes sortes qu'il avait vues, par la conversation des savants auxquels Colbert l'avait adressé, il consacra une partie de son immense fortune à l'acquisition d'une quantité considérable de tableaux, de statues, de tapisseries, et devint à son tour un des plus illustres curieux du temps.

Complète autant qu'une nomenclature de ce genre peut l'être, la relation que nous publions a, sous un autre point de vue, un défaut que nous ne pouvons pas dissimuler. On y voudrait plus d'observation personnelle; l'appréciation raisonnée, le pourquoi de l'éloge et du blâme manque trop souvent, et le jeune voyageur ne s'y montre pas assez avec sa fougue naturelle et les vives impressions de son âge. A qui la comparerait avec celles du président de Brosses et du président Dupaty, le contraste paraîtrait déjà grand: que serait-ce, si l'on arrivait aux descriptions étincelantes qu'un brillant critique contemporain, M. Taine, vient de faire des musées d'Italie et de la vie italienne? S'il y a parfois excès d'un côté, si tant de couleur éblouit, Seignelay tombe dans l'excès contraire, et la réserve que nous lui reprochons est d'autant plus regrettable qu'il avait, on pourra s'en apercevoir, les qualités d'esprit nécessaires pour semer son récit de traits et de détails piquants. Mais son père, le *vir marmoreus*, le travailleur austère et infatigable dont parlent Guy Patin et les contemporains, lui avait tracé un programme positif, et il s'y conformait scrupuleusement. Quelques pages sans doute font exception çà et là; — celles où il nous montre les plaisantes mortifications des Franciscains de Bologne, le fanatisme des flagellants de Rome, l'accord édifiant du vice-roi de Naples avec les bandits; — jolies esquisses un peu trop rares pour un champ d'observation si vaste et si nouveau à cette époque. Autre singularité. Ce jeune patricien aux passions précoces, qui mourra avant quarante ans épuisé par les plaisirs, semble n'avoir vu, dans les charmants pays qu'il visitait, que des tableaux, des statues, des monuments, des ruines, et il nous montre, pour ainsi dire, une Italie sans italiennes. Objectera-t-on qu'il n'en parlait pas parce qu'il y pensait déjà trop et que son père, qui le savait, n. eût pas toléré les futilités? Soit. Notons, par contre, quelques passages de son journal pleins de la sainte horreur que le style gothique inspirait alors, horreur que d'illustres prélats partageaient et que Fénelon lui-même laisse bien voir en comparant ce genre d'architecture à un *mauvais sermon*. Seignelay, lui, trouve l'église cathédrale de Pise, le Dôme, *d'un goût barbare*; « *et pourtant*, ajoute-t-il, *elle commençoit à sortir du gothique.* » A Venise, la place Saint-Marc ne lui paraît avoir « rien de considérable que la masse du bâtiment de l'église, ses clochers et sa principale entrée étant d'un ouvrage *tout à fait gothique.* » Sait-on, en revanche, le style qui plaît à Blondel, à Mignard, à Isarn, et par conséquent à Seignelay? C'est le style jésuite, qu'il admire à Rome, à Naples, à Venise, partout où il le rencontre ; ce style plat, sans originalité, sans poésie, dont toutes les églises construites à Paris du milieu du xviie siècle au xixe, nous offrent de si tristes échantillons, et pour lequel le public, plus éclairé sur ce point que les contemporains de Louis XIV, n'a plus assez de dédains.

Mais ce n'est là que la première partie du *Voyage*. Le programme dressé par Colbert était celui d'un homme d'État, et quand la part eut été faite à la description des choses d'art, il fallut bien que le jeune ministre en survivance abordât les choses sérieuses. La description de l'arsenal de Venise et l'organisation bizarre de la république de Gênes sont, dans cet ordre d'idées, deux chapitres historiques très-instructifs; le premier, à titre de comparaison, pour ceux qu'intéresse l'administration de nos grands établissements maritimes; le deuxième, comme document d'archéologie politique, pour les amateurs de vieilles constitutions. A Venise, une fois l'arsenal étudié dans tous ses détails, Seignelay put voir fonctionner à nu les rouages de ce pouvoir mystérieux dont la puissance avait, pendant plusieurs siècles, émerveillé l'Europe. Toutes les affaires de la république, des plus grandes aux plus petites, étaient décidées par le Sénat et *ballottées*, comme on disait, à la majorité des suffrages. Mais, tandis qu'au temps de sa splendeur les moindres fonctions étaient scrupuleusement remplies, les sénateurs n'y voyaient plus qu'une occasion de s'enrichir et s'en acquittaient avec la plus inconcevable légèreté. « Je n'ai pas été édifié, dit à ce sujet Seignelay, de la manière dont j'ai vu qu'on se gouvernoit dans cette assemblée. » Cette simple remarque d'un observateur de vingt ans était une prophétie. La république de Venise, déjà frappée au cœur, se traîna, il est vrai, pendant plus d'un siècle; mais ce fut par le mouvement d'impulsion, dernière force de tant d'empires en train de crouler. Quant à celle de Gênes, plus chancelante encore et plus près de sa ruine, il faut voir, dans la relation de Seignelay, le formalisme absurde où elle était tombée. Bien que nul esprit d'hostilité ne paraisse dans le tableau, ce gouvernement de castes, ce mécanisme tout à la fois très-informe et très-compliqué, ces combinaisons de votes à n'en plus finir, la minutie et la multitude des ressorts mis en jeu, tout cela confond l'esprit, et c'est pour le coup qu'on est en droit de s'étonner, avec le chancelier Oxenstiern, du peu de sagesse qui conduit parfois les affaires humaines [1].

Le lecteur trouvera-t-il avec nous la correspondance du marquis de Seignelay avec le duc de Vivonne, Fénelon, du Quesne, Tourville, digne des grands modèles du genre? Nous l'espérons. Quoique sur un tout autre terrain, on est là véritablement à l'époque de madame de Sévigné. Quelle vivacité! quelle flamme! notamment dans les lettres à Vivonne et dans les dépêches écrites, vers les derniers jours, à Tourville, d'une main brûlante que la fièvre va dessécher.

---

1. « *Nescis, mi fili, quantilla prudentia regantur homines.* »

Ces lettres seules feraient estimer l'homme et donnent l'idée d'un grand ministre. Pourquoi Tourville, ce brillant marin, que Seignelay, dans son impatience maladive, appelait *poltron d'esprit, brave de cœur*, ne fut-il pas alors plus hardi, malgré les conseils cent fois répétés de tout oser et de risquer des coups d'éclat? On ne sait. Ce qui est certain, c'est que l'Angleterre eut la panique d'une descente, et que les partisans mêmes du prince d'Orange crurent un moment tout perdu.

Il nous eût été facile de détacher de la volumineuse correspondance de Seignelay un bien plus grand nombre de pièces, mais il fallait se borner; il fallait surtout éviter de donner à ces extraits un caractère administratif. Trois lettres de Fénelon se rattachaient trop intimement à celles de Seignelay pour que nous ayons résisté au désir de les reproduire ici. L'une est relative à une mission de propagande catholique que le ministre avait fait confier au jeune abbé encore inconnu, et elle les honore tous deux. On voit, dans les autres, le toutpuissant secrétaire d'État aux prises avec la mort; et les conseils que lui prodigue, aux heures suprêmes, le prélat devenu illustre, les erreurs, les scandales qu'il blâme, la forme même des consolations et des exhortations dernières, tout rappelle un temps marqué, jusque dans les fautes et les misères, d'un cachet de grandeur qui aura toujours, quoi qu'on fasse, un irrésistible attrait.

Un mot encore. Nous n'aurons plus sans doute l'occasion de dire combien les archives de la Marine nous ont été utiles; c'est donc pour nous un devoir, mieux qu'un devoir, un plaisir, de reconnaître les facilités que nous y avons rencontrées depuis le jour, il y a bientôt vingt-cinq ans, où leurs trésors nous ont été libéralement ouverts. A MM. d'Avezac et Jal, qui en étaient alors les gardiens, ont succédé d'autres administrateurs et archivistes, MM. Delarbre, Cuny, Margry, de Branges, également fiers du riche dépôt historique qui leur est confié, également empressés d'en ouvrir l'accès à ceux que l'étude y attire et de les aider dans leurs recherches. Le manuscrit renfermant la relation du *Voyage en Italie* appartient à la Bibliothèque impériale; il nous a été signalé, il y a plusieurs années, par M. Margry, à qui nous devons d'autres indications dont les *Lettres de Colbert* ont profité. Quant à la correspondance de Seignelay, conservée tout entière aux archives de la Marine, elle est, avec les réponses et les dossiers des du Quesne, des Tourville, des Château-Renault et de tant d'autres, l'irrécusable témoignage d'un passé glorieux. La marine française attend encore, malgré d'estimables travaux, l'historien national possédant, avec la science de la composition, la clarté et en même temps le charme attrayant du récit que la spécialité du sujet exige. Par une bonne fortune rare, tous les matériaux sont rassemblés pour celui que tentera cette belle tâche. Qu'il soit à la hauteur de l'œuvre, et un grand succès lui est réservé, car il aura donné à la France un de ses livres les plus attachants.

Décembre 1866.

LE
MARQUIS DE SEIGNELAY

ÉTUDE HISTORIQUE

LE MARQUIS DE SEIGNELAY

CHAPITRE PREMIER

Louvois, Colbert et Seignelay. — Caractère et qualités de Seignelay. — On lui donne le père Bouhours pour précepteur. — Sa hauteur. — Service que lui rend un de ses camarades. — Mémoires composés pour son éducation. — Instructions de Colbert. — Réponses. — Voyages à Rochefort, Toulon, Marseille et en Italie. — Relations de ces voyages. — Seignelay visite la Hollande et l'Angleterre. — Secrétaire d'État en 1672. — Colbert lui reproche sa légèreté et ne lui ménage pas les réprimandes. — Il s'excuse sur sa mauvaise santé. — Jolie lettre au duc de Mortemart, son beau-frère.

Les enfants des hommes d'État, des écrivains et des artistes célèbres qui ont porté glorieusement le poids de l'héritage paternel sont en petit nombre. Quels que soient les soins donnés à leur éducation, la nature fait souvent défaut; on dirait qu'elle a hâte, quand elle a enfanté un homme de génie, de se reposer comme après un effort. Pour ne parler que de la France et des hommes politiques qu'elle a produits, un seul, si je ne me trompe, a éclipsé son père et l'a fait oublier : c'est Louvois, l'antagoniste, le rival longtemps heureux de Colbert et du marquis de Seignelay. Une patience à toute épreuve, une habileté profonde à profiter des occasions, l'effacement et l'égoïsme quand il s'agissait de ne pas se compromettre, avaient fait la fortune de Le Tellier et le maintinrent au pouvoir jusqu'à l'extrême vieillesse. Un caractère diamétralement contraire, une volonté fougueuse, un esprit de domination incomparable, une insouciance hautaine des inimitiés les plus puissantes, ne firent pas obstacle à la fortune de Louvois et semblèrent même, pendant quelque temps, y contribuer, tant il est vrai que certains hommes réussissent par leurs défauts autant que par leurs qualités. On commence à pénétrer, à travers les convenances étudiées de la langue officielle, les détails de la guerre incessante qu'il fit à Colbert, et des dénonciations écrites, qui existent encore, en font supposer bien d'autres. La vie du marquis de Seignelay nous le montrera en butte à la même animosité et rendant, au surplus, de son mieux, les coups qu'on lui portait.

Élevé, dès l'enfance, en vue des fonctions auxquelles il était destiné, avec une sollicitude que peu de pères ont égalée, qu'aucun n'a surpassée, doué d'une conception vive, écrivant avec feu et parlant à merveille, le fils aîné, l'enfant de prédilection de Colbert, subit les conséquences de la défaveur paternelle, et son importance politique fut subordonnée à celle du secrétaire d'État de la guerre. D'autres motifs y contribuèrent. En matière de finances, d'industrie, de commerce, toutes les grandes choses que comportait l'époque avaient été réalisées par Colbert. Quant à la marine, bien qu'aucun souverain n'ait fait pour elle autant que Louis XIV, elle n'eut pas ses sympathies, réservées aux opérations militaires où l'entraînait Louvois, à ce point qu'il ne visita jamais un seul des arsenaux créés sous son règne. Seignelay, d'autre part, était moins âgé que Louvois de dix ans, et il mourut à trente-neuf, épuisé par l'excès des plaisirs. Enfin, une grande vivacité de conception, une ardeur fébrile pour le travail comme pour la dissipation, une magnificence poussée à l'extrême, des prétentions nobiliaires exagérées et justement contestées, donnaient à ses allures un cachet de légèreté qui, aux yeux du public, gâtait en partie son mérite. En résumé, son principal titre, pour le gros des contemporains, fut l'illustration de son père; et, sur ce point, les historiens ont été jusqu'à présent du même avis. On verra pourtant que ce favori de la fortune, ce ministre de vingt ans, eut de bonne heure sa valeur propre, et ne fut pas un simple reflet. Sans doute, les circonstances lui furent propices, et les fées aimables le prirent à son berceau par la main. Privé de ce précieux concours, il n'eût jamais figuré au nombre des hommes célèbres de son pays, car il n'avait pas les vertus premières indispensables pour forcer les obstacles. Dans une société ordonnée et classée comme celle de son temps, une capacité éclatante et une ambition immense pouvaient seules, indépendamment d'une heureuse coïncidence des événements, pousser au ministère, à moins que le hasard ne fît tous les frais, comme cela arriva pour Chamillart. Voluptueux par nature, le marquis de Seignelay aurait vraisemblablement cédé à ses instincts si Colbert, le lançant, tout jeune et docile encore, dans le flot des grandes affaires, ne l'eût fait en quelque sorte ministre d'autorité. Ajoutons que ce qui fit sa force, quand il fut au pouvoir, ce fut précisément sa rivalité persistante, opiniâtre, avec Louvois. Là fut le stimulant, le ressort de sa vie publique. Entraîné par l'exemple, jaloux de la faveur du maître, il brûla, lui aussi, du désir d'accomplir de grandes choses, et prouva que, s'il n'avait pas les qualités maîtresses qui portent au premier rang, il était du moins assez heureusement doué pour remplir avec honneur une des places les plus honorables du second.

La compagnie de Jésus comptait parmi ses membres les plus distingués, vers le milieu du XVIIe siècle, un homme disert, bel esprit, un peu maniéré, d'une physionomie agréable et spirituelle, le père Bouhours, dont on disait, à raison de ses publications alternatives d'ouvrages littéraires et de livres de piété, *qu'il servoit le monde et le ciel par semestre*. Il était à Dunkerque, avec la mission de répandre dans cette ville nouvellement rachetée les idées françaises, quand Colbert le demanda à ses supérieurs pour lui confier l'éducation du marquis de Seignelay [1]. C'était vers 1664, et celui-ci, né le 31 octobre 1651, entrait dans sa treizième année. Le père Bouhours avait déjà fait l'éducation des princes de Longueville. Le moins orthodoxe, sans doute, de ses correspon-

---

1. *Journal de Trévoux* et *Journal des Savants*, juillet 1702. — On peut lire dans les *Mémoires de l'abbé Legendre*, liv. III, une anecdote, tant soit peu galante, qui égaya les contemporains aux dépens du père Bouhours.

dants, Bussy-Rabutin, lui écrivait un jour, à l'occasion du mariage de Seignelay avec mademoiselle d'Alègre, dont il prétendait être un peu parent, qu'il ne doutait pas qu'un homme élevé par lui n'eût l'esprit et le cœur bien faits; mais Bussy parlera plus tard bien différemment de Seignelay. Le père Bouhours ne fut pas, d'ailleurs, chargé seul de cette éducation importante. Son élève fréquenta un des grands colléges de Paris, où son orgueil et sa hauteur le firent détester de ses camarades.

Un chroniqueur du xviiie siècle, le duc de Luynes, raconte à ce sujet, d'après une tradition de cour, l'anecdote suivante :

« M. de Seignelay, fils aîné de M. Colbert, étoit au collége à Paris; il s'y trouva en même temps un homme de condition de Provence, qu'on appeloit M. du Bourguet. M. de Seignelay s'étoit rendu odieux à plusieurs de ses camarades par une hauteur mal placée; et comme à cet âge les entreprises les plus folles paroissent possibles, il y avoit eu le projet de fait de jeter M. de Seignelay par la fenêtre. M. du Bourguet, témoin de cette résolution, arrive chez M. Colbert, demande à lui parler en particulier; il lui dit qu'il le prioit de le garder chez lui, et d'envoyer sur-le-champ au collége pour faire revenir son fils; il lui rend compte de ce qu'il a appris. M. Colbert fait immédiatement revenir M. de Seignelay; M. du Bourguet retourne chez lui à Toulon. Quelques années après, M. Colbert apprit que M. de Seignelay avoit formé à Paris des liaisons peu convenables et qui pouvoient aller trop loin; il étoit amoureux : il résolut de l'éloigner et l'envoya à Toulon, afin qu'il prît quelque connoissance de ce qui regarde la marine. Le premier soin de M. de Seignelay fut d'y demander M. du Bourguet; il avoit connoissance de l'obligation essentielle qu'il lui devoit; il lui confia le sujet de son éloignement et la passion qu'il avoit dans le cœur; il parla en même temps du désir qu'il auroit de faire remettre sûrement une lettre à sa maîtresse, sans que M. Colbert en fût instruit; enfin il pria M. du Bourguet de vouloir bien se charger de cette commission. M. du Bourguet lui dit que cela lui étoit absolument impossible, mais qu'il connoissoit un jeune enseigne de vaisseau, nommé Tourville, qui étoit très-propre à exécuter ce qu'il demandoit. La lettre fut rendue. M. de Seignelay conserva une grande reconnoissance pour M. de Tourville et lui en donna

1.

des marques quand il fut secrétaire d'État de la marine[1]. »

Qu'y a-t-il de vrai dans ces particularités? Rien, peut-être, à l'exception des indications de caractère, et on ne les rappelle ici, bien entendu, que sous toutes réserves.

Si habiles que fussent le père Bouhours et les autres maîtres du jeune Seignelay, Colbert, qui n'entendait pas restreindre ses études à la connaissance des belles-lettres, et qui était sûr des bontés du roi, fit composer à son intention, par les hommes les plus éclairés, de nombreux traités concernant les diverses questions de droit public et ecclésiastique sur lesquelles il était bon que Seignelay pût, l'occasion se présentant, formuler une opinion raisonnée. L'une des collections qui les renferment est intitulée : *Manuscrit original du cours de hautes études du fils de Colbert*[2]; et telle est, en effet, la qualification

---

1. *Mémoires du duc de Luynes*, t. X, p. 382.
2. En voici la nomenclature exacte, d'après le volume des *Mélanges Colbert*, n° 84, Bibl. imp., Mss. :
Traité des assemblées du clergé, par Baluze.
Petit traité des assemblées du clergé, par M. Patru.
Petit mémoire pour savoir combien ont duré les assemblées du clergé, depuis celle de Poissy.
Autre mémoire pour savoir si le clergé est obligé de renouveler

la plus exacte de ces traités, ayant pour objet les libertés de l'Église gallicane, la prétendue infaillibilité et la prétendue autorité monarchique du pape, les assemblées, les dîmes et les rentes du clergé, les impositions que le roi pouvait en exiger, les universités de Paris et du royaume, les états généraux et leur mode de convocation, la

le contrat qu'il passe de temps en temps avec la ville, de Foucault.
Traité des décimes, de Baluze.
Autre traité des décimes, par l'ordre de la chronologie, de M. Patru.
Des subventions extraordinaires du clergé, de Baluze.
Mémoire sur les levées qui se peuvent faire sur les ecclésiastiques et le clergé, et des ordonnances que les rois ont faites sur ce sujet.
Écrit touchant les décimes du clergé et les dépendances des mêmes décimes, depuis l'assemblée de 1551 jusqu'en celle de 1641, qui fut la dernière tenue sous le feu roi, par M. de Bourzeis.
Traité concernant les rentes du clergé.
Écrit touchant les libertés de l'Église gallicane, par M. l'abbé de Bourzeis.
Traité de l'autorité du roi dans l'administration de l'Église gallicane, par M. de Bourzeis.
Table du procès-verbal de l'assemblée générale du clergé tenue à Paris ès années 1645 et 1646.
Extrait du procès-verbal de 1645.
Un petit traité : *Combien il y a de provinces ecclésiastiques en France ; quelles assistances le clergé a données au roi depuis le colloque de Poissy ; en quel temps et comment les décimes sont devenus ordinaires.*
Un mémoire des différentes lettres de chancellerie, par M. Foucault.
Traité de la différence qu'il y a entre les lois, les ordonnances

noblesse, les coutumes, les grâces, les sceaux, les arrêts du conseil, etc. Jeune, emporté par la fougue de l'âge, Seignelay dut ne jeter d'abord qu'un œil distrait et rapide sur ces savants mémoires; mais il en connaissait du moins les points de vue généraux; ils étaient sous sa main, et, si une question venait à se produire où il eût besoin de notions approfondies, il pouvait les acquérir sans peine pour le prochain conseil.

et les édits; les différences entre édits et ordonnances; en quels temps et en quelles occasions on s'est servi de la diversité de ces termes; des déclarations publiées au sceau, par M. Foucault.

Deux traités sur les États généraux du royaume, par M. Foucault.

Traité du domaine, par M. Ragueneau.

Traité du droit des coutumes de France, de leur réformation, de l'autorité du roi sur les coutumes et du pouvoir des coutumes, par M. du Pré.

Un petit traité: *Comment on peut connoître, en général, l'esprit de chaque coutume*, par M. de Gomont.

Des universités, et particulièrement de celle de Paris, par M. Petit.

Traité de la noblesse.

Traité du mariage, par M. Ragueneau.

Des ducs et comtes, pairs de France, par M. Le Camus.

Écrit sur l'ancienne langue gauloise, pour savoir quelle langue on parloit dans les Gaules du temps que César y fit la guerre, par M. de Bourzeis.

Dissertation touchant l'interrex des anciens Romains, pendant la vacance du consulat.

La plupart de ces mémoires se trouvent à la Bibliothèque imp.; Mss. S. F. 5,608; *Mémoires sur les ordonnances de M. Colbert.*

Il ne s'agissait là que de connaissances générales. Une série d'instructions préparées par Colbert lui traça ses devoirs particuliers de citoyen et d'administrateur. Nulle part on ne voit mieux le caractère et le patriotisme du grand ministre. Celle qu'il lui remit (juillet 1670) en l'envoyant à son cousin Colbert de Terron, intendant de Rochefort, choisi pour lui apprendre les premiers éléments de la marine, abonde en recommandations élevées. « La principale et seule partie d'un honnête homme, disait-il en commençant, est de faire toujours bien son devoir à l'égard de Dieu, d'autant qu'il est impossible qu'il s'acquitte de tous les autres s'il manque à ce premier. » Il lui demandait ensuite d'employer tous les matins trois heures à lire des livres de marine et les traités qu'il avait fait faire pour lui « sur toutes les plus importantes et les plus agréables matières de l'État. » Arrivé à Rochefort, il devait visiter en détail l'arsenal et les vaisseaux, interroger attentivement sur tout ce qu'il verrait, dresser la liste des officiers du port et se faire expliquer leurs fonctions, apprendre les noms de toutes les pièces d'un bâtiment, etc. Mais tout cela ne servirait de rien s'il ne le faisait spontanément, avec ardeur, « parce que c'est la volonté qui donne le plaisir à tout ce que l'on doit faire, et c'est le plaisir qui donne l'application. » Colbert espérait, ajoutait-il, cette satisfaction de son fils, qui le payerait ainsi avec usure de l'amitié dont il recevait tant de marques. Il lui recommandait, en terminant, de se faire aimer des différentes personnes qu'il allait voir, d'être doux et poli avec tous, de se concilier l'estime et l'affection des gens de mer, afin qu'ils exécutassent plus tard avec empressement les ordres qu'il aurait à leur donner.

Les réponses de Seignelay aux instructions de son père annoncent l'accord heureux d'une nature ouverte, intelligente et d'un travail facile. A dix-neuf ans, il écrivait de la manière la plus aisée et la plus sensée des lettres d'affaires, où toutes les questions que soulevait l'administration d'un grand port étaient abordées. La première que l'on a de lui se termine par ces mots : « Je voudrois pouvoir bien vous persuader combien grande est l'envie que j'ai de vous satisfaire. Je vous assure que je ne perdrai point d'occasion dans ce voyage de vous montrer que j'ai la volonté de m'appliquer à toutes les choses qui seront de mon devoir. » Puis, un peu plus tard : « Je connois assez l'étendue de ce que je dois apprendre, et je vous assure que je suis fort persuadé que je ne puis me rendre habile que par un grand travail et une grande application. Ainsi l'envie que j'ai de savoir fera que je n'épargnerai ni peine ni travail pour cela. »

Exigeant (il avait le droit de l'être), Colbert gourmanda pendant de longues années le marquis de Seignelay sur son défaut d'exactitude, sur la confusion de ses lettres, sur les incorrections du style et les négligences de l'écriture, résultat inévitable du peu de temps qu'il y consacrait. « J'ai vu, écrivait-il à Colbert de Terron, le mémoire de mon fils, que j'ai trouvé assez bien, mais un peu superficiel, et sur lequel je suis persuadé qu'il n'a pas fait assez de réflexion. Son plus grand défaut, tant qu'il a été auprès de moi, a été d'attendre toujours à faire ce qu'il avoit à faire, se fiant à son esprit, travaillant vite, à l'extrémité. » Craignant qu'il ne fît la part trop grande aux amusements, s'il continuait d'habiter la Rochelle avec ses cousines, il le fit partir pour Rochefort. « A l'égard de sa santé, ajoutait-il, comme, à Rochefort, il n'aura que le travail sans beaucoup de divertissemens, il pourra dormir. Mais comme il est fort et robuste, et même un peu trop gras, je ne crois pas que le travail et

même un peu de veille puisse lui faire du mal. »
Après trois mois environ de séjour dans cette ville[1]
où il avait eu à diriger, entre autres opérations,
plusieurs armements et désarmements de vaisseaux, il fallut voir d'autres ports et d'autres administrateurs. Colbert avait écrit à son cousin de
Terron, en le remerciant : « S'il sait un jour bien
sa charge, il vous en aura toute l'obligation. Je le
crois à présent sur le chemin de Provence, et après

---

1. Pendant son séjour à Rochefort, Seignelay dut, pour satisfaire aux demandes de son père, rédiger plusieurs mémoires sur les différents points de son instruction. Le volume 84 des *Mélanges Colbert* renferme les principaux, écrits de sa main, savoir :

1° 28 juillet 1670. — *Liste des vaisseaux qui étoient dans le port de Rochefort.* — *Dessin et explication des principales pièces d'un navire.*

2° 31 juillet. — *Description d'un vaisseau. Son aménagement intérieur.*

3° 4 août. — *Mémoire sur les officiers du port de Rochefort.* — *Leurs fonctions.* — *Appréciation de Seignelay sur chaque officier.*

4° 18 août. — *Projet d'un devis pour la construction d'un navire de cent pieds de quille portant sur terre, qui sera percé de 48 pièces de canon et sera de 700 tonneaux.*

5° 27 août. — *Mémoire sur la garniture d'un vaisseau de 1,000 tonneaux.*

6° 11 septembre. — *Liste des ustensiles des pilotes, canonniers, charpentiers, etc.* — *Ce que contient le fond de cale.*

7° *État des munitions qui sont dans les arsenaux de Rochefort et de celles qu'il faut y mettre l'année prochaine.*

8° 14 septembre. — *Extrait du compte de l'équipage de deux vaisseaux pour la solde et nourriture de janvier à août 1670.*

9° *Projet d'état pour les armemens de l'année 1671.*

qu'il sera demeuré douze à quinze jours à Marseille, et un mois ou six semaines à Toulon, je le retirerai auprès de moi. » Seignelay alla en effet en Provence, et les intendants de Marseille et de Toulon l'initièrent à la marine du Levant. Peu de temps après (13 janvier 1671), celui de Marseille écrivait à Colbert : « Je vous dirai que j'ai été ravi de voir avec quelle pénétration monseigneur le marquis entre dans les recoins les plus profonds du détail de notre marine et l'intelligence qu'il s'y est déjà acquise. Depuis son arrivée en ce lieu, il n'a pas perdu un moment de temps. S'il continue à s'instruire de la sorte, il n'y a point de doute qu'il ira bien loin, et dès à présent rien ne lui est nouveau au métier ; ce que j'ai trouvé extraordinaire en lui est une très-belle mémoire, avec un jugement et bon sens fort solides. Enfin, Monseigneur, selon le sentiment de tous ceux qui ont l'honneur de l'approcher ici, il a toutes les qualités qui font un honnête homme et qui en peuvent faire un très-habile, et je loue Dieu de tout mon cœur de ce qu'il vous l'a donné si accompli qu'il n'y ait point à douter qu'il ne réponde toujours parfaitement bien à votre attente et aux soins que vous avez pris de son éducation. »

On se figure la satisfaction de Colbert. Trois mois après, le 23 février, Seignelay, au lieu de revenir à Paris, partit pour l'Italie avec une instruction spéciale.

La même exactitude minutieuse qui caractérisait tous les actes de Colbert se retrouve dans cet écrit. Sans dédaigner les petites principautés italiennes, fragments informes d'un faisceau glorieux, il insistait sur ce que Seignelay aurait à faire à Gênes, qu'il devait visiter dans le plus grand détail, bien qu'en très-peu de jours. Ces recommandations s'expliquent. La puissance politique de Venise était déjà bien affaiblie, et sa marine seule, devenue un objet de luxe, méritait d'être étudiée à fond, ce à quoi Seignelay ne manqua pas. Il y avait, il est vrai, à Rome des questions considérables toujours pendantes; mais, à son âge, était-il capable de les apprécier? Naples était à l'Espagne. Quant aux autres États, sauf le Piémont, leur importance était fort secondaire. Gênes seule réclamait donc, à raison de sa position si rapprochée de la France, de ses sympathies pour l'Espagne, du nombre de ses vaisseaux, une attention particulière. Peu redoutable si elle était réduite à ses propres forces, ayant plus d'orgueil que de puissance, plus de prestige que de force, elle pouvait néanmoins apporter un appoint précieux aux Espagnols, avec lesquels la France était presque toujours en guerre depuis le mariage qui devait cimenter la paix entre les deux pays. « Il verra principalement, disait l'instruction remise à Seignelay par Colbert, la ville, sa situation, sa force, le nombre de ses peuples, la grandeur de l'État, le nombre et le nom des autres villes, bourgades et villages, la forme du gouvernement, et comme il est aristocratique, il s'informera des noms et de la quantité des familles nobles qui ont ou qui peuvent avoir part au gouvernement de la République. » Il semble, en lisant cette instruction, que le siége de Gênes, qui eut lieu quatorze ans après, soit chose arrêtée. A Rome, Seignelay devait voir particulièrement le directeur de l'Académie de France et le cavalier Bernin, à qui Colbert l'avait adressé[1]. Il devait, en outre, faire causer les meilleurs artistes, s'inspirer de leurs

---

1. Voici sa lettre. — « Mon fils s'en allant à Rome, je considère particulièrement le fruit qu'il retirera de ce voyage dans le bien qu'il aura de vous voir et de vous entretenir. Sur ce fondement, je vous prie de lui faire part de vos lumières, et en même temps de lui faire voir la statue du roi, et tous les beaux ouvrages qui sont à Rome. Comme c'est un jeune homme qui a beaucoup envie de prendre connoissance des beaux-arts, vous ne sauriez me faire plus de plaisir que de lui faire observer tout ce qui est nécessaire

avis, et prendre, si c'était possible, le goût de la peinture et de la sculpture, pour remplir un jour avec honneur la charge de surintendant des bâtiments, que Colbert occupait, mais qu'il fit donner plus tard à un autre de ses fils, que Louvois en dépouilla. Sa recommandation dernière était « de se souvenir toujours de son devoir envers Dieu et de faire ses dévotions à Lorette. »

Une intéressante relation de ce voyage de Seignelay a été conservée et va voir ici le jour qu'elle ne cherchait pas. Accompagné de trois personnes qui l'avaient rejoint à Toulon, Isarn, le rival de Pellisson auprès de mademoiselle de Scudéry, un neveu de Pierre Mignard, excellent dessinateur, et François Blondel, architecte célèbre, il visita l'Italie entière, depuis Gênes jusqu'à Naples, consignant ses observations dans un journal régulièrement adressé à son père. Inventaire exact et précieux des tableaux, statues, curiosités de toute sorte que renfermaient à cette époque les cités italiennes, cette relation est complétement muette sur les

pour y parvenir, et d'être bien persuadé que je m'en tiendrai très-obligé. Cependant, je l'ai chargé de remettre entre vos mains votre pension de l'année dernière et celle de votre fils. »
(Archives de la marine; *Dépêches concernant le commerce*; année 1671, fol. 72.)

beautés naturelles du pays, si vivement appréciées par les Romains de la décadence, et sur lesquelles un voile épais, bien déchiré depuis, semblait avoir été jeté. Le jeune touriste est également fort sobre d'observations étrangères aux beaux-arts, et c'est à peine s'il parle des hommes ; mais il s'y hasarde parfois, et la touche fine et légère qui trahit alors sa vive nature fait regretter qu'il n'ait pas osé s'y abandonner plus souvent. Peut-être se conformait-il sur ce point aux prudentes recommandations de son père. A Rome pourtant, le vendredi saint, un spectacle le frappa : c'était une procession de pénitents qui se fouettaient jusqu'au sang, escortés de quelques amis et domestiques chargés de leur donner du vin, quand ils étaient sur le point de tomber en défaillance. « La plupart, dit Seignelay, sont pieds nus et ont le dos tout sanglant et déchiré ; il y en a même quelques-uns qui ne se contentent pas de la discipline ordinaire, qui ont un fouet avec une boule de plomb, qui fait premièrement contusion au lieu où elle touche, ensuite de quoi elle y fait un trou. » Il en compta près de six cents, dont beaucoup de qualité. Quant aux cardinaux, ils se contentaient d'envoyer à la procession qui les prenait pour patrons un magnifique luminaire, accompagné de leur livrée. Une observation piquante de Seignelay contraste avec ce tableau éminemment espagnol. Il visitait, à Bologne, le couvent de Saint-François. « Les principaux religieux, dit-il, ont non-seulement des chambres très-propres pour cellules, mais ils en ont quatre ou cinq qui font un très-joli appartement; ils en ont même un d'été et un d'hiver, un agréable jardin et une bonne cave; et c'est ainsi que ces bons Pères se mortifient. » Un dernier trait n'est pas sans porter son enseignement. On semble croire aujourd'hui que le banditisme est un fait nouveau dans l'Italie méridionale, et l'on est surpris que le royaume de Naples n'en soit pas encore délivré. Rétrogradons de deux cents ans. « Nous avons été obligés, dit Seignelay, pendant tout ce jour-ci, de marcher ensemble à cause des bandits qui vont tantôt du royaume de Naples dans l'État ecclésiastique, et de cet État dans le royaume de Naples, cherchant ainsi à se mettre à couvert en se sauvant de l'un dans l'autre.... On assure que les Espagnols ne se soucient pas trop de les détruire, soit qu'ils ne soient pas fâchés de tenir les gens du pays dans quelque espèce de crainte, ou qu'ils veuillent se servir de ces sortes de gens-là pour renforcer quelquefois leurs troupes, ayant accoutumé de leur donner grâce, pourvu qu'ils viennent servir volontairement le roi catholique quelques années, et qu'ils finissent leurs crimes en en commettant un autre, qui est d'apporter la tête d'un de leurs camarades. » Pour s'excuser d'avoir conté à son père *cette bagatelle*, Seignelay ajoute qu'il n'avait rien à lui dire. Quel dommage qu'il n'ait pas été plus souvent réduit aux bagatelles ! Son journal n'en eût été que plus intéressant. Mais que l'on s'étonne encore de la démoralisation profonde de populations si longtemps gouvernées par de tels moyens !

Le voyage d'Italie avait duré jusqu'au mois de juin 1671. Bien que très-utile à Seignelay, dont il avait développé le goût pour les beaux-arts et mûri le jugement, la récréation et l'agrément y avaient tenu la plus grande place. Les choses sérieuses suivirent immédiatement. Au mois de juillet, il entreprit, d'après un plan qu'il s'était fait à lui-même sur les indications de son père, le voyage de Hollande et d'Angleterre; à la suite duquel il composa plusieurs mémoires considérables sur ces pays, où il avait tant à apprendre. Deux de ces mémoires, consacrés à la marine anglaise, prouvent l'importance que Colbert attachait à ce sujet, toujours actuel.

« Les Anglois, disait Seignelay au commencement du mémoire sur l'Angleterre, n'ayant presque point de places fortes et mettant leur principale défense dans la force de leurs armées navales, ont toujours été fort soigneux de leur marine; et les bons succès qu'ils ont eus en différentes occasions leur ont fait même prétendre une supériorité sur tous les États de l'Europe, dans les mers qu'ils appellent *narrow seas*, ou mers étroites, ce qui ne s'étendoit autrefois que dans la Manche britannique; mais depuis ils ont porté leur prétention jusqu'au cap Finistère. Ils prétendent être souverains de cette mer, que tous ceux qui y naviguent doivent baisser le pavillon et leur rendre tous les honneurs de la mer, qu'ils peuvent visiter, si bon leur semble, les vaisseaux qu'ils rencontrent, enfin qu'ils peuvent traiter comme sujets tous ceux qui y naviguent. »

Après avoir raconté l'histoire de la formation et du développement de la marine anglaise, Seignelay ajoutait :

« Le jugement que les Anglois font de notre marine est plus avantageux que celui qu'on en fait en Hollande. Ils croient que nous pourrons devenir entièrement habiles, mais que nous n'avons pas encore assez d'expérience, s'étonnent des forces du roi sur mer, et ont peine à comprendre de quelle sorte nous avons pu avoir en aussi peu de temps un aussi grand nombre de vaisseaux. Quelques-uns d'entre eux en doutent, et ceux qui le croient en paroissent un peu jaloux; car, qui semble vouloir disputer l'empire de la mer aux Anglois les touche dans la partie la plus sensible. Cette nation ne s'est rendue abondante que par le commerce, et redoutable que par les forces qu'elle a eues de tout temps sur mer. Aussi, quand ils parlent de notre marine par rapport à eux, ils disent, sur la manière de nos constructions, que nos vaisseaux sont plus pesans que les leurs, trop élevés sur l'eau, plus difficiles à conduire que ceux d'Angleterre, et qu'ainsi, n'étant pas si adroits qu'eux, nos mariniers étant moins habiles et nos officiers moins entendus pour les manœuvres, nous aurions peine à nous bien servir de nos vaisseaux en temps de guerre. Cependant ils nous croient très-braves... Ainsi ils nous louent assez et pensent que si l'on continue en France à cultiver la marine, elle y sera aussi bonne qu'ailleurs. C'est beaucoup faire pour eux que de ne pas nous blâmer en cela (c'eût été peu courtois devant le fils du ministre) et de nous traiter avec honneur, car lorsqu'ils parlent des Hollandois, ils les traitent avec un mépris et une haine implacables [1]. »

De retour à Paris, Seignelay prit une part active aux travaux de la marine. Il avait à peine vingt ans, mais il venait de prouver par ses mémoires sur les arsenaux de Venise, de la Hollande et de l'Angleterre, qu'il pouvait donner à son père un concours efficace. C'est alors que celui-ci prépara pour lui son instruction la plus impor-

---

[1]. Bibl. imp., Mss.; *Mélanges Colbert*, vol. 84.

tante, celle qui devait l'initier à ses fonctions de secrétaire d'État. Outre la marine, les galères, le commerce et l'industrie, les colonies et les grandes compagnies maritimes, cette charge comprenait l'administration de la maison du roi et le gouvernement de Paris, de l'Ile-de-France et de l'Orléanais. Avant toutes choses, Colbert invitait son fils à bien réfléchir « à ce que sa naissance l'auroit fait être, si Dieu n'avoit pas béni son travail, et si ce travail n'avoit pas été extrême... » Il le prévenait que, le roi consacrant chaque jour cinq à six heures à ses affaires, il ne fallait pas songer à s'avancer dans ses bonnes grâces si l'on n'était soi-même laborieux et appliqué. Il passait ensuite en revue chacune de ses attributions et donnait à son fils les conseils qu'elle comportait.

Peu après (23 mars 1672), Seignelay était admis à suivre les affaires de la marine et à signer les dépêches. On pense bien qu'elles furent longtemps contrôlées avec un soin particulier. Pendant plus de six ans, les observations, les invitations à mieux faire, les reproches ne lui sont pas épargnés et prouvent que Colbert conservait toujours la haute main. Le 10 avril 1672, il lui recommandait de mieux diviser et approfondir ses matières, de mettre plus de temps à ses lettres; il en avait cependant lu une au roi, qui l'avait trouvée assez bien. L'ordinaire suivant fut moins satisfaisant. « Les mémoires que vous écrivez au roi ne sont pas assez polis, c'est-à-dire que vous les faites encore en galopant, et je vois clairement, par la manière dont ils sont écrits, que vous n'avez point exécuté ce que je vous avois dit avec tant d'instance de faire, qui est de vous enfermer tous les matins une heure ou deux... On voit de plus aussi clairement que vous ne faites point de minute de vos dépêches, ce qui, entre nous, est une chose honteuse et qui dénote une négligence et un défaut d'application qui ne se peut excuser ni exprimer, vu qu'il n'y a aucun de tous ceux qui servent le roi en quelque fonction que ce soit qui, ayant à écrire à Sa Majesté, ne fasse une minute de sa lettre, ne la relise, ne la corrige, ne la change quelquefois d'un bout à l'autre; et cependant vous, qui n'avez que vingt ans, faites des lettres au roi sans minute... Et, outre la précipitation qui y paroît toujours en grand lustre, votre paresse est telle que, encore que vous reconnoissiez des fautes grossières dans la construction, vous ne pouvez vous résoudre à les corriger, crainte de brouiller votre lettre et d'être obligé de la refaire. »

L'année suivante, un nouveau voyage de Seignelay donne lieu à des observations qui nous montrent ce que devaient être les leçons verbales : ses lettres sont toujours trop précipitées, les matières manquent d'ordre, le style n'est pas encore assez poli. Pourtant les reproches s'adoucissent, et des paroles d'encouragement s'y mêlent parfois. « Je trouve dans tout ce que vous m'avez écrit et envoyé un peu plus d'application que vous n'avez eu jusqu'à présent, et vous pouvez croire combien ces apparences, quelque légères qu'elles soient, me donnent de satisfaction. » Mais, au moment où l'on s'y attend le moins, le coup de griffe se fait sentir. On lit, par exemple, en apostille d'un mémoire de Seignelay dont plusieurs mots se terminaient en demi-cercle : « Toutes ces fins de ligne font pitié! Il n'y a que les femmes qui écrivent de cette sorte, et jamais homme qui se mêle d'écrire ne doit le faire. »

Le moment vint enfin où le père et le ministre recueillirent le fruit de tant de sollicitude. C'était en 1676, et Colbert, c'est lui-même qui nous l'apprend, s'occupait de l'éducation de son fils depuis treize ans. Il l'avait envoyé en Provence diriger quelques expéditions urgentes pour Messine, et des lettres rapides, animées, mais claires, précises, où tout s'enchaînait, lui rendaient compte du résultat de ce voyage. La note suivante, en marge de l'une d'elles, a de l'intérêt : « Mon fils, je n'ai presque rien à vous dire sur toutes ces dépêches, qui sont d'un autre style et tout autrement bien que tout ce que vous avez fait jusqu'à présent ; et, pour vous dire la vérité et vous répéter ce que je vous ai déjà dit : je commence à me reconnoître. » Il ne lui restait plus, ajoutait-il, qu'à bien revoir ses instructions, s'en pénétrer, et les suivre ponctuellement. De la sorte, au bout de six mois, non-seulement il deviendrait maître de son travail, mais il l'expédierait en se jouant. Néanmoins, quelques jours après, il lui recommandait encore de mieux diviser ses dépêches, de les relire et de les polir, et relevait jusqu'aux fautes de diction [1]. Il fallait aussi mettre plus d'ordre dans ses portefeuilles ; il n'est pas jusqu'à sa signature, « plus semblable au seing

---

1. Dans une de ses lettres, Seignelay proposait de tenir toujours des tartanes prêtes « *pour faire savoir les ordres du roi.* » — « Cela ne se dit point en françois, répondit Colbert. On dit *donner des ordres* et *faire savoir les intentions.* »

d'un notaire de village ou d'un procureur qu'à celui d'un secrétaire d'État, » qu'il ne l'invitât à modifier. Encouragé par ces félicitations, Seignelay s'était empressé de répondre qu'il réformerait son écriture, sa signature; qu'il redoublerait d'efforts pour soulager son père, et qu'il espérait bien y parvenir. « J'ai peur, disait-il en terminant, d'avoir manqué par cette lettre à ce qui regarde l'écriture; mais excusez, s'il vous plaît, la fatigue et l'envie de dormir, ce qu'il y a deux jours que je n'ai fait. »

On pourrait croire que le temps des grandes réprimandes était passé; on se tromperait. Seignelay reçut bientôt une lettre d'une extrême sévérité, motivée par quelques négligences nouvelles dans sa correspondance. Colbert ne contestait pas son application; mais, dans la position qu'il occupait, et sa fortune dépendant absolument du roi, un homme de sens devait être plus difficile envers soi. « Bien faire et bien rendre compte de tout, ajoutait-il, c'est la perfection; mal faire et mal rendre compte, c'est l'abîme. Mais, d'un homme qui feroit bien et qui ne rendroit pas bon compte, ou d'un autre qui feroit mal et qui rendroit bon compte, celui-ci se sauveroit plutôt que l'autre, en sorte qu'il n'y a rien qui vous importe davantage que cette application à vos dépêches... Vous me pouviez épargner tout ce discours, et vous l'auriez fait en me disant que vous l'observerez une autre fois ; mais c'est ma destinée d'avoir plus à combattre le revêtement que la substance de vos lettres. » Deux années s'écoulent, et, bien que Seignelay ait alors vingt-sept ans, nous rencontrons des reproches encore plus vifs, plus de mauvaise humeur, dans une lettre du 22 février 1678. Il accompagnait Louis XIV en Lorraine et recevait régulièrement les portefeuilles pour l'expédition des affaires courantes ; puis, après avoir pris les ordres du roi, il devait les renvoyer à son père. Au lieu de cela, soit qu'il fût souffrant, soit impossibilité matérielle, soit incurie, beaucoup de courriers partaient du camp sans dépêches de la marine. Ces retards fréquents désespéraient Colbert, qui lui écrivit un jour : « Si vous ne voulez pas faire réflexion à tout ce qui regarde la marine, vous verrez que tout menace une ruine prochaine par une suite d'événemens fâcheux qui arriveront immanquablement coup sur coup pour s'être amassés et accumulés de longue main, et tout cela parce que vous ne voulez pas faire ce que je vous ai déjà écrit cinq ou six fois, et ce que je vous ai dit peut-être cinq cents... » Ce que voulait Colbert, c'était que son fils, s'il ne pouvait écrire, pensât au moins aux choses principales, ne fût-ce qu'en carrosse ou en s'habillant, et donnât des ordres en conséquence à ses commis. « Je demeure d'accord, ajoutait-il, que ces ordres ne seront pas si bien que si vous les faisiez vous-même, mais au moins verra-t-on dans les ports que vous pensez à ce que vous avez à faire... Il y a quinze jours que vous êtes parti, et je n'ai encore reçu de vous qu'un seul paquet de lettres pour les ports... Comment est-il possible qu'une machine d'aussi grande conséquence en ce temps ici puisse agir comme elle doit[1]?... Ce que je vous demande

---

1. Une autre fois, en 1676, Colbert écrivait encore :
« Si vous ne suivez pas mon conseil, vous renverserez tous les établissemens, et, chemin faisant et avant que vous en ayez beaucoup fait, vous vous renverserez vous-même ; c'est à quoi vous devez bien prendre garde. »
Puis, le 16 février 1678 :
« Pensez à vos affaires, et pensez-y avec la diligence nécessaire, parce qu'un jour, deux jours, font ou réussir ou périr entièrement les affaires les plus importantes. »
Citons encore, dans un ordre d'idées tout différent, ce curieux passage d'une lettre de Colbert. Le 3 mars 1678, il écrivit à Seignelay une dépêche, destinée à être montrée, où il disait :
« Des nouvelles viennent d'arriver que Gand est assiégé et que le roi y vole. Sans comparaison, nous devons tirer exemple de la

peut se faire par l'homme le plus incommodé, et quelque indisposition que j'aie eue, j'en ai toujours fait beaucoup davantage. Mais encore, pour dernière extrémité et si vous ne le pouvez pas faire, faites-le-moi savoir et renvoyez-moi les lettres, afin que j'y puisse donner ordre... » Que répondait Seignelay ? Des douleurs de tête très-vives, deux jours d'oppression continuelle, des insomnies constantes et de grands étourdissements, enfin les fatigues et les incommodités d'un long voyage par des chemins épouvantables, à travers plusieurs provinces et dans la plus mauvaise saison de l'année, l'avaient empêché de mieux faire. « Je suis fort las, ajoutait-il (lettre du 5 mars 1673), de vous entretenir de ce détail, et je ne le ferois pas si je pouvois faire en sorte que mon travail aille à l'ordinaire ; mais quand je suis tourmenté de ces maux, cela m'est entièrement impossible.

gloire et des avantages que son application et sa prodigieuse vertu lui donnent, pour nous exciter à l'imiter de loin. »

Or, le même jour, une lettre pour Seignelay portait ce qui suit :

« Il y a quelquefois dans mes lettres et mes mémoires de certains endroits, comme celui-ci, desquels, si vous tourniez avec adresse et esprit le compte des affaires que vous rendez au roi, en sorte que, sans affectation et naturellement, vous lui en puissiez faire lecture, vous feriez bien votre cour auprès de Sa Majesté et pour vous et pour moi. »

L'agitation les a augmentés et m'a furieusement échauffé. J'espère que le repos me remettra, et alors je ferai en sorte de bien employer tout mon temps et de vous satisfaire en faisant mon devoir. C'est ce que je souhaite le plus. » Et Colbert de répondre : « Quand vous croirez que votre santé sera assez bonne et que vous serez assez sûr de votre travail pour ne rien oublier et prévoir tout ce qu'il faut, vous me ferez plaisir de me le faire savoir, parce qu'en ce cas je laisserai passer toutes les dépêches sans les ouvrir, ce qui me seroit un grand soulagement. »

On comprend, au style de ces lettres, que tant qu'il vécut Colbert dut donner l'impulsion aux grandes affaires. La carrière ministérielle de Seignelay ne commença donc, à vrai dire, qu'au mois de septembre 1683, alors que, livré à ses propres forces, il exerça en titre la charge de secrétaire d'État. Il y a pourtant, dans la correspondance de la marine antérieure à cette époque, bien des lettres écrites par lui qu'il faudrait signaler pour le tour heureux, la clarté, la vivacité qui les distinguent. Nous n'en citerons qu'une seule, d'une simplicité charmante, adressée au duc de Mortemart, son beau-frère, que Louis XIV venait de nommer, par condescendance pour le duc de Vivonne, intendant général des galères à dix-huit ans [1].

« C'est avec bien de la joie que je vous apprends, mon cher frère, que l'on ne peut être plus content que le roi ne l'a été de votre première campagne et de la relation que vous lui en avez faite... J'espère que, continuant comme vous avez commencé, et vous appliquant comme vous faites à tout ce qui concerne votre charge, vous mettrez les galères sur un pied qui vous donnera beaucoup de satisfaction, et qui sera très-avantageux au service de Sa Majesté. Vous jugez aisément avec quel plaisir je profiterai des occasions de faire valoir votre zèle, et quelle joie j'aurai d'apprendre que le bon ordre que je souhaite depuis si longtemps de voir établi dans les galères soit un ouvrage de votre application. Je ne doute pas que vous ne soyez aussi sensible que vous le devez être au premier succès de vos soins, et il ne me reste qu'à souhaiter que vous le soyez autant que vous le devez à la tendre amitié que j'ai pour vous [2]. »

---

[1]. Il était fils du duc de Vivonne et neveu de madame de Montespan.
[2]. Archives de la marine. — Lettre du 27 juillet 1681.

Ce duc de Mortemart, à qui Seignelay écrivait une lettre si gracieusement affectueuse, eut dans sa courte carrière un jour de fortune. Les corsaires de Tripoli avaient violé les traités. Le 28 juillet 1686, il arriva devant la ville, et, par sa seule attitude, la força de rendre tous les esclaves chrétiens et de remplir de blé un vaisseau du roi [1]. Ces débuts annonçaient un marin résolu, énergique ; il mourut deux ans après.

1. *Vie de Jean-Baptiste Colbert*, par Sandras de Courtils.

CHAPITRE II

Motifs du bombardement de Gênes en 1684. — La France suscite des difficultés. — Rôle de Seignelay dans cette affaire. — Résistance de Du Quesne. — Seignelay prend le commandement de la flotte. — Gênes est à moitié détruite. — Cruauté froide de Louvois. — Réconciliation de Seignelay avec Du Quesne. — Louis XIV accepte une fête à Sceaux en 1685. — Attitude de Seignelay dans les affaires religieuses. — Il est en faveur auprès de madame de Maintenon. — Sa correspondance avec Fénelon dont il approuve la tolérance. — Reproche au gouverneur de Sainte-Marguerite sa dureté envers les protestants. — Protége et encourage le commerce. — Affaires de police.

Une affaire importante, qui eut en Europe un long retentissement, mit bientôt dans tout leur jour les qualités et les défauts du nouveau secrétaire d'État de la marine. Toutes les histoires racontent le bombardement de Gênes en 1684, la résistance héroïque des habitants, leur défaite inévitable, leur soumission et les nobles paroles du doge dans les appartements de Versailles. Ce que nous voudrions préciser, c'est le motif de cette guerre et la part qu'y eut Seignelay. On se rappelle les instructions que lui adressa Colbert au sujet de Gênes; peu d'années avant sa mort, il l'invitait encore, dans ses communications intimes qu'on peut appeler son testament politique, à penser continuellement au moyen de rendre le roi *maître de la Méditerranée.* « Ce doit être, ajoutait-il, l'application ordinaire de l'esprit de mon fils. S'en faire une affaire d'honneur et se piquer d'y réussir. » L'idée première du siége de Gênes est là; mais c'est Seignelay qui, de longue main, en prépara et dirigea l'exécution. Dévoués aux Espagnols et faisant avec eux leur principal commerce, inquiets du voisinage de la France depuis l'accroissement de sa marine, les Génois avaient éveillé les susceptibilités de Louis XIV, et l'on n'attendait plus que le semblant d'un prétexte pour abaisser leur orgueil. Ils avaient jadis été autorisés à ne pas saluer en mer la galère *Patronne* que montait le commandant en second de l'escadre. Dépouillés depuis de ce privilége, ils en sollicitaient le rétablissement; mais Louis XIV fut inflexible.

« Le roi a dit, écrivait le 8 février 1679 l'ambassadeur de Venise à son gouvernement, qu'il étoit maintenant trop engagé d'honneur et qu'il vouloit mortifier les Génois. Ils sont dans la plus grande agitation ; d'après ce qui transpire, ils craignent pour leur salut, et ils considèrent leur situation comme des plus périlleuses[1]. » L'intention de mortifier les Génois étant bien arrêtée, il ne restait plus qu'à choisir le temps. Un agent de l'ambassade française à Rome, M. de Saint-Olon, s'était fait remarquer par son outrecuidance envers le Saint-Siége, à l'occasion des lieux de refuge réclamés par Louis XIV, contrairement aux lois des États pontificaux et à la justice. On l'envoya à Gênes avec la mission d'y créer des difficultés, *suscitar garbugli*, dit un contemporain[2]. C'était trop facile. Au bout de peu de temps, Saint-Olon dressait de ses griefs principaux contre le sénat de Gênes une liste de quatre pages. Tout en inclinant pour le sénat, l'historien Gregorio Leti reconnaît que les Génois n'étaient pas exempts de faute, qu'ils avaient la France *en horreur*, surtout depuis qu'elle avait pris parti pour les ennemis de la patrie, notamment pour les Fiesque, et porté

---

1. *Archives des missions scientifiques et littéraires*; I, 2ᵉ série, p. 159. Communication de M. de Mas-Latrie sur les relations et les dépêches des ambassadeurs vénitiens.

2. *Teatro Gallico, di Gregorio Leti*, parte secunda, libro VIII; Amsterodamo, 1691.

ses prétentions jusqu'à demander le désarmement de quatre galères neuves qu'on accusait le sénat d'avoir fait construire pour l'Espagne. Suivant lui pourtant, les Génois devaient donner satisfaction à plus puissant qu'eux. Cette satisfaction ayant été refusée, une collision était devenue inévitable, et l'on a vu que tout le monde s'y attendait.

Quel fut le rôle de Seignelay dans les préparatifs du drame militaire qui allait se jouer? Sa correspondance ne l'apprend qu'en partie, car les dépêches officielles ne disent pas tout; et qui ne sait, dans les questions délicates, la quantité de faits qui ne sont pas même confiés au papier ou que le feu anéantit pour jamais? Au mois de septembre 1683, Seignelay envoyait à Gênes pour vérifier adroitement l'état de la ville et des batteries, le nombre de canons regardant la rade, les mouillages, et il recommandait à Du Quesne de faire ample provision de projectiles incendiaires. Une fabrique de bombes, dans le genre de celles qui venaient de réussir contre Alger, avait été établie près de Fréjus. Tout en se réjouissant de leur bonne qualité et multipliant les commandes, Seignelay donnait l'ordre de ne rien négliger pour obtenir de longues portées. Peu après, il prévient

Du Quesne, sous le sceau du secret, qu'au mois d'avril le roi punira l'insolence des Génois. « Pensez incessamment, ajoute-t-il, à faire réussir cette entreprise, dont le succès est d'autant plus vraisemblable que l'on n'a pas affaire à une ville de guerre comme Alger, mais à une ville remplie de marchands, et dont la noblesse n'a jamais vu tirer un coup de canon. » Quels motifs pouvait avoir Du Quesne pour contrarier les desseins de Seignelay et du roi? On ne sait. Peut-être n'avait-il pas pardonné au jeune ministre divers ordres donnés dans une forme hautaine, cavalière, et éprouvait-il un vif dépit de relever directement de lui ; ou bien encore croyait-il savoir que Seignelay s'était vanté de le mettre à la raison et de le réduire, comme tous les autres chefs d'escadre, à l'obéissance passive.

Une lettre du 10 janvier 1684 autorise cette dernière supposition. Après avoir chargé Tourville d'aller à Gênes sonder discrètement la rade, Seignelay ajoute : « J'ai lieu de croire que cette entreprise n'est pas du goût de M. Du Quesne, mais il n'y a rien au monde qui tienne tant à cœur au roi et que je souhaite en mon particulier plus ardemment pour les raisons que je vous expliquerai quelque jour. Ainsi, loin d'y chercher des difficultés dans votre rapport, je vous prie de vous appliquer à les lever toutes, en m'écrivant véritablement votre sentiment sur tout cela. Vous devez observer aussi que M. Du Quesne voudroit bien différer cette entreprise jusqu'au mois de juin ou de juillet, parce qu'il espère qu'elle deviendroit impraticable en ce temps, étant vraisemblable qu'on aura à chercher la flotte d'Espagne pour la combattre... » Bientôt, emporté par une aveugle colère, Seignelay oublie complétement les grands services de Du Quesne, et, après lui avoir recommandé (6 avril 1684) d'assurer à tout prix le succès de l'affaire, il écrit le même jour à l'intendant de la flotte : « J'ai reçu vos lettres et vû ce que vous me mandez des bonnes dispositions dans lesquelles M. Du Quesne paroît être. Vous me connoissez assez pour savoir que je ne veux point avoir d'éclaircissement avec *cet homme*, et que, ne cherchant à cet égard que le service du roi et de lui faire exécuter ponctuellement les intentions de Sa Majesté, je saurai bien le contenir dans son devoir. Cependant vous avez bien fait de le laisser écrire à Sa Majesté, mais je crois qu'il faut qu'il mérite les distinctions qu'il demande par des services d'une autre nature que ceux qu'il a rendus jusqu'à présent. »

C'est en ces termes que l'irascible et présomptueux ministre en était venu à parler du marin illustre qui avait triomphé de Tromp et de Ruyter. A partir de ce moment, les événements deviennent publics et l'histoire les déroule au grand jour. Le 17 mai, l'escadre française, dont Seignelay avait pris le commandement, parut devant Gênes, avec Du Quesne pour commandant en second. Les sommations au sénat, ses fières réponses, l'exaspération et le courage de la noblesse et des bourgeois sont bien connus. Aidés de quelques compagnies espagnoles expédiées à la hâte de Milan, ils se défendirent avec l'acharnement du patriotisme poussé jusqu'à l'exaltation. Vains efforts ! La ville s'écroulait sous les bombes. Le 22, Seignelay crut être généreux en demandant au doge de remettre au roi les quatre galères construites pour l'Espagne, d'envoyer à Versailles quatre des principaux sénateurs pour lui faire leur soumission, et de payer 600,000 livres à titre d'indemnité. Si éprouvés que fussent les Génois, tant d'humiliations les révoltèrent. Ils se souvenaient de la conduite des Hollandais en pareille occurrence, et ils firent comme eux; mais les circonstances étaient tout autres et le résultat fut différent.

Le bombardement recommença donc avec une nouvelle fureur. En même temps, les Français débarquèrent au faubourg Saint-Pierre-d'Arena, qu'ils mirent en cendres. Le 28, l'œuvre de destruction était bien près d'être accomplie, et Seignelay écrivait que plus des trois quarts de la ville étaient brûlés ou renversés. « Peut-être, dit Gregorio Leti au sujet de cet immense désastre, les bombes, ayant égard à la piété d'un si grand roi, épargnèrent-elles les églises, les monastères, les hôpitaux? Loin de là, il semble qu'elles avaient ordre de les frapper de préférence, car ils furent en partie ruinés... » Les Génois étant pour le moment assez mortifiés, la flotte, qui avait d'ailleurs épuisé ses bombes, reprit le chemin de Toulon, et Seignelay revint à Paris vers le milieu de juin, laissant devant Gênes les négociateurs chargés de régler le sort réservé à la trop confiante république. Veut-on savoir l'effet que cette expédition avait produit sur le parti militaire, à la cour? En écrivant au maréchal de Créqui qu'on avait jeté dans Gênes 15,000 bombes, que le palais du doge, la banque Saint-Georges et les grands magasins de l'arsenal étaient en flammes, qu'il en était de même de 3,000 maisons, et que tout ce qui était encore debout avait été envahi par les pillards, Louvois ajoutait froidement : « Il y a bien de l'apparence qu'un si rude châtiment apprendra aux Génois à devenir sages, et donnera une grande terreur à tous les princes qui ont des villes considérables au bord de la mer[1]. »

Erreur funeste, que la France paya cher! En réalité, si l'expédition dirigée par Seignelay avec tant de hauteur et de dureté anéantit pour jamais le prestige et la puissance de Gênes, elle inspira aux États du nord des sentiments de méfiance qui, joints à d'anciens ressentiments, aboutirent en 1687 à une coalition formidable. Le seul résultat heureux du voyage de Seignelay à Toulon fut sa réconciliation avec Du Quesne, dont on a la preuve dans la lettre affectueuse qu'il lui écrivit le 24 juillet 1684 : « Je suis dans une extrême inquiétude de votre santé. Je souhaiterois fort d'avoir appris que vous vous êtes fait porter à terre pour vous faire traiter avec plus de commodité que sur les vaisseaux. Je vous prie d'en avoir soin par préfé-

---

1. *Histoire de Louvois*, par M. Rousset, III, p. 276.

rence à toutes choses, et j'attends avec beaucoup d'impatience des nouvelles de votre guérison, que j'espère et désire tant par l'intérêt que je prends à ce qui vous regarde, que pour celui du roi. » Ainsi, la circonstance qui semblait devoir provoquer un éclat entre ces deux natures également susceptibles amena un effet tout opposé. Cela fait oublier, heureusement pour Seignelay, sa triste lettre du 6 avril.

En mince faveur à la mort de son père, supporté à titre de survivant qu'on eût bien voulu évincer, peu ménagé par Louvois dont les attributions s'étaient agrandies de la surintendance des bâtiments et qui jouissait de toute la faveur, il avait peu à peu gagné la confiance de madame de Maintenon, que les hauteurs du secrétaire d'État de la guerre commençaient à fatiguer, et il s'était senti en 1685 sur un terrain assez solide pour offrir au roi une fête dans sa terre de Sceaux [1]. Cette

---

1. Au mois de janvier 1685, le marquis de Blainville, frère de Seignelay (on l'appelait aussi d'Ormoy), qui avait eu, du temps de Colbert, la surintendance des bâtiments, dont Louis XIV le dépouilla pour la donner à Louvois, quand Colbert mourut, avait été autorisé à acheter, pour 80,000 écus, la charge de grand maître des cérémonies. On lit à ce sujet dans les *Mémoires du marquis de Sourches*, t. I, p. 23 : « Le rétablissement de M. de Blainville étoit une grande marque que M. de Seignelay étoit bien dans l'es-

terre, fort agrandie par Colbert, qui allait volontiers s'y distraire en travaillant[1], avait encore été embellie par Seignelay, dont le goût pour les tableaux, les belles statues, les jardins, s'était formé dans son voyage d'Italie, et qu'aucune magnificence n'arrêtait. Le 16 juillet, Louis XIV et madame de Maintenon s'y rendirent avec toute la cour. Un journal du temps dit que les jardins passaient pour les plus beaux de l'Europe. D'après un contemporain, le roi les aurait parcourus dans une chaise à quatre places et à parasol, traînée par des hommes; mais la *Gazette de France* prétend que « ce prince infatigable » préféra se promener à pied. Au pavillon de l'Aurore, les violons et les hautbois de l'Opéra firent entendre un délicieux concert. A l'orangerie, d'autres instruments et les plus belles voix exécutèrent une ravissante idylle de Racine, dont Lulli avait composé la musique. Le sujet choisi par le poëte, *la Paix*, était bien propre à l'inspirer. Rien en effet ne s'adaptait mieux à sa tendre nature, et il y trouva des

---

prit du roi, et de la protection manifeste que madame de Maintenon donnoit à la maison des Colbert. »

[1]. Un très-grand nombre de ses lettres sont datées de Sceaux.

accents, dignes préludes des plus beaux chœurs d'*Esther* :

> Tu rends le fils à sa tremblante mère;
> Par toi, la jeune épouse espère
> D'être longtemps unie à son époux aimé.
> De ton retour le laboureur charmé,
> Ne craint plus désormais qu'une main étrangère
> Moissonne avant le temps le champ qu'il a semé...
>
> Un héros, des mortels l'amour et le plaisir,
> Un roi victorieux nous a fait ce loisir.

Virgile, à coup sûr, eût applaudi à cette interprétation du fameux : *Nobis hæc Deus...* La situation autorisait d'ailleurs ces éloges. Au fracas du bombardement de Gênes avait succédé une paix générale dont les clairvoyants se méfiaient peut-être, mais que Racine, cet historiographe si peu fait pour raconter des batailles, pouvait croire durable. Après le concert, le repas commença. Placées au bord d'un canal où glissaient des gondoles garnies de dames, les tables, qu'un ciel et des rideaux de damas blanc auraient pu au besoin garantir de la pluie, étaient éclairées par des milliers de bougies. De nouvelles symphonies, des rafraîchissements, une illumination brillante et un feu d'artifice terminèrent la fête. Fête charmante, surtout si les vœux si bien exprimés par Racine avaient été exaucés[1] !

Colbert, et c'est là un de ses plus beaux titres de gloire, s'était montré d'une grande tolérance, non-seulement envers les réformés, mais même à l'égard des juifs. Si, vers la fin de sa vie, il fit expulser des emplois de finances ceux qui refusaient d'abjurer, c'est qu'il était obligé à des concessions

---

1. *Gazette de France;* juillet 1685. — *Mémoires du marquis de Sourches.* — *Vie de J. B. Colbert,* par Sandras de Courtilz. — L'année suivante, Louvois alla dîner à Sceaux, chez Seignelay, qui avait d'abord accepté à dîner à Meudon. « Mais toutes ces belles apparences, dit le marquis de Sourches, ne trompoient personne, et l'on savoit certainement qu'il existoit toujours une inimitié cachée entre les Le Tellier et les Colbert, et que, s'ils ne la témoignoient pas ouvertement, c'étoit par l'appréhension qu'ils avoient de déplaire au roi (il leur avoit recommandé de bien vivre ensemble), et peut-être parce que madame de Maintenon, qui s'étoit raccommodée avec M. de Louvois et avec M. le contrôleur général, tenoit la balance égale entre eux, quoique, dans le cœur, elle penchât toujours pour les Colbert (*Mémoires,* t. I, septembre 1686.) » Madame de Maintenon n'avait pas *toujours* été pour les Colbert, mais les rudesses de Louvois n'avaient pas tardé, conjointement avec les avances des Beauvilliers, à la rejeter dans le camp opposé. — Voici enfin (*Histoire de Louvois,* par M. Rousset, t. III, p. 348), s'il est permis de chercher ses preuves dans les infiniment petits, de pitoyables vers que fit un libelliste du temps, après le siége de Luxembourg (1684), dans un moment où la guerre était incertaine. C'est Louvois qui parle :

> Dieu Mars, que veux-tu de moi ?...
> Je haïssois Colbert, je voulois son emploi...
> J'entends Mansard qui m'appelle.
> Il faut ramener le roi;
> C'est mon fait que la truelle.

pour n'être pas lui-même emporté par le torrent. Quelle fut, dans cette grave affaire, l'attitude de Seignelay? Craignant, s'il était soupçonné de tiédeur, qu'on ne lui en fît un crime, il avait, on doit le dire, assez mal débuté, et on lit avec peine, dans une lettre à l'intendant de Brest, du 4 juillet 1680, cette phrase hautaine : « Sa Majesté attendra encore un mois ou deux que les officiers de la religion prétendue réformée se mettent en état de profiter de la grâce qu'elle a bien voulu leur accorder, et elle chassera ceux qui auront persévéré dans leur opiniâtreté. » C'était le moment où l'influence toute-puissante de Louvois devenait menaçante pour Colbert et les siens. Il fallait donc, dans une question où les ménagements étaient coupables, ne pas prêter le flanc à la malveillance et être violent soi-même, quoiqu'on en eût. Plus tard, les dispositions de la cour se modifièrent; madame de Maintenon, qui, dans les commencements, poussait les choses à l'extrême, se radoucit quand elle sut jusqu'où la violence avait été portée. De son côté, Seignelay, si mal vu d'abord, avait gagné près d'elle le terrain perdu par Louvois. Plus libre dans ses allures, il se souvint des exemples de son père et s'attacha à remplir, autant que cela était possible au milieu des passions soulevées, le rôle de modérateur. Ramener les protestants par la discussion, telle fut son idée dominante ; c'était aussi celle de Fénelon, qu'il appela à son aide. « Il faut, écrit-il le 23 novembre 1685 au procureur général du Parlement de Paris, tâcher de gagner doucement cinquante ou soixante des principaux, différer leur abjuration, et les assembler ensuite avec un pareil nombre de ceux qui ne seront pas encore gagnés, pour leur expliquer fortement les intentions de Sa Majesté. » En même temps, il était d'avis d'accorder des facilités aux ouvriers protestants qui recherchaient la maîtrise. Des femmes avaient été condamnées à être renfermées et rasées ; quelques agents ayant poussé le zèle jusqu'à employer le bourreau, Seignelay s'en indigna. On regrette pourtant qu'il ait un moment consenti aux conversions par garnisaires ; la mesure, il est vrai, ne devait être appliquée qu'aux plus récalcitrants ; mais où s'arrêterait-on [1] ?

Que dire en outre des confiscations et condamnations aux galères pour cause de religion ? Le

---

[1]. Archives de la marine ; *Registre des dépêches*, année 1686.

cœur se serre à la pensée de ces iniquités. Les variations continuelles du gouvernement prouvent de reste ses embarras. Tantôt aucune mesure n'est assez sévère, tantôt la conciliation, les tempéraments sont recommandés. Pendant plusieurs années, on s'était opposé, par tous les moyens, à l'expatriation des protestants; en 1688, c'est Seignelay qui nous l'apprend, « le roi prit la résolution de les faire conduire à la frontière. » Quelque temps après, nouveau contre-ordre. Quant à lui, dès qu'il se vit soutenu par madame de Maintenon, ses dispositions à la bienveillance ne firent qu'augmenter. L'intendant de la Rochelle, un de ceux qui avaient fait raser des femmes par le bourreau, parlait d'employer les dragons; il le lui interdit, à moins que tous les efforts n'eussent échoué. C'était encore trop, et une défense absolue eût été plus honorable. Était-elle possible en ce moment? Au mois de décembre 1685, il avait fait donner à Fénelon et à quelques jeunes prêtres de Paris une mission en Saintonge. Toutes ses lettres à l'éloquent prélat ont été conservées [1], et il n'y a pas

---

1. On ne saurait, en pareille matière, dédaigner absolument l'opinion du moment. Un contemporain, le marquis de Sourches, grand prévôt de la cour, faisait, au mois d'août 1685, les réflexions suivantes

un mot qui ne les honore tous deux. Triste symptôme des mauvaises passions du temps! A peine arrivé, Fénelon avait été accusé de tolérance et dénoncé à la cour ; mais il trouva un défenseur dans Seignelay, qui lui écrivit :

Le 22 janvier 1686.

« J'ai rendu compte au roi du fruit de la mission dont vous êtes chargé, et je suis bien aise de vous avertir qu'on a écrit ici que vous et tous ces messieurs qui vous accompagnent, vous rendiez trop faciles avec les nouveaux convertis sur l'invocation des saints et des images, et que vous disiez que le culte des images étoit inutile et qu'on pouvoit croire la même chose de l'invocation des saints. Bien que je connoisse la fausseté de ces raisons, je ne laisse pas de vous en écrire, afin que je puisse faire voir à Sa Majesté, à qui on en a parlé, la réponse que vous me ferez à ce sujet.

« J'ai vu ce que vous m'écrivez de la pauvreté du pays où vous êtes et de la disette des blés qu'il y a. J'ai chargé le munitionnaire de la marine d'en faire acheter dans les autres provinces et même hors du royaume pour y en envoyer, et il doit y en arriver incessamment. »

---

au sujet des conversions par garnisaires pratiquées à cette époque dans le Dauphiné : « Les dragons faisoient alors plus de conversions en huit jours que les missionnaires en un an... Cette manière de convertir étoit un peu nouvelle, mais elle ne laissoit pas de faire de bons effets, et si les conversions n'étoient pas tout à fait sincères de la part des pères, on étoit sûr au moins de gagner leurs enfans. » (*Mémoires*, t. I, p. 275.)

Fénelon se justifia et il insista dans toutes ses lettres sur la nécessité d'user de douceur[1]. C'était entrer en plein dans les vues de Seignelay, qui lui écrivait (20 février) : « Tout le monde connoît qu'il n'y a rien à ajouter au zèle, à la prudence, à la douceur avec lesquels vous avez agi dans le pays où vous êtes, et c'est le meilleur moyen pour parvenir à faire goûter à ces peuples les instructions qu'on veut leur donner, qui sont seules capables de leur faire perdre l'envie de quitter le royaume. » Puis, le 22 avril : « Je suis persuadé comme vous qu'il n'y a pas de meilleur parti pour faire revenir ces gens que la douceur... L'intention de Sa Majesté n'est pas de forcer les nouveaux convertis à se confesser et à communier ; je crois que M. de la Rochelle est dans le même sentiment, et ce seroit une chose sujette à de graves inconvéniens de les obliger à s'approcher des sacremens sans prépa-

---

1. Sa tolérance n'allait pas cependant alors jusqu'à permettre aux protestants de passer à l'étranger :

« Je prends la liberté, écrivait-il à Seignelay le 7 février 1686, de vous dire qu'il me semble que la garde des lieux où ils peuvent passer a besoin d'être augmentée. L'autorité du roi ne doit se relâcher en rien.. » (*Correspondance de Fénelon*, t. I, p. 4:) Voir, aux *Lettres*, celle à Seignelay du 7 février 1686.

ration ¹. » La mission de Fénelon terminée, Seignelay écrit encore (8 décembre 1686) à l'évêque de la Rochelle : « J'ai appris que vous avez donné les ordres nécessaires pour empêcher que les prédicateurs ne menacent dans leurs sermons les nouveaux convertis de faire venir les dragons. Et si, après cela, il s'en trouvoit encore quelqu'un qui, par un zèle indiscret, tînt de semblables discours, l'intention du roi est que vous lui interdisiez la chaire pour éviter le mal qu'une pareille conduite est capable de causer. » Qu'on rapproche ces lettres de la fameuse phrase de Louvois : « Sa Majesté veut qu'on fasse sentir les dernières rigueurs à ceux qui ne voudront pas suivre sa religion, » et

---

1. « Je sais, écrivait à ce sujet Fénelon au marquis de Seignelay, que, dans les lieux où les missionnaires et les troupes sont ensemble, les nouveaux convertis vont en foule à la communion. Ces esprits durs, opiniâtres et envenimés contre notre religion sont pourtant lâches et intéressés. Si peu qu'on les presse, on leur fera faire des sacrilèges innombrables ; les voyant communier, on croira avoir fini l'ouvrage ; mais on ne fera que les pousser par les remords de leur conscience jusqu'au désespoir, ou bien on les jettera dans une impossibilité et une indifférence de religion qui est le comble de l'impiété, et une semence de scélérats qui se multiplie dans tout un royaume. Pour nous, Monsieur, nous croirions attirer sur nous une horrible malédiction, si nous nous contentions de faire à la hâte une œuvre superficielle, qui éblouiroit de loin. » (*Correspondance*, t. I ; lettre du 26 février 1686.)

l'on aura en présence les deux systèmes, celui des Colbert et celui des Le Tellier[1].

Enfin, quatre ans après, le gouverneur des îles Sainte-Marguerite prévenait Seignelay que deux pasteurs protestants chantaient bruyamment leurs psaumes et qu'un d'eux avait écrit sur de la vaisselle. On ne sait quelle punition leur fut infligée; mais, en répondant à Saint-Mars, le ministre lui reprocha sévèrement la dureté dont il avait usé sans ordre. « Vos soins, ajoutait-il, se doivent réduire à les faire garder et empêcher qu'ils n'aient com-

---

[1]. La révocation de l'édit de Nantes fut suivie, dans le Languedoc, de troubles qui durèrent des années. Pour les réprimer, Louvois y envoya le duc de Noailles et, sous ses ordres, le marquis de Saint-Ruth, espèce d'Hercule aux traits hideux et menaçants. « Il ne respiroit que le carnage, a dit de lui le chancelier d'Aguesseau, qui l'avait vu à l'œuvre, et il ne regardoit presque cette expédition que comme une partie de chasse propre à le distraire des ennuis de la paix. » Le père du chancelier était à cette époque intendant du Languedoc, et, comme on le pense bien, il détestait ces violences. On en a la preuve dans une lettre de Louvois écrivant au duc de Noailles : « Il est difficile de comprendre comment il a pu tomber dans l'esprit de M. d'Aguesseau d'inspirer à M. de Saint-Ruth la patience qu'il a eue de souffrir les insultes de ces canailles. » (Bibl. imp., Mss. S. F. 4,026, fol. 75.) On lit enfin dans une lettre de Seignelay à l'évêque de Saintes, du 24 novembre 1686:

« A l'égard de ce qu'on vous a dit que M. de Saint-Ruth devoit faire, je puis vous assurer qu'il n'a point d'ordre d'obliger les nouveaux convertis à s'approcher des sacremens et qu'il ne le fera pas, cela étant trop éloigné de l'esprit avec lequel Sa Majesté se conduit à cet égard. » (Arch. de la Mar.; *Dépêches concernant la marine*, 1686, fol. 843.)

munication, tant au dedans qu'au dehors, et la pension qui vous a été réglée pour chacun d'eux est assez forte pour leur fournir tous leurs besoins et une bonne nourriture. » Une assiette sur laquelle quelques mots ont été écrits, des prisonniers que le gouverneur des îles Sainte-Marguerite a l'ordre de traiter convenablement, tout en les tenant au secret le plus rigoureux, n'y a-t-il pas là en germe la poétique et mystérieuse légende du Masque de fer?

Si, dans la question religieuse, Seignelay avait fini par suivre ces inspirations généreuses, l'honneur en revient évidemment à Colbert. Il en est de même de quelques mesures concernant le commerce, l'industrie, les manufactures. Tantôt il appelle à Paris des députés du commerce, sans distinction de religion; tantôt il écrit que tout privilège commercial est contraire au plus grand nombre. Une autre fois, à propos d'une augmentation sur les toiles de coton, qu'il reconnaît excessive, il recommande aux marchands d'importer, au lieu de ces toiles, d'autres objets tout aussi recherchés. Désireux, comme Colbert, de voir prospérer nos colonies d'Amérique, sans cesse compromises par la concurrence des colonies anglaises et hollandaises, mais plus encore par les fautes de nos agents, il invite ceux-ci à favoriser efficacement la culture du coton, du sucre, du café, de l'indigo. Les avantages du commerce avec les Indes orientales par la mer Rouge lui ayant été signalés, il écrit à l'ambassadeur de Constantinople qu'il faut tout tenter pour cela; mais un port de refuge est indispensable, et il importe de demander des garanties aux autorités turques. L'ambassadeur lui avait proposé également de commercer avec l'Inde par l'Euphrate. Il répondit, craignant d'embrasser trop de choses à la fois, que cela lui paraissait pour le moment impraticable. Dans une autre circonstance, il se réjouissait de voir nos draperies préférées dans le Levant à celles de Hollande; puis, afin que notre commerce n'y tombât pas entre des mains indignes, il défendait (précaution excessive!) de s'y établir sans autorisation. On voudrait que, répudiant sur un point les errements de Colbert, il n'eût pas, comme lui, recruté les chiourmes par les expédients les plus iniques. Le temps de la justice absolue n'était pas venu et l'intendant du Poitou nous apprend qu'en 1686 Seignelay, à bout de moyens, lui ordonna d'envoyer aux galères, *sans autre forme de pro-*

cès, tous les vagabonds et gens sans aveu du pays.

Bien d'autres questions font de la correspondance de Seignelay une lecture des plus instructives. Un professeur d'Orléans avait enseigné la philosophie de Descartes ; l'intendant dut faire connaître les causes d'une pareille tolérance, le caractère du professeur, et s'il avait beaucoup d'écoliers. On voit là une preuve nouvelle de l'intervention incessante de l'autorité centrale dans l'administration des provinces, bien avant la grande crise politique de la fin du dernier siècle. Les maîtres d'écoles de Paris pouvaient garder leurs élèves jusqu'à neuf ans, mais à condition de ne leur apprendre qu'à lire, à écrire, et les premiers principes de la langue latine. Ces conditions ayant été méconnues, l'Université invoqua son monopole, et Seignelay lui donna raison. Les ministres étaient consultés et statuaient sur tout. Le lieutenant civil avait, de sa propre autorité, envoyé aux Antilles des gens dont tout le crime était de vivre dans le désordre. « Comme cette punition n'est point connue en France, lui écrivit Seignelay, Sa Majesté ne veut pas que vous en ordonniez de pareilles. » Quelques semaines après, c'étaient des contraintes judiciaires qui venaient échouer devant les franchises de l'enclos du Temple. « Sa Majesté, écrit-il encore, veut que les ordonnances de justice s'exécutent dans le Temple ainsi que dans les autres lieux de la ville de Paris et si dans la suite elle reçoit de semblables plaintes, elle fera abattre les portes du Temple. » Une lettre du 1ᵉʳ avril 1689, à l'intendant de Tours, montre toute la vigilance de la police. « Je vous envoie, par ordre du roi, un homme qui est venu dénoncer ici que deux femmes de Montoire ont entendu dire à de nouveaux convertis qu'il se trouveroit encore un Ravaillac en France. Deux de ses camarades, garçons gantiers comme lui, ont entendu la même chose, et Sa Majesté m'ordonne de vous dire qu'il faut que vous vous transportiez incessamment audit lieu de Montoire, pour éclaircir ce fait autant que vous pourrez, et examiner s'il y a quelque fondement à ce que cet homme a déclaré. »

On a là une preuve certaine de la fermentation qu'entretenaient dans les esprits les mesures contre les protestants. Heureusement ces prédictions sinistres ne se réalisèrent pas, et la France n'eut pas, sous Louis XIV, un second Ravaillac.

CHAPITRE III

Crédit et considération de Seignelay en 1688. — Mot de madame Cornuel. — Mort de sa première femme. — Il épouse mademoiselle de Matignon. — Sa vanité. — Saint-Simon raille ses prétentions au sujet de sa prétendue parenté avec les Colbert d'Écosse. — Son aptitude aux affaires. — Sa part dans les prises que faisaient les vaisseaux. — Ordonnance du 15 avril 1689. — Activité qu'il déploie dans les affaires d'Angleterre. — Il va à Brest et prend le commandement de la flotte. — Opinion des contemporains sur sa conduite. — Recommandation du roi de ne pas attaquer le premier. — Déréglements de Seignelay à Brest. — Il revient à Versailles sans avoir rien fait. — Paix avec les forbans d'Alger. — Maladie de Seignelay. — Dernière année de son ministère. — Il reproche à Tourville son extrême prudence. — Victoire de Fleurus. — Tourville à Bevezier. — Lettres de Seignelay. — Panique des Anglais à la nouvelle du combat de Bevezier. — Conséquences fâcheuses de la circonspection de Tourville. — Goût de Seignelay pour les arts. — Une discussion avec Boileau. — Seignelay tombe gravement malade. — Fénelon l'exhorte à se préparer à la mort. — Ses dernières dispositions. — Il meurt le 3 novembre 1690 en laissant une immense fortune. — Jugement de Voltaire, de Saint-Simon et du comte de Forbin.

Grâce aux revirements d'amitié dont nous avons parlé, le marquis de Seignelay jouissait en 1688, malgré l'infériorité relative de ses services, de plus de crédit et de considération à la cour que son père lui-même dans les dernières années de sa vie. Il n'était pas encore ministre d'État, mais on en avait rarement vu de son âge, et quand il le devint, l'année suivante, une femme dont on colportait les saillies, madame Cornuel, dit, en revenant de Versailles, qu'elle y avait vu « un ministre au berceau. » Saint-Simon nous apprend qu'il aspirait alors au grade de maréchal (celui d'amiral étant réservé à la famille royale), ce qui lui faisait rechercher les occasions de commander la flotte. Lettré et disert, parlant avec une merveilleuse facilité sur toutes choses, à l'opposé de Louvois, qui s'exprimait lourdement, il charmait tous ceux qui l'entendaient. « Un talent qui le faisoit briller au conseil, dit l'abbé Legendre [1], c'est qu'il parloit de tant de choses, si bien et si aisément, qu'on étoit charmé de l'entendre, source intarissable de chagrin pour le marquis de Louvois, qui avoit peine à s'exprimer. Le chancelier, son père, ne pouvant se contenir, disoit du marquis de Seignelay : « C'est un joli causeur; quand il avancera en âge, « il pensera plus et causera moins. » Deux brillants mariages, en faisant Seignelay très-riche, lui avaient fourni les moyens de satisfaire ses goûts

---

1. *Mémoires*, liv. II.

pour le luxe, qui contrastaient avec la sévère austérité des Le Tellier. Les frondeurs du temps le chansonnaient là-dessus [1], et ils ne le ménageaient pas davantage sur des accès de dévotion intermittente qui s'accordaient mal avec d'autres entraînements. Sa première femme, très-haute, très-fière, et qui, suivant l'abbé de Choisy, se trouvait mésalliée, était morte en 1678, après trois ans de mariage. « La fortune a fait là un coup bien hardi d'oser fâcher M. Colbert, écrivit madame de Sévigné à Bussy. Lui et toute sa famille sont inconsolables... Cette grande héritière, tant souhaitée et prise enfin avec tant de circonstances, est morte à dix-huit ans. » Une autre amie de Bussy, madame de Scudéry, fut moins sympathique encore à la douleur des Colbert. A l'entendre, ils avaient déployé, à cette occasion, une magnificence outrée et de parade. « Ces gens-là, dit-elle, font toujours des fêtes, quoi qu'ils fassent. On avoit prié Ma-

---

[1].
Seignelay fait bien du fracas ;
Il est fort magnifique.
Pour ordonner un bon repas,
C'est un grand politique.
Mais pour le métier d'amiral,
Il le fait au moins aussi mal
Que Jean de Vert.

(Bibl. imp., Mss.; *Recueil Maurepas*, t. IV, p. 345.)

dame au service, contre l'ordre, comme vous savez. M. Colbert lui en est allé demander pardon. Nous reverrons une autre fête pour la noce de M. de Seignelay. On parle déjà de le remarier. On nomme fort mademoiselle de Piennes, qui a 1 million 200,000 livres de biens, ou mademoiselle de Vardes. » Voilà bien les méchantes langues du temps et de tous les temps ! Seignelay se remaria seize mois après ; mais il eut dans l'intervalle un de ces élans de dévotion qui prêtaient à la malignité des oisifs. « M. de Seignelay est à Vichy, écrivait Bussy, le 16 juin 1678, vivant comme un missionnaire. Ces chaleurs-là sont d'ordinaire de courte durée, surtout quand on est jeune et qu'on ne sort pas des occasions. » Le public le mariait alors à une demoiselle Mazarin ; il épousa, l'année suivante, mademoiselle de Matignon, d'une des plus illustres maisons, dont la grand'mère était d'Orléans-Longueville, fille d'un Bourbon [1]. Ainsi, dit mademoiselle de Montpensier, ils ont l'honneur d'être aussi proches parens du roi que M. le prince,

---

1. Trois ans après, la nouvelle marquise de Seignelay dansait devant le roi un ballet, *le Triomphe de l'Amour* ; le doucereux Benserade y avait fait pour elle les vers suivants :

> Avec une moitié dignement assortie
> Je goûte un bonheur pur que je fais en partie.

Marie de Bourbon étant cousine germaine du roi, mon grand-père. Cela donne un grand air à M. de Seignelay, qui, naturellement, avoit assez de vanité [1]. » Colbert lui avait pourtant bien recommandé de penser « à ce que la naissance l'auroit fait être si Dieu n'avoit pas béni son travail. » Pouvait-il faire meilleur marché de ses titres de noblesse? A la vérité, des Colbert avaient été anoblis à la fin du XVI° siècle; mais c'était une noblesse de fraîche date, dépourvue de ce relief d'ancienneté auquel les familles attachent le plus de prix, et la branche dont il descendait était principalement adonnée au commerce. Les contemporains les plus autorisés, Bussy-Rabutin, l'abbé de Choisy, Olivier d'Ormesson, le duc de Saint-Simon et bien d'autres ont contesté l'antique origine à laquelle Seignelay et sa famille ne paraissent avoir songé qu'après la mort du grand ministre. Il est certain, d'ailleurs, qu'en 1687 des

> Ce ne sont que fleurs sous nos pas;
> Tout nous plaît, rien ne nous chagrine,
> Ou si parmi ces fleurs se trouve quelque épine,
> Elle pique si peu que l'on ne la sent pas.

Les stances de Benserade abondaient d'ordinaire en allusions; et c'est sans doute ce qui en faisait supporter la fadeur. L'épine ne serait-elle pas encore Louvois?

1. *Mémoires*, édition Chéruel, t. IV, p. 516.

lettres patentes du roi d'Angleterre confirmèrent un acte du parlement concédant des lettres de naturalité « pour rendre, y était-il dit, l'illustre et très-noble famille des Colbert de France à ses amis et à son ancienne patrie, pour fermer la bouche de l'envie et pour donner un témoignage si certain de la vérité qu'il ne pût y avoir aucune contestation à l'avenir[1]. » Mais Jacques II n'avait plus alors d'autre appui que Louis XIV, et nul homme en France ne pouvait lui être plus utile que le secrétaire d'État de la marine. Écoutons maintenant Saint-Simon au sujet des prétentions de Seignelay : « Sa vanité, dit-il, l'avoit porté à se persuader, par la conformité de nom, qu'il sortoit d'une famille d'Écosse qui portoit le nom de Colhberg, et qui étoit bonne et ancienne parmi la noblesse. Il en fit faire des recherches et s'en fit descendre par une généalogie dont les ministres ne manquent jamais de trouver le secours. Il fut plus loin, car il écrivit au roi Charles II (c'était Jacques II) et en obtint des certificats en manière de patentes qui le déclaroient descendu de cette famille, et eut la folie de les présente. au roi, qui n'en

---

1. *Note sur la famille Colbert* (Paris, 1863), p. 24.

crut pas plus que le roi d'Angleterre lui-même. Le roi néanmoins fut fort choqué d'une démarche si étrange, et s'il garda le silence pendant sa vie, il s'en dédommagea publiquement à sa mort. Seignelay en avoit persuadé toute sa famille, qui n'en a plus douté, excepté la duchesse de Mortemart, qui avoit le bon esprit d'en rire avec tous ses amis. Il faut avouer que tous les Colbert ont eu l'âme et le courage élevés, et une valeur qui ne s'est pas démentie, tandis que le contraire s'est fait sentir dans tous les Tellier [1]... »

Rendons justice à Seignelay : ni son goût pour les arts et pour les jouissances de l'esprit, ni ses inclinations fastueuses, ni d'autres passions plus vives encore ne lui firent jamais sacrifier les af-

---

[1]. *Journal de Dangeau*, note de Saint-Simon, à la date du 5 novembre 1690, au sujet de la mort de Seignelay.

L'auteur de la *Note sur la famille Colbert* voit dans « la malignité, l'envie, l'orgueil de cour, » le mobile de l'appréciation des contemporains sur les prétentions de Seignelay. D'autre part, les jugements conformes portés de nos jours lui paraissent être le fruit « d'un système duquel il résulterait que tout ce qu'il y a de beau et de grand ne peut sortir que des classes populaires. »

Je suis, pour mon compte, fermement opposé à ce système, et je crois la noblesse aussi capable d'héroïsme (elle continue à le prouver) que les classes populaires. Mais il n'y a pas de système engagé dans la question, et la vérité avant tout. Je me range donc à l'avis de Saint-Simon, très-sympathique aux Colbert, de Bussy-Rabutin, d'Olivier d'Ormesson, de l'abbé de Choisy, de l'abbé Legendre et de tous les contemporains.

faires aux plaisirs. Après le reproche très-mérité qu'on lui a adressé d'avoir, par jalousie des brillants succès de Louvois, trop négligé le commerce, le plus grave est de n'avoir pas été assez économe des fonds de la marine, à une époque où, pour soutenir la guerre contre toute l'Europe, il eût fallu exagérer l'économie. Sur ce point important, Colbert avait pourtant laissé des exemples toujours bons à imiter. Sous le rapport des armements, des classes, des galères, Seignelay continua le système en vigueur. On a blâmé sa sévérité, quelquefois excessive, surtout dans la forme; mais les punitions avaient été bien plus fréquentes sous son père, par suite du discrédit de la marine et du relâchement de la discipline depuis la Fronde. Sa sévérité, d'ailleurs, n'épargnait pas les forts et ménageait les faibles. On lui reprocherait avec plus de raison d'avoir armé des navires et fait faire la course pour son compte; il est vrai que les ministres des affaires étrangères et de la guerre partageaient les profits. Dix ans auparavant, madame de Montespan elle-même avait obtenu de Louis XIV que deux bâtiments de l'État feraient la course à son bénéfice, et la tradition se continuait. « Les prises que nos vaisseaux ont faites sur les Hollandois, dit Dangeau, le 17 avril 1689, montent déjà à plus de quatre millions depuis la déclaration de guerre. M. de Seignelay est très-content; il nous a dit aujourd'hui qu'il avoit eu plus de 20,000 pistoles (près d'un million de nos jours) pour sa part. » Que Seignelay fût content, on le conçoit; en était-il de même des armateurs français, dont les amiraux anglais et hollandais se partageaient vraisemblablement les dépouilles avec la même satisfaction? Mentionnons, à un point de vue tout différent, une ordonnance demeurée célèbre, qui réunit en vingt-trois livres, dans un ordre logique, toutes les dispositions concernant le service de la marine sur mer et dans les ports. Entreprise par Colbert, qui en avait posé les bases, complétée par Seignelay avec le concours des officiers et des intendants les plus accrédités, l'ordonnance du 15 avril 1689 se ressentait sans doute, dans maints articles, de la dureté des lois pénales de l'époque; mais, en fixant des points importants mal définis ou laissés à l'arbitraire des officiers et des intendants, elle constituait un progrès notable sur les règlements antérieurs.

Les événements dont l'Angleterre allait être le

théâtre fournirent à Seignelay des occasions nouvelles de déployer l'activité qui le dévorait. L'inhabile et obstiné Jacques II marchait fatalement à sa perte. Prévoyant le contre-coup qu'elle aurait sur ses affaires, Louis XIV n'épargnait rien pour la prévenir; mais son appui même la précipitait, en irritant les Anglais. La coalition de 1687, ce coup de maître de Guillaume d'Orange, l'avait pris au dépourvu. Au mois de septembre de l'année suivante, Seignelay chargeait un de ses agents d'avertir le roi d'Angleterre de ne pas compter en ce moment sur le concours de la France; il ajoutait que sa résolution de convoquer le parlement paraissait bien hardie. Était-il au moins assuré de ses dispositions, et connaissait-il bien l'état des esprits pour s'engager dans une affaire de cette importance? Un mois après, le bruit courait à Versailles du prochain débarquement du prince d'Orange dans le nord de l'Angleterre. Ce débarquement, la fuite de la reine et du roi, la défaite de l'armée d'Irlande, le rappel des troupes mises à la disposition de Jacques II, tous ces faits se succédant à de courts intervalles furent autant de déconvenues pour Louis XIV. Seignelay, qui avait dans ses attributions les affaires d'Irlande, faisait de son mieux et se multipliait. La mésintelligence des chefs, la trahison et la jalousie des Anglais renversaient tous ses plans. « Vous êtes en un pays et parmi des gens, écrivait-il à un de ses agents, qui n'ont rien de si fortement dans le cœur que leur opinion et leur jalousie naturelle contre les François, et il n'y a rien de si important que l'union... » La France n'était-elle pas bien heureuse de s'épuiser d'hommes et d'argent pour de pareils alliés? Mais, indépendamment de la question religieuse et des alliances, il y avait un grand principe en jeu, l'inviolabilité des souverains, et Louis XIV tenait à honneur de le faire triompher. Les premiers mois de 1689 furent employés à réunir la flotte, à compléter les cadres. Que devenait, dans ces circonstances, le système de recrutement si péniblement organisé par Colbert? Cet ordre de Seignelay va nous l'apprendre : « N'hésitez pas de prendre les matelots de toutes les classes et même les équipages des bâtimens marchands, et recherchez tous les bons matelots qui avoient été exemptés du service. » Une grande victoire navale pouvant encore tout sauver, il s'attache à cette idée avec une sorte d'acharnement. Il part pour Brest, et, comme il avait fait cinq ans auparavant devant Gênes, il prend le commandement de la flotte. Le comte d'Estrées ne s'en consola pas. Ce voyage de Seignelay fut tout un événement. « Il étoit général en tout, dit madame de La Fayette dans ses Mémoires, hors qu'il ne donnoit pas le mot; et même il en avoit les habits et la mine. » De son côté, Dangeau en parle fréquemment, enregistre tout ce qui s'y rattache, et ajoute, en annonçant que la flotte a mis à la voile le 15 août : « Tous les officiers ont fait leurs dévotions avant de partir. » Madame de Sévigné constate aussi le déboire du comte d'Estrées et le triomphe de Seignelay, sur qui en ce moment tous les yeux sont fixés. Cependant Tourville était parvenu à conduire devant Brest l'escadre de la Méditerranée. Nul doute que Seignelay ne brûlât du désir de rencontrer l'ennemi; une lettre du roi (août 1689) lui lia les mains. Il lui défendait d'attaquer, à moins d'une tentative de descente sur nos côtes. « Si les ennemis vouloient faire une descente en Normandie, Picardie et Boulonnois, en ce cas seul je vous permets de faire entrer vos vaisseaux dans la Manche pour les combattre et pour empêcher leur dessein à quelque prix que ce soit. Mandez-moi souvent des nouvelles; quoiqu'elles ne soient pas toutes importantes, elles ne laissent pas de me faire plaisir. Si vous vous mettez en mer, envoyez-moi souvent des nouvelles par des barques qui pourront venir aux côtes voisines... Faites tout avec prudence, patience et sagesse, et ne précipitez rien dont on puisse se repentir... Montrez cette lettre à M. de Tourville, afin qu'il ne puisse douter de mes intentions et que cela lui serve pour la conduite qu'il devra tenir quand vous ne serez plus sur vos vaisseaux. Demeurez tant que vous croirez être nécessaire, et surtout voyez ce qui se passera d'important pour me rendre un compte exact de ce que chacun aura fait. Vous n'avez rien à craindre de l'absence; soyez assuré que je suis très-content de vous et que je compte plus les services que vous me rendez où vous êtes que si vous étiez auprès de ma personne... » En résumé, Louis XIV disait à Seignelay de ne point sortir, mais de laisser croire qu'on le ferait à la première occasion et que l'ordre était toujours *d'aller aux ennemis*[1].

Arrêté par ces injonctions formelles, Seignelay revint à Brest, y séjourna quelques jours, jouant

---

1. *Œuvres de Louis XIV*, t. VI, p. 15.

gros jeu et usant dans des plaisirs mortels l'activité qu'il ne pouvait plus appliquer aux grandes affaires. Il reprit bientôt le chemin de la cour. « Notre flotte est revenue paisiblement à Belle-Isle, écrivit le 7 septembre madame de Sévigné, et M. de Seignelay revolé à Versailles; car c'est aussi un oiseau, moins gros que le duc de Chaulnes. Vous voyez bien que cet homme ne disoit pas mal : il n'y a plus de combats de mer ni de bataille depuis celle d'Actium... » La spirituelle marquise oubliait-elle donc le grand combat naval livré en 1672 contre les Anglais et les Hollandais, et les batailles devant Messine, où Ruyter avait été tué? Fallait-il, pour l'amusement des curieux, que la marine des trois nations fût engloutie tous les dix ans? Une paix avantageuse conclue à la même époque avec les forbans d'Alger fut d'autant mieux accueillie qu'elle était inespérée. Non-seulement ils permettaient qu'on achetât sur leurs marchés des esclaves pour les galères, mais quinze vaisseaux, envoyés par eux dans l'Océan, devaient se mettre à la recherche des Hollandais, des Anglais, et leur courir sus. C'était un avantage considérable, uniquement dû à l'énergie de Seignelay, puisqu'on n'avait pas alors un seul bâtiment dans la Méditerranée. Sa santé, par malheur, commençait à l'inquiéter. Ce fut d'abord la goutte, puis une maladie de langueur rebelle à tous les soins, que la faveur, tout à fait revenue, faisait paraître plus cruelle encore.

Les affaires d'Irlande et la lutte avec l'Angleterre protestante remplirent la dernière année du ministère de Seignelay. Jamais la flotte n'avait été aussi nombreuse, aussi brillante, aussi bien préparée à tenter quelque grande entreprise. Elle comptait quatre-vingts vaisseaux, vingt frégates, trente brûlots, quinze galères, sans les bâtiments de transport. Tourville, qui la commandait, joignait à l'autorité des services passés les qualités qui entraînent; il était à la fois hardi et prudent, résolu et circonspect; aussi la confiance en lui était entière. Seignelay seul lui reprochait un *excès de précautions*. « Vous voilà dans la situation où je vous souhaitois, lui écrivait-il le 22 juin 1690, et en état de faire l'action la plus glorieuse dont on ait jamais ouï parler dans la marine. Dieu veuille que vous en profitiez!... » Mais Tourville ne voulait livrer bataille qu'à coup sûr, et sondait le terrain. Perdant bientôt patience, l'impétueux Seignelay lui fit écrire par le roi et lui adressa lui-même coup sur coup les lettres les plus pressantes [1].

« Vous savez, lui disait-il le 3 juillet, que toute l'Europe a les yeux tournés sur vous; vous savez le succès que peut avoir le gain d'un combat naval et pour le service du roi et pour vos propres avantages; vous savez aussi qu'on n'osoit presque pas espérer que les armées de terre fissent autre chose cette année que se tenir sur la défensive, que tous les succès étoient tournés du côté de la mer, et que ce seroit une espèce de honte si la flotte ne remplissoit l'attente du roi et de tout le public. Ce sont ces raisons qui doivent vous exciter si fortement qu'il est impossible d'y rien ajouter... C'est à vous à profiter d'une si favorable conjoncture, c'est à vous à vous montrer digne du choix que le roi a fait de vous pour commander la plus forte armée navale qui ait jamais été en France, et à me donner occasion de faire valoir le service signalé que vous lui rendrez si vous battez les ennemis. C'est ce que je désire avec ardeur, et que vous vouliez bien oublier en cette occasion l'excès des

---

[1]. On trouvera dans ce volume plusieurs des lettres écrites par Seignelay à Tourville, vers cette époque, au sujet de la même expédition, ainsi qu'une réponse de ce dernier.

précautions qui peuvent être souvent des marques de prudence, et qui, dans cette conjoncture, vous feroient perdre des avantages presque certains. »

La victoire de Fleurus vint, sur ces entrefaites, accroître le désir qu'avait Seignelay de voir la marine se signaler à son tour. Une lettre au comte de Lauzun, commandant les troupes françaises en Irlande, trahit ces préoccupations. « Il ne reste plus à souhaiter, lui disait-il, après lui avoir annoncé le triomphe de Fleurus, que le gain d'un combat naval, et il y a toute apparence de l'espérer... Les ennemis sont à Spithead, au nombre de cinquante-cinq vaisseaux. M. de Tourville a ordre de les attaquer partout, et, s'ils quittent ce poste pour aller dans la Tamise, il doit les poursuivre, tâcher d'entrer après eux et de les brûler.... » La lutte des maréchaux et des amiraux avec les ministres de la guerre et de la marine qui veulent diriger les opérations du fond de leur cabinet a été de tous les temps. Ne trouvant pas l'occasion aussi propice, Tourville exposait ses motifs, et Seignelay, de plus en plus impatient, lui reprochait ses hésitations, son peu de bonne volonté à se conformer aux ordres du roi, allant même jusqu'à lui dire un jour qu'il n'agirait pas autrement, s'il voulait se préparer des excuses pour ne pas combattre. « Dieu veuille que je me trompe ! ajoutait-il, et que nous n'ayons pas, vous et moi, la honte d'avoir passé la campagne entière sans tirer aucun avantage de la foiblesse des ennemis dans le temps que le roi a de si heureux succès du côté de la terre. »

Enfin, après trois nouvelles lettres pleines d'anxiétés et de recommandations, Seignelay eut la joie de lui en écrire une pour le féliciter d'un grand succès qu'il venait de remporter. Le 10 juillet, les flottes s'étaient rencontrées au cap de Bevezier (*Beachy Head*), sur la côte d'Angleterre, et Tourville avait brûlé ou coulé bas douze vaisseaux ennemis. Quatorze ou quinze autres, complétement démâtés, auraient été pris sans une fausse manœuvre de la flotte française. Quatre cents matelots tués et huit cents blessés témoignaient que la victoire avait été payée cher. Satisfait à demi, Seignelay accompagna ses éloges de restrictions et d'excitations nouvelles qui blessèrent Tourville. « Je vous suis extrêmement obligé, lui répondit celui-ci le 15 juillet, de la part que vous avez prise à ce qui m'est arrivé dans le combat, par la lettre que vous m'avez fait l'honneur de m'écrire de votre main ; mais votre lettre du 12, que j'ai reçue en même temps, a beaucoup diminué le plaisir que je venois de recevoir, puisqu'il paroît que vous avez pu douter de mon zèle et de mon ardeur pour l'exécution des ordres du roi. » Quels étaient ces doutes? Dans la crainte que Tourville ne voulût rentrer au port après sa victoire, Seignelay le lui avait défendu, dût-on s'exposer à perdre quelques vaisseaux. Quinze jours après, il lui donnait l'ordre d'incendier Plymouth. Tourville se borna à faire exécuter un débarquement à Tingmouth, où le jeune comte d'Estrées brûla douze bâtiments. Le 23 août enfin (les affaires d'Irlande étaient devenues désastreuses dans l'intervalle), le ministre, apprenant que Tourville était rentré à Brest, lui ordonna d'en repartir immédiatement pour protéger le retour des troupes françaises, ou de remettre sur-le-champ le commandement au comte d'Estrées. « L'affaire de Plymouth manquée, ajoutait Seignelay, sans vous être donné le loisir de la tenter, votre impatience de revenir à Brest, nonobstant les ordres précis et réitérés que vous aviez reçus du roi, me font clairement connoître que rien ne peut vous obliger à rester en mer quand une fois l'impatience du retour vous a saisi... » A l'égard d'un commandant victorieux, un pareil langage pouvait sembler sévère. Mais Seignelay savait par ses agents que la victoire de Bevezier avait occasionné une stupéfaction générale en Angleterre, et que les adversaires de Jacques II croyaient déjà tout perdu. Ces mots, *les François arrivent*, coururent dans tout le royaume-uni comme un épouvantail. « Si les Français, a dit l'Anglais Burnet, partisan déclaré du prince d'Orange, profitant de la première consternation, s'étaient attachés à mettre le feu à nos villes maritimes, ils auraient entièrement ruiné l'Angleterre, où il n'y avait pas alors 7,000 hommes de troupes. » De son côté, lord Macaulay, après avoir constaté l'immense effroi causé dans Londres par la défaite du cap Beachy, la panique générale, les craintes d'une invasion, ajoute : « Beaucoup de personnes, surtout les ministres français, pensèrent que, si Tourville avait été plus entreprenant, la flotte alliée aurait pu être détruite. Tourville paraît avoir trop ressemblé, sous un rapport, à son adversaire vaincu (l'amiral Torrington). Quoique brave marin, il était commandant timide. Il exposait sa vie avec une gaieté pleine d'insouciance; mais il était, dit-on, d'une anxiété nerveuse et d'une circonspection pusillanime lorsque sa réputation militaire était en jeu[1]. » Seignelay avait donc eu raison de vouloir que Tourville, profitant de cette panique, essayât de brûler Plymouth et d'autres ports. Mais l'occasion que son génie avait préparée fut manquée et ne revint plus.

Ses dernières lettres, aujourd'hui sans importance, n'ont trait qu'aux détails du service Les grandes affaires étaient pour le moment terminées, et d'ailleurs la mort l'avait touché de son aile. Recueillons, avant d'arriver aux jours suprêmes, quelques faits qui révèlent l'homme de goût, le curieux des belles choses, le lettré. La description de la fête offerte à Louis XIV a pu donner une idée de sa magnificence. Jamais le luxe des meubles n'avait été poussé aussi loin[2]. On raconte qu'il avait fait venir des marbres d'une ville d'Afrique détruite par un tremblement de terre[3]. Un sieur Alvarez lui avait acheté en Italie pour 300,000 livres de tableaux, qui furent payés, disait-on,

---

1. *Histoire d'Angleterre sous le règne de Guillaume III*; année 1690.

2. L'abbé de Choisy écrivit le 15 décembre 1690 à Bussy-Rabutin que le mobilier de Seignelay avait été estimé à 1,700,000 livres. La Bibliothèque impériale (section des manuscrits) en possède un inventaire formant un volume in-folio.

3. Piganiol de La Force, *Description de Paris*, t. II, p. 18.

5.

en lettres de course et en bâtiments prêtés[1]. Mais la correspondance prouve, au contraire, qu'il lui envoyait des sommes considérables. Un jour même, Alvarez ayant prétendu que, s'il s'était adressé à Louvois[2], celui-ci eût payé sans marchander tout ce qu'il lui aurait demandé, Seignelay lui écrivit : « C'est un discours qui mériteroit autre chose qu'une réponse, et je vous apprendrai à l'avenir à ne m'en pas tenir de pareils[3]... » Un ministre qui n'aurait pas eu la conscience nette eût-il parlé de la sorte ?

Les relations de Seignelay avec Boileau, Racine, Fénelon, annoncent un esprit élégant, cultivé, que les affaires et la société des femmes n'absorbaient pas[4]. Boileau, juge sévère, que la richesse

---

1. Sandras de Courtilz, *Vie de Jean-Baptiste Colbert*.
2. Toujours Louvois ! Tantôt celui-ci dénonçait au roi du même coup (14 février 1680) Colbert et Seignelay, à l'occasion de travaux exécutés au port de Toulon ; tantôt il se moquait avec ses intimes des *bombarderies* et des *pitoyables entreprises* contre Alger. Le siège de Gênes aurait dû pourtant lui donner quelque estime pour Seignelay. Enfin, ayant hérité, à la mort de son jeune collègue, des places fortes qu'il avait dans ses attributions, Louvois écrivit à Vauban, le 6 novembre 1690, de l'aider à mettre un peu d'ordre dans ce service, où il y en avait si peu. Bonnes haines de cour ! Elles survivaient à la mort.
3. Archives de la marine ; lettre du 29 novembre 1685.
4. L'abbé de Chaulieu l'a jugé, à sa manière, dans ce passage de son épître au chevalier de Bouillon :

> Esprit supérieur en qui la volupté
> Ne déroba jamais rien à l'habileté...

et le rang ne suffisaient pas pour attirer, lui avait dédié une de ses épîtres, et il a raconté avec sa verve incisive une anecdote où tous deux sont en scène de la manière la plus piquante. C'était à l'occasion d'une pièce de Quinault, *Bellérophon*, à laquelle Boileau (les collaborations littéraires datent de loin) n'avait pas été étranger. Un soir, après dîner, Seignelay l'interpella, en présence de Racine et des ducs de Chevreuse et de Beauvilliers, sur un endroit de la pièce qu'il trouvait invraisemblable. « Après m'avoir harcelé, dit Boileau, par plusieurs raisons qui n'étoient pas trébuchantes, croyant m'avoir mis au pied du mur, il me dit avec un sourire amer et dédaigneux : « Répondez, répondez à cela. » Comme je vis que la chose étoit prise avec une hauteur qui ne me convenoit pas, j'eus le courage de lui dire : « Monsieur, j'ai toujours fait ma principale étude de la *Poétique*, tout le monde convient même que j'en ai écrit avec assez de succès. Si vous voulez que je vous réponde, il faut que vous consentiez que je vous instruise au moins trois jours de suite. » Après cela, je lui décochai six préceptes des plus importans d'Aristote. Il se sentit battu. Toute la compagnie rioit dans l'âme, et M. Racine, en sortant, me dit : « O le brave homme que vous êtes! Achille en personne n'auroit pas mieux combattu que vous[1]. » Ne croirait-on pas assister à ce grave débat? Le feu des paroles, le bruit des voix, l'accent, rien n'y manque. Et pourtant, qui oserait affirmer aujourd'hui que Seignelay n'avait pas raison contre Aristote, Racine et Boileau?

Mais le temps des controverses littéraires, des affaires, des rivalités ardentes, des amours illicites était passé pour toujours. Nous sommes au mois de juillet 1690, et l'on sait à la cour, pendant que Seignelay signe ces dépêches où éclatent ses dernières impatiences, que ses jours sont comptés. D'après Bussy, qui, n'en ayant rien tiré, ne le ménage plus, « c'est sa fortune qui lui coupe la gorge, et s'il n'avoit pas pu tout ce qu'il a voulu il vivroit plus longtemps. » Il n'avait pas attendu jusqu'alors pour songer aux intérêts de l'âme. Dans une longue lettre qui paraît remonter au mois de juin, Fénelon lui avait conseillé de se réconcilier définitivement avec Dieu. D'autres lettres avaient suivi, et une correspondance réglée s'était

---

1. *Bolæana; Œuvres de Boileau;* édit. de Saint-Marc, t. V, p. 6.

établie. En homme qui vit au centre des grands égarements et qui en voit tous les jours les effets, l'illustre prélat lui montrait résolûment la voie de la réhabilitation et le pressait d'y entrer. Ses lettres, répondant à une série de confessions écrites et de questions [1], nous montrent l'homme de cour aux prises avec la mort, soulèvent les voiles de la vie intime et ouvrent les replis d'un cœur dans lequel toutes les passions ont régné.

« Vous n'aurez plus, disait Fénelon, de ces *plaisirs furieux* qui enivrent l'âme, qui lui font oublier son malheur à force de l'étourdir; mais vous aurez ce calme intérieur et ce témoignage consolant qui soutient contre toutes les peines ; vous serez d'accord avec vous-même... Le fantôme du monde va s'évanouir ; cette vaine décoration disparoîtra bientôt ; l'heure vient, elle approche, la voilà qui s'avance ; nous y touchons déjà ; le charme se rompt, nos yeux vont s'ouvrir, nous ne verrons plus que l'éternelle vérité...

« Qu'importe que l'imagination s'égare et que l'esprit même s'échappe en mille folles pensées, pourvu que la volonté ne s'écarte point, et qu'on revienne doucement à Dieu sans s'inquiéter toutes les fois qu'on s'aperçoit de

---

1. Ainsi, Fénelon écrivait à Seignelay le 2 juillet 1690 : « Je me suis tellement étendu, Monsieur, sur cette question (obligation d'avancer chaque jour dans la connaissance de ses devoirs et de la loi divine) que je n'ai pas aujourd'hui le temps de répondre aux autres, mais je le ferai au premier jour. Je prie Dieu qu'il vous fasse bien goûter tout ceci... »

sa distraction... La prière doit être simple, beaucoup du cœur, très-peu de l'esprit.

« Rien n'est meilleur que de vous défier de vous-même. C'est le fruit que vous devez tirer de vos chutes. C'est pour vous humilier que Dieu a permis qu'elles aient été si fréquentes, si longues, si profondes, et, après tant de grâces reçues autrefois, vous aviez plus besoin qu'un autre de tomber de bien haut, parce qu'il faut abaisser votre hauteur, qui est extrême...

« La défiance de vous-même doit opérer la fuite des occasions de rechute. Elle doit vous engager à prendre un genre de vie précautionné contre vous-même et contre vos amis.

« Qu'aucun domestique ni ami n'ose vous donner des lettres ou vous lire des choses touchantes de la part des personnes[1]...

« Ce qui m'embarrasse le plus n'est ni votre promptitude contre vos domestiques ni vos oppositions pour les gens qui vous traversent; ce que je crains pour vous, c'est votre hauteur naturelle et votre violente pente aux plaisirs...

« Vous êtes environné de gens de plaisir; tout ne respire chez vous que l'amusement et la joie profane. Tous les amis qui ont votre confiance ne sont pleins que de

---

1. Les points placés à la suite de ce mot sont dans la lettre telle qu'elle a été publiée. — Sandras de Courtils raconte que, pendant la maladie de Seignelay, une de ses maîtresses se déguisa en courrier pour arriver jusqu'à lui. Au sujet de la mort de M. de Saint-Géran, lieutenant général et chevalier de l'ordre, Saint-Simon dit : « Sa femme, charmante d'esprit et de corps, l'avoit été pour d'autres que pour lui ; leur union étoit moins que médiocre. M. de Seignelay, entre autres, l'avoit fort aimée... »

maximes sensuelles; ils sont en possession de vous parler suivant leurs cœurs corrompus...

« Il n'est pas question de prêcher ni de baisser les yeux; mais il s'agit de se taire, de tourner ailleurs la conversation, de ne témoigner nulle complaisance pour le mal, de ne rire jamais d'une raillerie libertine ou d'une parole impure. Qu'on croie tout ce que l'on voudra, il faut prendre le dessus; c'est à quoi vous doit servir l'autorité de votre place et de vos talens naturels. Mais souvenez-vous, Monsieur, que si vous vous laissez entraîner vous êtes perdu. Un faux ménagement entre Dieu et le monde ne contentera ni Dieu ni le monde. Vous serez rejeté de Dieu; le monde vous enchaînera, et rira de vous voir entraîné dans ses piéges...

« Parlez, Monsieur, à madame la marquise de Seignelay comme vous l'avez résolu, et tout au plus tôt... Lisez aussi ou faites-vous lire par M. le duc de Chevreuse un chapitre de l'*Imitation* chaque jour. Ne craignez point de l'interrompre quand vous vous trouverez fatigué... Le temps de votre maladie vous est favorable, car c'est une espèce de retraite forcée, qui vous met à l'abri des conversations profanes, et qui assemble autour de vous les gens de bien de votre famille [1]... »

Quel effet produisaient ces conseils sur celui dont ils font si bien connaître les emportements et les faiblesses ? Les lettres de Fénelon témoignent qu'il supportait impatiemment son mal et que l'amour de la vie luttait en lui contre la mort, de

---

1. *Correspondance de Fénelon*, t. I, p. 25 et suivantes.

plus en plus imminente. Un docteur célèbre, Helvétius, avait été appelé : il ne le soulagea pas. En désespoir de cause, on fit venir un empirique du Languedoc, nommé Pailhoux, à qui l'on donna 4,000 livres, et qui ne fut pas plus heureux. Le 5 octobre, le roi étant allé à Fontainebleau, Seignelay, indice fatal et significatif, n'eut pas assez de force pour l'y suivre. Le 14, il régla les pensions de ses domestiques; quatre jours après, il écrivait : « L'incertitude où je suis de l'événement de ma maladie m'oblige à donner ordre à mes affaires et à faire savoir par cet écrit quelle est ma dernière volonté sur la disposition de mes biens... » En même temps, il confia la tutelle de ses enfants à sa femme, « ne pouvant, disait-il, leur donner une personne d'une vertu plus solide et d'un plus véritable mérite[1]... » Sans doute, Fénelon, interrompant sa correspondance, le visitait alors assidûment. De son côté, le pieux Racine allait fréquemment lui lire les psaumes, dont il lui faisait des paraphrases, et l'abbé Renaudot, l'un des auditeurs, dit qu'il y enlevait tous les cœurs. Le 22 octobre 1690, Seignelay se fit conduire à Ver-

---

1. Bibl. imp., Mss.; Cabinet des titres : *Colbert*.

sailles, et il y mourut le 3 novembre. « Quelle jeunesse ! quelle fortune ! quels établissemens ! s'écria madame de Sévigné à cette nouvelle. Rien ne manquoit à son bonheur ; il nous semble que c'est la splendeur qui est morte. » Le bruit courut qu'il laissait cinq millions de dettes et que la marquise de Seignelay renonçait à la communauté ; mais l'abbé de Choisy, alors à Paris, écrivit à Bussy que, toutes dettes payées, Seignelay laissait encore 400,000 livres de rente.

Voltaire, dont le tact historique était des plus fins, malgré des erreurs de détail systématiquement exagérées, a dit de Seignelay « qu'il avait un génie plus vaste encore que celui de son père. » Le grand chroniqueur du XVIIe siècle, Saint-Simon, l'avait jugé de même. « M. de Seignelay, dit-il, avoit toutes les parties d'un grand ministre d'État et désespéroit M. de Louvois, qu'il mettoit souvent à n'avoir pas mot à répondre devant le roi. » Cela explique la mauvaise humeur du vieux Le Tellier contre le *joli causeur*. Ses plus grands défauts, et ils étaient poussés à l'extrême, venaient de sa fierté, de sa hauteur, de son emportement incorrigibles. Inférieur à son père comme organisateur, il le dépassait par la hardiesse des vues et la grandeur des projets. Gênes, l'Espagne, Alger, les États barbaresques, l'Angleterre, la Hollande sont là pour le prouver. Plus de préoccupations du commerce et de l'industrie auraient mieux servi les véritables intérêts du roi et du royaume; l'élan en sens contraire était malheureusement donné par Louvois. Seignelay eut le tort de le copier, on peut dire aveuglément, et la gloire de réussir. La marine française, née de la veille, n'a jamais été plus brillante et plus heureuse que sous son ministère; après lui, elle ne fit que décroître; jamais tant de marins célèbres ne soutinrent à la fois le pavillon. C'est l'époque de Du Quesne, de Château-Renault, de Tourville; le commencement de Forbin, de Duguay-Trouin, de Jean Bart. Le siècle des grands prosateurs, des grands poëtes, des grands prédicateurs, des grands capitaines, a été aussi celui des grands marins. Comment s'étonner que, malgré les fautes du règne et les vices du temps, ce siècle soit toujours l'objet de la prédilection publique? La mode viendra, elle est déjà venue, au siècle de Louis XV; celui de Louis XIV ne pourra qu'y gagner. Si je ne me trompe, la figure de Seignelay ne déparera pas, quand elle sera mieux éclairée par l'histoire, la vaste toile où se groupe la foule des illustrations contemporaines. Laissons parler une dernière fois Saint-Simon, qui l'avait connu et qui le juge sans passion d'aucune sorte : « Ses défauts, dit-il, répondoient à ses grandes qualités... Pour la haine et l'amitié, il n'eut de pareil que Louvois. Savant, éclairé, beaucoup d'esprit, de délicatesse, d'étendue, de pénétration, de justesse, beaucoup d'humeur, même avec ses amis. » On vient de voir que pour le goût, l'esprit, et surtout la liberté de l'esprit, il luttait déjà contre Boileau, fatalement emprisonné dans les liens de la règle et les formules d'Aristote. Un autre contemporain, bien capable de le juger aussi et qui l'avait vu à l'œuvre, le comte de Forbin, dit que sa mort prématurée fut une perte considérable pour la marine, qu'il avait portée bien haut, et qu'il aurait sans doute encore perfectionnée. « La France, ajoute-t-il, a eu peu de ministres si actifs, si laborieux, si vigilants que lui... » On peut apprécier aujourd'hui cette activité exubérante dont les preuves sont enfin sorties de l'ombre des archives [1]. Si Seignelay sacrifia au plaisir, au point d'y trouver la mort, du moins les affaires de l'État passèrent tou-

---

1. Voir les *Lettres de Colbert*, t. III, 2ᵉ partie.

jours devant. Déjà atteint et condamné, ses dépêches à Tourville, à Lauzun, aux intendants de la flotte, ont une ardeur, une flamme singulière. Ses jours sont comptés, et l'amour des grandes choses le dévore : il voudrait brûler Plymouth et apprendre que les escadres anglaises ont été anéanties. Impatience généreuse, patriotique, bien digne du fils de Colbert, mais qui le consume et précipite sa fin ! Les instructions de Fénelon, les entretiens de Racine, les conversations pieuses du duc de Chevreuse et de sa famille, rien ne calme cette imagination surexcitée par tant d'excès. Quelle n'eût pas été sa douleur s'il avait vu le désastre de la Hogue, si près d'éclater ! Mais ce désastre, qui projette sur nos annales maritimes une lueur sinistre, il l'aurait sans nul doute prévenu par des ordres énergiques, par sa présence même, et l'on peut être sûr, en songeant au siége de Gênes et à la rare bravoure de sa race, qu'il eût sans hésiter risqué sa vie pour sauver d'une destruction honteuse les plus beaux navires de cette flotte que lui et son père avaient mis leur gloire à créer.

L'ITALIE EN 1671

INSTRUCTION DE COLBERT

AU MARQUIS DE SEIGNELAY

POUR SON VOYAGE D'ITALIE[1]

(Minute autographe.)

Paris, 31 janvier 1671.

Les deux points principaux sur lesquels ce voyage doit être conduit sont la diligence et l'application :

La diligence, pour se mettre promptement en état de venir servir auprès du roi dans les fonctions de ma charge ; l'application, pour tirer du profit de ce voyage et s'en servir avantageusement pour prendre la connoissance des différentes cours des princes et États qui dominent dans une partie du monde

---

1. Bibl. impériale, Mss. S. F. 3,012 ; *Colbert et Seignelay*, V, cote 16, pièce 1. — Archives de la marine ; *Dépêches concernant le commerce*, 1671, fol. 89.

aussi considérable qu'est l'Italie, ensemble des différens gouvernemens, coutumes et usages qui s'y rencontrent, se former le jugement et se rendre d'autant plus capable de servir bien le roi dans toutes les occasions importantes qui se peuvent rencontrer dans tout le cours de sa vie.

Pour cet effet, il faut qu'il dispose toutes choses pour partir de Toulon aussitôt que les deux personnes que je lui envoie l'auront joint avec ses habits et tout ce qu'on lui envoie.

Il verra s'il estimera à propos de voir les places de Provence qui sont sur la côte, et la place de Monaco; mais il se rendra à Gênes avec diligence, en laquelle ville il commencera à prendre toutes les connoissances qu'il doit prendre en chacun des États et des villes où il passera.

Il verra principalement la ville, sa situation, sa force, le nombre de ses peuples, la grandeur de l'État, le nombre et le nom des villes, bourgades et villages, la quantité des peuples dont le tout est composé; la forme du gouvernement de l'État, et comme il est aristocratique, il s'informera des noms et de la qualité des familles nobles qui ont ou qui peuvent avoir part au gouvernement de la République, distinguant l'ancienne d'avec la nouvelle noblesse; de toutes les dignités de la République; leurs différentes fonctions; leurs conseils tant généraux que particuliers; celui qui représente l'État, dans lequel le pouvoir souverain réside et qui résout la paix et la guerre, qui peut faire des lois, etc.; les nombres et noms de tous ceux qui ont droit d'y entrer; par qui et de quelle façon les propositions en sont faites; les suffrages recueillis et les résultats pris et prononcés; les conseils particuliers pour la milice, pour l'amirauté, pour la justice, tant pour la ville que pour le reste de l'État; les lois et les coutumes sous lesquelles ils vivent; en quoi consistent les milices destinées pour la garde de la place; *idem* pour les forces maritimes.

Visiter tous les ouvrages publics, maritimes et terrestres, ensemble les palais, maisons publiques, et généralement tout ce qui peut être remarquable en ladite ville et dans tout l'État.

Comme toutes ces connoissances peuvent être prises en deux ou trois jours de temps au plus, il ne faut pas y demeurer davantage, et ensuite passer ou à Livourne par mer, ou à Parme par les montagnes, selon qu'il estimera plus à propos pour la diligence de son voyage.

Il s'informera aussi des États qui confinent tous ceux qu'il verra, et saura s'il y auroit entre eux quelque contestation ou différend, soit pour les limites, soit pour autres causes, et s'instruira des raisons de part et d'autre, comme par exemple du différend qui a été depuis peu entre M. le duc de Savoie[1] et la

1. Charles-Emmanuel II, né en 1634, duc de Savoie en 1638. Mort en 1675.

république de Gênes, qui a été accommodé par l'entremise du roi, par l'abbé Servien [1].

Il faut de plus qu'il s'informe de la puissance des papes en chaque État; comment s'accorde la puissance séculière avec l'ecclésiastique, et en quoi elles ont ou elles peuvent avoir des contestations.

Il s'informera de plus de tous les différens États qui sont en Italie, en fera un dénombrement exact, les distinguera par leurs dignités et saura par quelles maisons ils sont possédés, et quelles alliances ont entre elles ces maisons.

S'instruira quels États sont entièrement indépendans et quels se tiennent en fief ou du pape ou de l'Empire, et en quelle servitude ceux-ci sont sujets. Il saura aussi la grandeur et la puissance de ces États et quels en sont les confins.

Dans tout ce voyage, il observera surtout de se rendre civil, honnête et courtois à l'égard de tout le monde, en faisant toutefois distinction des personnes; surtout il ne se mettra aucune prétention de traitement dans l'esprit et se défendra toujours d'en recevoir; et qu'il sache certainement dans toute sa vie que tant plus il en refusera, tant plus on lui en voudra rendre. Il faut même qu'il prenne garde

---

1. Hugues-Humbert Servien, neveu d'Abel Servien, abbé de Cruas (1669) et de Lioncel (1681), prieur de Croisy, camérier d'honneur du pape Clément IX et camérier secret du pape Innocent XI. — Le roi le choisit en effet, en 1670, pour régler quelques différends survenus dans une question de limites entre la république de Gênes et le duc de Savoie.

que sa conduite soit sage et modérée, n'y ayant rien qui puisse lui concilier tant l'estime des Italiens ; que ce point doit être le principal soin qu'il doit prendre.

Il s'appliquera également à bien examiner toutes les forces maritimes de tous les États où il passera, et tout ce qui s'observe pour les maintenir, ensemble tous les ouvrages qui se font contre la mer, cela étant de la fonction qu'il doit faire pendant toute sa vie.

Après avoir vu l'État de Gênes, il passera dans celui de Florence, dans lequel il verra Livourne, Pise, et s'instruira de cet État, suivant ce qu'il est dit de celui de Gênes, en observant la différence qu'en celui-ci il y a un prince souverain.

Si la république de Gênes donne ordre à quelqu'un de ses gentilshommes de le loger et le défrayer, il ne le refusera pas, mais il ne doit pas faire aucune visite publique, et il doit faire des présens honnêtes, sans superfluité, partout où il recevra quelques traitemens extraordinaires. Si les princes souverains l'envoient prendre dans leurs carrosses pour le loger dans leur palais, il s'y laissera conduire et en témoignera toujours sa reconnoissance.

A l'égard des traitemens, il n'en demandera aucun, mais il acceptera ceux qui lui seront offerts par les princes où il passera.

M. de Lionne croit que M. le grand-duc[1] ou ne se

---

1. Cosme III de Médicis, sixième grand-duc de Toscane, succéda à son père Ferdinand II en 1670. — Il avait épousé en 1661 Marguerite-Louise d'Orléans, nièce de Louis XIV.

couvrira point, ou le fera couvrir, et même qu'il prendra ce dernier parti ; en ce cas, après quelques refus honnêtes, il fera ce qu'il ordonnera, et en cas qu'il voulût le faire asseoir, il fera la même chose. Ensuite, dans cet ordre, il fera ce que le prince lui ordonnera.

A l'égard des ministres du roi, il faut bien qu'il prenne garde de ne point prendre la main chez les ambassadeurs, c'est-à-dire qu'il faut qu'il donne toujours la droite aux ambassadeurs chez eux, quelques instances pressantes qu'ils lui fassent du contraire, d'autant que le roi leur a défendu de donner la droite à aucun de ses sujets, et qu'ainsi ce seroit offenser le roi s'il en usoit autrement.

A l'égard de l'abbé Bourlemont, à Rome, mon fils doit lui donner la main en lieu tiers, et il doit bien prendre garde d'exécuter ces deux points sans s'en relâcher pour quelque cause et sous quelque prétexte que ce soit.

Il rendra à M. le grand-duc la lettre du roi, et à Madame la grande-duchesse[1] celle de la main de Sa Majesté.

Pour le séjour qu'il fera, il suffira de deux jours à Gênes, deux jours à Florence, huit jours à Rome, trois ou quatre jours à Naples et ses environs.

---

1. Marguerite-Louise d'Orléans, fille de Gaston, duc d'Orléans, frère de Louis XIII. Elle avait été mariée en 1661 avec le grand-duc de Toscane. Morte le 17 décembre 1721, à l'âge de soixante-dix-sept ans.

Au retour à Rome, autres huit jours, et il faut faire en sorte que ce dernier séjour se trouve dans la semaine sainte; partir le lundi de Pâques pour Lorette, et de là voir les principales villes de la Romagne, Ravenne, Faenza, Rimini et autres; une demi-journée dans chacune de ces villes suffira.

A Venise, deux ou trois jours; dans les autres villes de l'État de Venise, une demi-journée à chacune; à Milan, une ou deux journées; à Mantoue et Turin, une et deux journées.

Il trouvera incluses deux lettres de la main de la reine au vice-roi de Naples et au gouverneur de Milan qui le recevront assurément avec le respect particulier que tous les grands d'Espagne ont pour Sa Majesté. Il sera nécessaire qu'il proportionne ses présens suivant la réception qu'ils lui feront.

Si M. le cardinal Antoine [1] lui offre et le presse de loger dans son palais et se servir de ses carrosses et de sa livrée, il pourra le faire; mais sans cela, comme il doit être incognito et que son séjour ne doit être que de huit jours chaque fois, il s'accommodera de ceux de M. de Bourlemont.

A Rome, il doit visiter le pape [2], le cardinal ne-

---

1. Antoine Barberini, neveu du pape Urbain VIII. — Il fut d'abord évêque de Poitiers, Aumônier d'Anne d'Autriche, puis de Louis XIV, en 1653; archevêque de Reims en 1657. Mort à Rome le 3 août 1671.

2. Clément X, élu pape le 29 avril 1670.

veu[1], les parens de Sa Sainteté et les cardinaux de la faction de France qui s'y trouveront. Il visitera pareillement l'Académie du roi qui est à Rome et le cavalier Bernin[2], verra la statue du roi qu'il fait, et s'appliquera pendant tout le cours de son voyage à apprendre l'architecture et à prendre le goût de la sculpture et peinture pour se rendre un jour, s'il est possible, capable de faire ma charge de surintendant des bâtimens, qui lui donnera divers avantages auprès du roi.

S'il y prend un véritable goût et qu'il veuille avoir quelque peintre pour dessiner ce qu'il trouvera de beau dans son voyage, j'écris au sieur Errard[3] de lui

---

1. Paluzzo Paluzzi Albertoni.

2. Après le voyage qu'il avait fait en France, à la demande de Louis XIV, le cavalier Bernin était retourné à Rome, où il exécutait une statue du roi.

3. Le même jour (31 janvier 1671), Colbert écrivait à Errard, directeur de l'Académie de France à Rome :

« Quoique je ne doute pas que vous ne rendiez un compte exact de tout ce qui se fait dans l'Académie royale à mon fils, qui s'en va à Rome, et que vous lui fassiez voir et remarquer toutes les beautés de la sculpture et de la peinture qui se rencontrent si abondamment dans cette ville-là, je ne laisse pas de faire ce mot pour vous dire que vous ne manquiez pas de lui en faire toutes les observations; et comme il sera bien aise de faire dessiner tout ce qui sera rare dans ce voyage, il sera bon que vous donniez ordre à l'un des peintres de ladite Académie, que vous jugerez le plus capable de cet emploi, de l'accompagner jusqu'à Turin, et de s'en retourner de là à Rome pour continuer son application ordinaire aux ouvrages de l'Académie. » (Arch. de la mar.; *Dépêches concernant le commerce*, fol. 72.)

en donner un qui l'accompagnera jusqu'à Turin et puis s'en retournera à Rome[1].

S'il veut s'appliquer à former son goût sur l'architecture, la sculpture et la peinture, il faut qu'il observe d'en faire discourir devant lui ; interroger souvent, se faire expliquer les raisons pour lesquelles ce qui est beau et excellent est trouvé et estimé tel ; qu'il parle peu et fasse beaucoup parler.

C'est tout ce que je crois nécessaire de lui dire pour ce voyage. Je finis en priant Dieu qu'il l'assiste de ses saintes gardes et bénédictions, et qu'il retourne en aussi bonne santé et aussi honnête homme que je le souhaite.

Je lui recommande surtout de se souvenir toujours de son devoir envers Dieu et de faire ses dévotions à Lorette[2].

---

1. Colbert a ajouté en marge : « Depuis, j'ai estimé à propos de joindre le sieur Mignard au sieur Blondel ; ce premier sait fort bien dessiner. »

2. Cette dernière phrase ne se trouve pas sur la minute conservée aux Archives de la marine ; elle a été ajoutée par Colbert au bas de la copie signée de lui que possède la Bibliothèque impériale.

RELATION

DU VOYAGE DU MARQUIS DE SEIGNELAY

EN ITALIE[1]

J'ai cru que je satisferois avec plus d'exactitude à l'instruction qui m'a été donnée sur mon voyage d'Italie, si je la séparois en deux parties :

Qu'il falloit, dans la première, écrire avec soin ce que je verrois tous les jours, et dans la seconde, ce que j'apprendrois de considérable pour le gouvernement des différens États par lesquels je passerois.

Pour satisfaire à la première partie, j'ai fait un journal où j'ai mis jour par jour ce que j'ai vu de curieux ou de beau dans les lieux où j'ai passé, soit pour les peintures, les tableaux ou les statues, soit pour les palais, les églises, les maisons particulières ou publiques, et généralement pour toutes sortes de bâtimens anciens ou modernes, y ayant remarqué avec

1. Bibl. imp., Mss., *Mélanges Colbert*, vol. 84.

soin tout ce que j'ai cru me pouvoir donner un bon goût de l'architecture ou de la peinture.

Quant à la seconde partie de mon instruction, comme elle consiste en raisonnement, puisqu'elle regarde la connoissance particulière des États et des villes par lesquels j'ai passé ; qu'elle consiste encore à savoir les intérêts des princes qui les possèdent, leurs maisons, leurs alliances, la forme de leurs gouvernemens, la connoissance exacte des républiques, de leur force ou de leur conseil, je me suis informé avec soin sur les lieux de tout ce qui pouvoit m'en instruire ; et, après en avoir pris les connoissances les plus certaines qu'il m'a été possible, j'en ai composé, en suivant les points de mon instruction, la seconde partie de la relation que je vous fais de mon voyage.

PREMIÈRE PARTIE.

JOURNAL DE MON VOYAGE, DEPUIS MON DÉPART DE TOULON, QUI FUT LE 23 FÉVRIER 1671, JUSQU'A MON ARRIVÉE A ROME, QUI FUT LE MERCREDI DE LA SEMAINE SAINTE, 25 MARS 1671.

Du 23 février. — Je suis parti de Toulon avec un vent très-favorable, ce 23 février, à neuf heures du matin, sur une galère de l'escadre de M. de Centurion[1], nommée la *Saint-Dominique*, commandée par M. de La Motte, qui en est capitaine.

1. Hippolyte, marquis de Centurion, gentilhomme génois au service de Louis XIV, avait reçu, le 11 décembre 1669, les provisions de capitaine général d'une escadre des galères de France.

De Toulon, je suis venu mouiller à Portcros [1], environ à trois heures de l'après-midi, ce qui a été trouvé à propos, de peur que, passant plus avant, je m'engageasse dans la nuit, et que je ne pusse gagner Villefranche ou quelqu'un des autres ports qui sont sur ma route. Portcros, qui est le deuxième marquisat de Provence, est une petite île d'environ 15 milles de tour, éloignée de Toulon de 46; le port est assez bon ; il ne peut pourtant contenir que trois galères, bien que M. de Vivonne y ait mouillé, il y a environ une année, avec quinze et trois galiotes, parce que, quoiqu'on soit hors du port, on se met à couvert de l'île de Levant, qui est tout proche des rochers de Portcros, qui sont fort hauts du côté du levant et du ponant, et qui couvrent le port de ces côtés-là. Il y a deux petits forts, environ à demi-côte de la montagne; ces deux forts sont très-peu de chose. Ils sont à la portée d'un mousquet l'un de l'autre, et au-dessous est le château du marquis de Marignan, qui est seigneur et gouverneur de l'île.

Du 24 février. — Je suis parti ce 24 février de Portcros, à six heures du matin, et, après avoir doublé le cap de Saint-Tropez, qui en est environ à 14 milles, j'ai laissé à ma gauche les îles Saint-Honorat et Sainte-Marguerite, Cannes et Antibes, qui est la dernière place de Provence, au delà de laquelle est la rivière du Var, qui sépare en cet en-

---

1. Une des îles d'Hyères.

droit les terres de France d'avec celles du duc de Savoie. Après avoir passé devant cette petite rivière, j'ai laissé Nice à ma gauche, qui est une place forte et un port de mer, comme l'est aussi Villefranche, beaucoup plus considérable, qui est sur le même côté et qui appartient aussi au duc de Savoie. Nice est considérable par la grandeur de la ville et la force de la citadelle, Villefranche par la bonté de son port, qui est franc comme celui de Livourne.

Enfin, de Portcros je suis venu mouiller à Monaco, où il y a une espèce de petit port propre pour des galères ou de petits bâtimens, n'y ayant pas assez de fond pour les grands vaisseaux. Aussitôt que j'ai été arrivé à Monaco, j'ai fait saluer la place, qui m'a répondu de tout son canon, et, madame de Monaco[1] ayant appris mon arrivée et m'ayant fait faire compliment, je suis monté dans la ville pour avoir l'honneur de la voir. Le vent même s'étant fait contraire, j'ai été obligé d'y coucher cette nuit.

Du 25 février. — Le vent s'étant encore trouvé contraire, je n'ai employé la journée qu'à visiter la place de Monaco, qui est bâtie sur un rocher fort haut et fort escarpé. Il est environné presque de tous côtés par la mer. La place est irrégulièrement fortifiée, étant très-forte par sa seule situation. Elle n'a qu'une avenue par terre, qui est un petit chemin

---

1. Charlotte-Catherine de Gramont, fille d'Antoine, duc de Gramont, mariée le 30 mars 1660 à Louis Grimaldi, morte le 4 juin 1678, à l'âge de trente-neuf ans.

qui joint le rocher sur lequel elle est bâtie à une haute montagne voisine; cette avenue même étant fortifiée avec beaucoup plus de soin que tout le reste, on peut dire que cette place est comme imprenable de tous côtés. Cette principauté est cependant d'une si petite étendue qu'elle est comme enfermée dans le corps de la place, étant si fort serrée par les terres du duc de Savoie qu'elle n'a qu'un jardin et quelques petits morceaux de terre aux environs qui lui appartiennent. Le reste de son petit domaine ne s'étend que sur deux terres à 4 milles de là, qui sont sur le bord de la mer, dont l'une s'appelle Roquebrune et l'autre Menton [1]. Menton est la maison de plaisance de M. de Monaco [2].

Du 26 février. — Cette journée-ci, le vent s'étant encore trouvé contraire pour partir, ne fut employée qu'à visiter la garnison et à me promener aux environs de la place. Pour les tableaux, il y en a un assez grand nombre, sans qu'il y en ait pourtant aucun de remarquable, si ce n'est un Dieu le Père, peint en détrempe, qui a été coupé du haut d'un plus grand tableau. La garnison de la place, qui est sous la protection du roi, est françoise et composée de trois compagnies, dont la première est une compagnie

---

1. Menton, aujourd'hui à la France, dernière ville du département des Alpes-Maritimes, du côté de l'Italie.

2. Louis Grimaldi de Mourgues, duc de Valentinois et pair de France, prince souverain de Monaco, né en 1642, ambassadeur à Rome en 1698, mort le 3 janvier 1701.

franche commandée par le prince, et les deux autres sont des compagnies de vieux corps que l'on change de temps en temps. Le prince de Monaco, bien qu'il soit souverain dans ce petit État, ne laisse pas de prendre une commission du roi comme gouverneur de cette place, afin d'y pouvoir commander la garnison. Sa Majesté y envoie encore un lieutenant du roi.

Du 27 février jusqu'au 3 mars. — Depuis le 27 février jusqu'à ce jour, 3 mars, j'ai été obligé de séjourner à Monaco, le vent ayant été toujours contraire, après avoir cependant tenté deux différentes partances et avoir été obligé, chassé par le vent et par la mer, de relâcher à Monaco, d'où étant reparti le 3 mars, après minuit, j'ai côtoyé Roquebrune, Menton, Vintimiglia, qui est la première place des Génois sur cette côte, Bordighera, San-Remo et la rivière de Taggia, où j'ai été obligé de quitter la galère, qui, chargée par le vent contraire, s'en est retournée le même jour à Monaco ; et moi j'ai poursuivi mon chemin par terre et sur des montagnes environ 5 ou 6 milles jusqu'à San-Stefano, où je suis remonté sur la felouque qui m'avoit descendu de la galère, et, côtoyant San-Laurenzo et San-Maurizio, j'ai été coucher à Oneglia, qui est une petite ville située au bord de la mer et appartient au duc de Savoie. Cette ville est gouvernée par un sénateur qu'on envoie de Nice de trois ans en trois ans. J'y ai demeuré jusqu'au 8 du présent mois.

Du 8 mars. — Je suis parti d'Oneglia pour aller à Alassio par terre, et j'ai fait 20 milles par des montagnes qui sont presque inaccessibles. Sur le chemin, j'ai vu en passant de petits villages qu'on appelle Diano, Cervo, Andora et Langueglia, d'où je suis arrivé à Alassio, où j'ai été reçu par le major de l'escadre de M. de Centurion, chez lequel j'ai logé.

Du 9 mars. — La galère étant partie de Monaco après minuit, elle a paru à Alassio ce matin, et, étant remonté dessus ce même jour, après avoir côtoyé Albenga, Ceriale, Borghetto, Loano, qui appartient au prince Doria, et la place de Finale, qui appartient aux Espagnols, j'ai été à Vado pour voir la forteresse que les Génois y font bâtir. Elle est en partie bâtie dans la mer, sur des caissons, et en partie sur terre; c'est un pentagone régulier presque achevé présentement. De Vado, je suis venu coucher à Savone, où j'ai été rejoindre la galère que j'avois envoyée devant, m'étant mis en felouque pour voir plus aisément cette nouvelle place que les Génois font bâtir depuis quelques années avec tant de soin et de diligence. Le port de Savone, où j'ai rejoint la galère, est très-bon et seroit encore bien meilleur si les Génois ne faisoient tout ce qu'ils peuvent pour le détruire et pour l'achever de combler, de peur que celui-là ne fasse tort à celui de Gênes, qui ne sauroit jamais être ni si sûr ni si bon.

Du mardi 10 mars. — Je suis parti ce matin, avant le jour, de Savone, et, côtoyant la rivière de Gênes, qui est la plus belle chose qu'on puisse voir à cause des petites villes, des palais et des belles maisons qui sont sur la côte, je suis venu à la vue de Saint-Pierre d'Arena, qui est un petit village aux portes de Gênes, du côté de la mer, où sont la plus grande partie des maisons de plaisance des Génois ; leur ville, située sur le penchant d'une montagne, est bâtie avec tant de magnificence, la grandeur de son port, la largeur et la force du môle qu'ils ont bâti dans la mer en rendent l'abord si agréable de ce côté, que l'on ne peut rien imaginer de plus beau. On voit même avec quelque étonnement, en y arrivant, l'étendue des nouvelles murailles et des fortifications que les Génois ont fait faire pour enfermer dans leur ville toutes les pointes des rochers et des coteaux qui la dominent, ayant été obligés pour cela de gagner jusqu'au sommet de la montagne et d'enfermer leurs anciennes fortifications par une enceinte de plus de six lieues de tour.

En arrivant à Gênes, j'ai été reçu, avant que d'entrer dans le port, par un cousin germain de M. de Centurion, qui est venu au-devant de moi avec MM. Doria, le chevalier de Lomellini, MM. Grimaldi et Bajadone.

En entrant dans le port, j'ai été salué par tous les navires françois qui s'y sont rencontrés, auxquels j'ai rendu le salut ; et ayant ensuite salué la place, l'étendard de la capitane d'Espagne et celui des galères de Gênes, mon salut m'a été rendu de deux coups pour quatre que j'avois tirés, à cause que j'étois sur une galère particulière qui n'avoit aucun étendard et que je saluois des capitanes. Cette même journée, ayant mis pied à terre à Gênes d'assez bonne heure, j'ai été voir l'église des Théatins qui s'appelle Saint-Cyr, qui est fort grande et riche par la quantité de marbre dont elle est bâtie. Le dôme et toute la voûte sont peints à fresque de la main de Carlon [1]. L'église est en croix, la nef divisée en trois voûtes ; la grande est divisée de la petite par des colonnes de l'ordre composite qui sont deux à deux, au-dessus desquelles est un entablement sans frise, d'où naissent des arcs en dessus desquels règnent la frise, la corniche et l'architrave. Les ornemens des chapelles sont de marbre, où toutes les règles de l'architecture sont assez bien observées, ôté que les frontons sont brisés pour y mettre des armes.

De là, j'ai été aux Jésuites, où l'église est très-riche par la quantité et la différence des marbres, mais pas si belle que Saint-Cyr, à cause de la confusion avec laquelle elle est bâtie; elle est en croix avec cinq dômes. Les arcs sont sur les impostes et les pilastres sont entre deux ; quatre colonnes portant le même entablement font l'ornement de l'autel. C'est une manière fort belle, si les pilastres n'eussent pas été plus grands que les colonnes, ce qui donne de la disproportion et fait paroître l'entablement trop

---

1. Giov. Battista Carloni, né en 1585, mort en 1680.

petit; la voûte est peinte à fresque de Carlon. Dans l'un des autels de la croix est un grand tableau du Guide [1], d'une Assomption de la Vierge, dont la Gloire est une des plus belles choses qu'on puisse voir. La Vierge est vêtue de blanc et le fond rougeâtre. Il y a quantité d'anges et les douze apôtres en bas. Il y a vis-à-vis de ce tableau, à l'autre côté de l'église, un autre de Rubens [2], qui est un saint Xavier qui guérit un possédé. Les deux autels où sont les tableaux dont je viens de parler sont bien plus beaux que le reste de l'église, parce qu'ils sont de marbre blanc, hormis les fûts des colonnes, qui sont d'une autre sorte de marbre. Au haut de cette église, il y a une galerie de menuiserie dorée où le doge de la république [3] vient quelquefois à la messe et au sermon, le palais où il loge étant tout proche de là. Dans la sacristie, il n'y a rien de remarquable qu'une grande quantité d'argenterie assez mal travaillée.

De l'église des Jésuites, je fus à celle de l'Annonciade, qui n'est pas encore achevée. Elle est bâtie par la maison de Lomellini, faite en croix, avec un dôme qui est peint à fresque de la main de Carlon. Pour le corps de l'église, il est de marbre blanc, hormis les cannelures des colonnes, qui sont de

---

1. Guido Reni, né à Bologne en 1576, mort en 1642.
2. Rubens, né en 1577, mort en 1640.
3. C'était alors Dominique Contarini, élu en 1659, mort en janvier 1675.

marbre rouge. L'ordre est composé. Les colonnes servent, avec l'entablement, d'imposte aux arcs, au-dessus desquels est le grand entablement. Le chœur de cette église, aussi bien que celui des Théatins, est derrière l'autel qui est isolé. Il y a dans une chapelle à droite, à côté de l'autel, de très-belles colonnes torses faites d'un marbre ressemblant à l'agate. De ce même côté encore, il y a une chapelle de Saint-Louis, que les François y ont fait faire et qui est assez belle.

De cette église de l'Annonciade, je fus dans la grande rue de Gênes qu'on appelle *strada Nuova*; elle est très-longue, très-large et a été bâtie par le Galeazzo Perugino [1]. Les palais qui sont de l'un et de l'autre côté de cette rue sont tous de marbre et superbement bâtis.

Le premier dans lequel j'entrai fut celui de Spinola, où, après avoir monté quelques degrés qui s'élèvent au-dessus de la rue, on trouve un avant-logis peint, qui conduit dans la première cour, qui est carrée et entourée d'une loge soutenue par des colonnes combinées d'ordre toscan. Entrant à gauche sous cette loge, on voit le grand escalier, qui monte à deux rampes conduisant à une autre loge supérieure très-bien peinte et fermée de tous côtés par des vitres. Au milieu de cette loge, on rencontre la porte du salon de la maison, qui est très-régulier

---

1. Galeazzo Aléssi, né à Pérouse en 1500, mort en 1572.

et très-beau. Du milieu de ce salon, quand on se tourne du côté par où l'on est entré, à travers la loge dont je viens de parler et la cour carrée qui est au milieu de la maison, on voit un grand jardin en terrasse, qui, étant rempli d'orangers et de tous les arbres qui croissent dans les pays chauds, fait le plus agréable effet du monde.

De ce palais, je fus encore dans un autre palais de Spinola où je vis plusieurs beaux tableaux, entre autres un de Paul Véronèse [1], du sujet de la Madeleine lavant les pieds à Jésus-Christ; un autre petit tableau du même auteur, du baptême de saint Jean. J'y ai vu encore deux tableaux de Bénédette [2], un du Bassan [3], et une tapisserie très-magnifique et brodée d'or qui a servi de couverture de mulet, où sont mises toutes les armes des maisons qui sont alliées à celle de Spinola.

De là, j'ai été voir le palais de Francesco-Maria Balbi, où j'ai vu quelques tableaux assez beaux : un grand portrait à cheval fait par Van Dyck [4], et un autre portrait à demi-corps du même; un grand tableau du Bassan; une Samaritaine à demi-corps

---

1. Paolo Caliari, dit *Paul Véronèse*, né à Vérone en 1528, mort en 1588.

2. Benedetto Castiglione, dit *le Grechetto* et *le Benedette*, né à Gênes en 1616, mort en 1670.

3. Giacomo da Ponte, dit *Bassano* ou Bassan-le-Vieux, né en 1510, mort en 1592.

4. Van Dyck (Antoine), né en 1598, mort en 1640.

du Guerchin[1] ; un saint Jérôme du Guide, peint de sa première manière, et deux figures de femmes à demi-corps peintes de sa dernière.

De ce palais, j'ai été hors de la vieille enceinte voir celui du prince Doria, dans le jardin duquel j'ai été pour voir la communication que Doria avoit autrefois dans le port. Il pouvoit sortir et entrer dans la nouvelle enceinte à toutes les heures qu'il lui plaisoit, ce qui a été retranché à cette famille, la puissance de laquelle la république a eu sujet de craindre. Comme je ne montai point dans le haut de ce palais et que je ne vis que le jardin, je ne vis aussi autre chose qu'une grande volière, qui est à un des bouts, dans laquelle il y a des arbres fort beaux qui sont couverts avec du fil de Richard[2].

De ce palais, j'ai été hors la ville à Saint-Pierre d'Arena, où j'ai vu deux maisons de campagne assez belles, pour les eaux et pour le nombre d'orangers et de citronniers dont elles sont remplies.

Du mercredi 11 mars. — J'ai été ce matin au Dôme[3], qui est une église antique bâtie à la gothique; aussi n'y ai-je remarqué de considérable qu'une figure de marbre de saint Jean, qui est de Jean Langelo. Le chœur de cette église est à côté de l'autel. De là, j'ai été à San-Stefano, où j'ai vu le tableau du

---

1. G. F. Barbieri, dit *le Guerchin*, né en 1591, mort en 1666.
2. Fil d'archal; on disait à cette époque fil de Richard.
3. Cette église est appelée aussi Saint-Laurent.

grand autel, qui est de Jules Romain[1] et qui représente un saint Étienne lapidé.

De là, j'ai été à l'arsenal et à la darse où l'on bâtit les galères, et j'ai vu la darse où sont celles d'Espagne et de Gênes. (*Il sera fait une description particulière des darses en parlant de la force maritime des Génois*[2].)

Du jeudi 12 mars. — J'ai été ce matin à un autre palais Balbi où j'ai vu de très-beaux tableaux, entre autres une grande Judith de Paul Véronèse; deux beaux tableaux du Bassan, deux de Benedetto Castiglione, deux du Palme[3], et le portrait du Titien[4] peint par lui-même.

De ce palais, j'ai été à l'hôpital général, qui est un grand bâtiment avec une croix au milieu et quatre grandes cours qui le composent. On le bâtit entre deux montagnes qu'on coupe à mesure qu'on y travaille, se servant de la pierre qu'on tire de la montagne pour la mettre dans le bâtiment. On fait travailler dans cet hôpital tous les pauvres mendians et tous ceux qui n'ont pas de quoi vivre, élevant les jeunes enfans des pauvres pour leur apprendre des métiers.

De cet hôpital général, j'ai été à la Madone de Ca-

1. Giulio Pippi, dit *Jules Romain*, né à Rome en 1492, mort en 1546.
2. Seignelay n'a pas donné cette description.
3. Jacopo Palma, né en 1480, mort en 1548.
4. Tiziano Vecelli, ou *le Titien*, né en 1477, mort en 1576.

rignan, qui est une église bâtie par la famille de Sauli. Cette église est très-belle et est en petit ce que devoit être Saint-Pierre de Rome, ayant été bâtie sur le premier modèle qu'en avoit fait Michel-Ange. Elle est toute bâtie de marbre blanc, avec un très-beau dôme au milieu, au bas duquel, entre les pilastres qui le soutiennent, on voit quatre grandes niches, dont il y en a déjà deux remplies de figures de marbre blanc faites par Puget[1].

Le soir de cette même journée, j'ai été voir le cardinal Raggi[2], qui m'a rendu la visite une heure après. Après laquelle j'ai été voir Giustiniani et MM. de Sauli et de La Rovère[3]; ces derniers sont les deux gentilshommes que la république m'a donnés pour m'accompagner. Sur le soir de cette journée, j'ai encore été voir les cendres de saint Jean-Baptiste, qu'on montre avec grande cérémonie aux personnes de qualité qui passent en cette ville. On m'a fait voir

---

1. Pierre Puget, né à Marseille en 1623, se signala dès l'âge de quinze ans par la construction d'une galère, et devint bientôt célèbre par ses peintures et ses sculptures. Fouquet, ayant songé à lui confier des travaux pour son château de Vaux, l'avait envoyé en Italie choisir des marbres. La nouvelle de la chute du surintendant le détermina à s'établir à Gênes. Rappelé en France en 1668, il fut nommé directeur de la décoration des vaisseaux à Toulon. Mort le 2 décembre 1694.

2. Laurent Raggi, évêque de Catane, trésorier général de l'État ecclésiastique et intendant général de ses galères. Cardinal depuis 1647. Mort en janvier 1687, à l'âge de soixante-quinze ans.

3. La famille de La Rovère a donné deux papes à l'Église : Sixte IV et Jule II.

encore, dans la sacristie du Dôme, un bassin d'une émeraude ou de matrice d'émeraude de 14 ou 15 pouces de diamètre [1].

Du vendredi 13 mars. — Je suis parti de Gênes à neuf heures du matin, et ayant été chargé par le mauvais temps vis-à-vis de Porto-Fino, qui est environ à 30 milles de Gênes, j'ai été obligé d'y mouiller. En y entrant, la place m'a salué de tout son canon. Je lui ai rendu le salut. J'ai rencontré dans ce port le marquis de Bayonne, général des galères de Sicile. Il étoit avec la capitane et la patronne de son escadre; j'ai salué son étendard et il m'a rendu le salut aussitôt.

Du samedi 14 mars et du dimanche 15. — Je suis parti de Porto-Fino ce matin avec un temps fort peu assuré et j'ai gagné avec beaucoup de peine Porto-Venere, d'où j'ai envoyé à Lerici [2], qui est un village sur les bords du golfe de la Spezia, pour tâcher d'avoir des chevaux et me rendre à Rome en diligence.

Du mardi 17 mars. — Je suis descendu à terre aujourd'hui. J'ai laissé la galère à Porto-Venere et suis venu à Lerici, d'où, étant monté à cheval, je suis

---

1. Ce bassin, connu sous le nom de *Sacro Catino*, passe pour avoir appartenu à Salomon. D'après la tradition, c'est dans ce vase que Jésus-Christ aurait mangé l'agneau pascal avec ses disciples. Il fut rapporté de Césarée par les Génois, en 1101. Transporté à Paris en 1809, on reconnut que c'était tout simplement du verre de couleur.

2. Lerici est à quinze kilomètres de la Spezia.

venu coucher à Massa, auquel lieu il n'y a rien de considérable que les carrières de marbre blanc qui sont dans ces montagnes[1], dont on fait venir le marbre en France.

Du mercredi 18 mars. — Je suis parti aujourd'hui de Massa et suis arrivé à midi à Lucques. Les environs de cette ville sont très-beaux, et comme le terroir de cette république est très-petit, il est cultivé avec un soin tout à fait particulier. La ville est fortifiée aussi régulièrement qu'il est possible. Elle est environnée de onze bastions revêtus de briques dont le sommet, dans tout le tour de la ville, est entouré d'une très-belle allée d'arbres. Les fossés sont secs, revêtus aussi de briques. Le dedans de la ville n'a rien de considérable, et il n'y a ni église ni bâtiment qui mérite la curiosité.

Du jeudi 19 mars. — Je suis parti de Lucques e suis venu dîner à Pise, où je n'ai vu qu'en passant cette ville, me réservant à voir demain ce qu'il y a de remarquable.

De Pise, je suis venu coucher à Livourne, où j'ai eu encore le temps en y arrivant de voir la statue du grand Cosme de Médicis, qui est tout devant la darse où l'on met les galères; elle est de marbre blanc, sur un piédestal de cette matière, sur lequel et au pied de la statue on voit un amas d'armes de différentes façons. A chaque coin du piédestal, on

---

1. Les fameuses carrières de Carrare.

voit un esclave attaché ; les figures de ces quatre esclaves sont de bronze, et représentent un père et ses trois enfans. Il n'y a rien de plus beau que ces figures-là. Après les avoir considérées longtemps, je me suis venu retirer chez le Chéri-Bey (?), qui m'a logé. C'est un Turc de nation, qui étoit autrefois tefterdar du grand-seigneur, c'est-à-dire maître de la douane de Constantinople; il se retira avec beaucoup de richesses en chrétienté, craignant que le grand-seigneur, qui avoit fait étrangler son frère, ne lui fît le même traitement. Il vint en ce temps-là sur les côtes d'Italie, et, après avoir demandé protection au grand-duc, il s'est retiré à Livourne, où il a bâti une très-belle maison à la manière turque et fait le grand-duc son héritier. L'appartement des femmes est séparé de celui des hommes. Il a des bains très-propres et très-commodes, et il m'a logé et traité fort magnifiquement.

Du vendredi 20 mars. — J'ai vu ce matin à Livourne, avant d'en partir, la darse des galères du grand-duc, qui est un grand espace carré où peuvent demeurer, avec les cinq galères que le grand-duc y tient toujours et qui composent son escadre, une centaine de petits bâtimens, n'y ayant pas assez de fond pour les grands vaisseaux. On fait le tour de cette darse sur des quais assez larges. De la darse, on sort sur le port de Livourne, qui est à couvert d'environ 2 milles de long par un môle bâti dans la mer. On s'y promène en carrosse fort aisément; il est même si large que six carrosses y pourroient aller de front. On voit de l'autre côté du port, quand on est au bout du môle, le reste de l'ancien môle qu'on appelle le môle de Pise, et qui est à présent tout à fait dans l'eau, mais qui ne laisse pas que de rompre la mer. Du côté du nouveau port et auprès du nouveau môle, il y a une haute tour de marbre dans la mer, qui est le fanal.

En rentrant dans la ville de Livourne et en sortant du môle, il y a une citadelle de quatre bastions réguliers environnée d'un fossé qui est plein d'eau de mer. La ville de Livourne est d'ailleurs bien fortifiée, environnée de cinq bastions. A un de ses autres bouts, du côté de la terre, il y a une citadelle à bastions aussi forte que celle du côté du port. J'ai vu encore, avant que de sortir de Livourne pour m'en retourner à Pise, le bagne, qui est l'hôpital où sont enfermés les forçats; c'est un bâtiment de figure carrée avec cour au milieu; les forçats sont dispersés par chambrées et sont nourris en ce lieu-là comme s'ils étoient dans la galère. Du bagne, j'ai été voir la principale église de Livourne, qui n'a rien de beau ni de remarquable qu'un portique agréable qui est au-devant de la grande porte; de cette église, j'ai été voir la synagogue des Juifs, qui est, à ce qu'on dit, la plus belle qui se puisse voir dans l'Europe.

Après, je suis parti pour m'en venir à Pise, où j'ai eu encore le temps de voir, sur le bord de l'Arno, l'endroit où le grand-duc fait bâtir ses galères; il y a, pour mettre les galères à couvert, sept remises au bout desquelles il y a un grand magasin pour mettre tout le bois nécessaire.

Du samedi 21 mars. — J'ai employé la matinée de ce jour à voir ce qu'il y a de plus considérable dans Pise, que la rivière d'Arno partage en deux. C'est en premier lieu un pont très-bien fait, qui est, à ce qu'on dit, du dessin de Michel-Ange; ensuite je vis le Dôme, qui est l'église cathédrale, fort grande et bâtie de marbre blanc, d'un goût barbare à la vérité, mais qui commençoit pourtant déjà à sortir du gothique[1]; elle a été bâtie il y a environ 500 ans. Le dedans est fort riche, rempli de beaucoup de fûts de colonnes antiques dont on a conservé quelques chapiteaux anciens. La plupart des colonnes sont de pierre de granit; les grandes portes de l'église sont de bronze et garnies de bas-reliefs. Au devant du grand portail de l'église est le baptistère, qui est une espèce de rotonde avec un dôme qui le couvre. La plupart des colonnes qui sont dedans sont antiques, de granit. Les vases ou les fonts qui sont au milieu sont de marbre, faits en grands bassins de fontaine.

En entrant à gauche est le *Pergamo*, ou chaire à prêcher, de la sculpture de Nicolas Pisano[2], con-

---

1. Le Dôme date de 1073; le Baptistère dont parle ensuite Seignelay a été commencé en 1153.

2. Nicolas de Pise, né en cette ville au commencement du xiii° siècle, mort à Sienne vers 1270.

temporain des architectes de ladite église. Le dessous du *Pergamo* est soutenu par cinq colonnes de différente hauteur, les unes de porphyre, les autres de marbre de différentes couleurs. Ces colonnes sont ajustées par des soubassemens qui les rendent égales. Entre le baptistère et l'église, à côté des deux, est un cimetière [1] enclos de quatre grandes galeries en forme de cloître fermé par le dehors, tout de marbre, pavé de même, voûté par-dessous, avec plusieurs séparations pour les sépultures des plus illustres familles du pays. Toutes les quatre faces sont peintes. Les peintures sont à fresque et du Giotto [2], qui est un des premiers peintres de son temps qui a ressuscité la peinture. Les autres peintures sont d'autres peintres de ce temps-là, qui est à peu près l'an 1329. Il y a un autre cimetière au milieu du cloître, à ciel ouvert, qui sert pour les personnes de moindre qualité. Il faut remarquer que toute la terre de ce cimetière est apportée de la Terre-Sainte.

Au derrière de l'église est une grosse tour ronde de marbre blanc [3], qui sert de clocher, entourée de huit galeries, soutenues par des colonnes isolées. Il est à peu près de vingt-cinq toises de haut; mais ce qu'il y a de particulier c'est qu'il penche et qu'il sort

1. Le Campo Santo, commencé en 1278, terminé en 1464.
2. Bondone Giotto, né en 1276, mort en 1336.
3. Le campanile, bâti en 1174.

hors de son centre ou de son plomb pour le moins de quinze pieds, sans qu'il paroisse que ce grand corps de bâtiment se démente en aucun endroit, ce qui fait voir qu'il a été fait pour pencher. Il est de la même manière que tout le reste. Il y a, au devant du clocher et à côté de l'église dont nous avons parlé, un vieux tombeau antique attaché à la muraille de cette église, où il y a autour un bas-relief admirable. Au devant du même tombeau et à côté de l'église, il y a une colonne de granit où l'on a ajouté le chapiteau et la base, sur laquelle on voit un vase de marbre blanc antique, avec des figures en bas-relief tout autour qui sont merveilleuses.

Il y a encore à Pise la maison des chevaliers de Saint-Étienne, qui est l'ordre du grand-duc. La maison est du dessin de Georges Vasari [1]; vis-à-vis cette maison ou ce palais est une grande place où est la figure d'un des ducs de Florence, de marbre blanc, avec une fontaine. A côté est une église pour les chevaliers de Saint-Étienne, toute de marbre blanc. La face en est très-belle et très-régulière.

Voilà tout ce qu'il y a de plus remarquable à Pise; la ville est très-peu peuplée, quoiqu'il y ait une université, école de droit et de médecine. J'en suis parti ce même jour, jeudi, et m'en suis venu coucher à la Scala.

Du dimanche 22 mars. — Je suis parti ce matin

---

1. Georges Vasari, né en 1512, mort en 1574.

de la Scala et suis venu dîner à Poggibonsi, et de Poggibonsi j'ai été coucher à Sienne, où j'ai eu encore le loisir de voir ce qu'il y a de remarquable. Il y a une place assez belle dans le milieu. Ce qu'il y a pourtant de plus beau est le Dôme, qui est une grande église avec un clocher très-haut, le tout bâti en marbre blanc et noir. J'ai vu d'assez belles peintures anciennes dans la *Libreria* [1]. Le pavé du chœur de cette église est admirable; il est fait de marbre de rapport blanc et gravé comme un dessin achevé; il est de Beccafumi [2], célèbre peintre. Il y a dans la même église une chapelle de marbre dans laquelle est le tombeau du père du pape Alexandre VII. Cette chapelle est très-riche et d'un très-beau dessin. Il y a entre autres choses quatre niches dans lesquelles il y a quatre statues de marbre blanc, dont deux sont de Bernin [3], l'une un saint Jérôme et l'autre la Madeleine. La place de Sienne, qu'on appelle des Seigneurs, est une grande place ovale, au milieu de la ville. Le palais où l'on rend la justice est à une des faces de cette place; il y a une fontaine assez grande avec un bassin de marbre blanc; autour de cette fontaine, il y a dix ou douze figures en bas-

---

1. Le Dôme fut reconstruit en 1322; la *Libreria* ou bibliothèque, située dans la nef gauche du Dôme, est ornée de fresques de Bernardino Betti, dit *il Pinturicchio*, né en 1454, mort en 1513.

2. Dominique, dit *Beccafumi Mecherino*, né en 1484, mort en 1549.

3. Jean-Laurent Bernin, né en 1598, mort en 1680.

relief qui ne sont pas mauvaises. C'est cette fontaine dont ..... [1] a parlé dans ses ouvrages.

Du lundi 23 mars. — Je suis parti de Sienne ce matin, et suis venu dîner à Torinieri et coucher à Radicofani [2].

Du mardi 24 mars. — Je suis parti ce matin de Radicofani, et j'ai été dîner à Acquapendente et coucher à Ronciglione.

Du mercredi 25 mars. — Je suis parti ce matin de Ronciglione, et j'ai été rencontré par les carrosses de M. le cardinal Antoine à Bracciano [3]; je suis venu coucher ce même jour, 25 mars, à Rome.

SÉJOUR A ROME.

A Rome, jeudi 26 mars 1671. — N'étant arrivé que d'hier au soir à Rome, je m'y suis trouvé encore assez à temps pour voir les cérémonies de la semaine sainte, qui ne commencent que dans cette journée-ci. J'ai donc, aussitôt que j'ai été levé, été au Vatican, où l'on m'a conduit dans la chambre où le pape prend ses habits pontificaux lorsqu'il doit tenir la chapelle. C'est aussi dans cette chambre que s'assemblent MM. les cardinaux, avant que Sa Sainteté y vienne. J'y ai demeuré près d'une heure, et n'en suis sorti qu'un peu de temps après que Sa

---

1. Nom illisible.
2. Radicofani, à dix-neuf lieues de Sienne.
3. A sept lieues de Rome.

Sainteté[1] y a été entrée. J'ai de là été dans la grande chapelle du Vatican, où est peint le *Jugement* de Michel-Ange.

J'y ai vu venir le pape, porté sur sa chaise et sur les épaules de six hommes; il étoit suivi de tout le collége des cardinaux, dont les plus anciens se sont placés à sa droite, le pape s'étant assis sur un trône à côté de l'autel et sous un dais de satin blanc brodé d'or. Ses ornemens et sa mitre étoient aussi de moire blanche brodée de même que le dais; sous ses pieds étoit un carreau de même broderie et de même couleur. Il avoit immédiatement à sa droite et debout l'ambassadeur de Portugal; celui de Venise; dom Gaspard Paluzzi[2], qui a épousé sa nièce et qui est général de l'Église, et dom Ange son père[3]; le connétable Colonna[4], qui étoit ce jour-là de tour pour y aller, assistant alternativement aux cérémonies du pape avec le duc de Bracciano[5], qui est l'aîné de la maison des Ursins. Au-dessous de ces

---

1. Émile Altieri, créé pape le 29 avril 1670, sous le nom de Clément X. Mort le 22 juillet 1676, à l'âge de 86 ans.

2. Gaspard Paluzzi-Altieri, mort à Venise le 9 avril 1720. — Il avait épousé Laure Altieri, nièce du pape. Elle mourut à Rome au mois de mars 1720.

3. Ange Paluzzi-Altieri, mort à Rome le 10 novembre 1706, à l'âge de quatre-vingt-deux ans.

4. Sans doute Laurent-Onufre Colonne, grand connétable du royaume de Naples, grand d'Espagne. Mort le 15 avril 1689. — Il avait épousé, en 1661, Marie Mancini, nièce du cardinal Mazarin.

5. Ferdinand des Ursins, duc de Bracciano, grand d'Espagne, dont le fils était cardinal.

messieurs, du même côté et hors du dais, étoient les ambassadeurs de Pologne et les conservateurs de Rome. A la gauche de Sa Sainteté, du côté de l'autel, étoient deux cardinaux-diacres qui le servoient; l'un étoit le cardinal de Hesse [1], et l'autre le cardinal Charles Barberini [2]. Au-devant du pape et un peu à gauche, étoit assis le cardinal Cibo [3], qui étoit le doyen des cardinaux-prêtres; il tenoit la place du cardinal d'Este [4], qui en est le véritable doyen. Après que Sa Sainteté a été assise et que tous les cardinaux l'ont été, l'on a commencé la messe, qui a été célébrée par le cardinal Antoine Barberini. Toutes les marches de l'autel étoient remplies de monsignori, qui étoient vêtus avec des robes violettes, et de camériers d'honneur en robes rouges. Après que cette cérémonie très-longue a été achevée, le pape, porté sur les épaules des mêmes hommes qui l'avoient porté en ce lieu, est passé de cette chapelle par les salles *Regie* et autres appartemens, et s'est venu

---

1. Frédéric de Hesse-Darmstadt, né en 1616. S'étant fait catholique en 1636, il devint chevalier de Malte, grand prieur d'Allemagne. Créé cardinal en 1652, l'Empereur le nomma évêque de Breslau en 1670, puis gouverneur de Silésie. Mort le 25 février 1682.

2. Charles Barberini, neveu du pape Urbain VIII, cardinal depuis 1653. Mort le plus ancien des cardinaux, le 11 octobre 1704, à l'âge de soixante-quinze ans.

3. Alderan Cibo, né en 1613. Cardinal en 1645, ministre d'État sous Clément XI. Mort doyen des cardinaux, le 21 juillet 1700.

4. Renault d'Este, né en 1618. Cardinal en 1641, protecteur des affaires de France à Rome, évêque de Montpellier en 1655. Mort évêque de Palestine, le 30 septembre 1673.

rendre au balcon qu'on appelle la *Loggia*, qui est au-devant et au-dessus de la grande porte de Saint-Pierre. Quand il a été dessus ce balcon, assisté de tous les cardinaux, se tournant vers le peuple, qui est assemblé ce jour-là dans la place Saint-Pierre, il a fait lire la bulle *In cœna Domini*, qui contient l'excommunication que les papes ont coutume de fulminer le jeudi saint contre les hérétiques et les pécheurs. Tandis qu'on lit cette bulle, le pape tient en sa main un flambeau allumé, qu'il jette après la lecture avec exécration dans la place Saint-Pierre, et, un moment après, il lève l'excommunication qu'il a lancée et donne sa bénédiction au peuple, qui, pendant toute cette cérémonie, est à genoux. De là, Sa Sainteté est passée dans la salle où il a lavé les pieds à douze pauvres qui sont vêtus de robes blanches; après quoi il est venu encore avec quelques cardinaux qui le suivoient servir les mêmes pauvres à dîner. Ce qui étant achevé, je suis allé voir dîner le sacré collége dans une salle basse du Vatican, où les neveux du pape les traitent toutes les années à pareil jour. L'après-dînée de cette même journée, j'ai été à Saint-Pierre, où j'ai demeuré assez longtemps.

Du vendredi 27 mars. — J'ai été ce matin entendre la passion à Sainte-Marie-Majeure et y adorer la croix. L'après-dînée, j'ai été dans plusieurs églises, et suis demeuré assez longtemps dans Saint-Jacques des Espagnols, pour y entendre la musique des Ténèbres. J'ai vu presque dans toutes les églises où j'ai été des pénitens qui se fouettent jusqu'à se mettre tout en sang, et d'une façon si rude qu'on ne sauroit les regarder qu'avec peine. Ce sont la plupart du temps des personnes de qualité, et surtout des Espagnols, qui font cette sorte de dévotion; ils vont seuls, le visage couvert, accompagnés seulement de quelque domestique ou de quelque ami qui les suivent de loin pour leur donner du vin quand il leur prend des défaillances, ce qui arrive assez souvent. Cette même après-dînée, j'ai été voir le cardinal-patron[1] pour lui rendre la lettre que j'avois pour lui et lui demander l'audience du pape. J'ai été aussi ce même soir voir passer les processions des pénitens ou des battus; la plupart des cardinaux y assistent, et vont après la musique, qui est à la queue de toutes les processions de pénitens, qui se suivent les unes les autres. Chaque procession prend un cardinal pour patron, qui fait la dépense d'une machine que chacun se pique d'inventer plus belle que son compagnon. Elle est éclairée d'un nombre fort grand de flambeaux de cire blanche; chacune représente quelque chose de différent; mais tous tâchent d'y semer à propos les pièces des armes du cardinal qui l'a fait faire et

---

[1]. Le cardinal-patron était secrétaire du pape et surintendant de l'État ecclésiastique. Les ambassadeurs et les ministres étaient obligés de lui rendre compte des affaires dont ils avaient traité avec le pape.

celles du pape. Cette machine est faite de la matière la plus légère qu'on puisse trouver, parce que ce sont des hommes qui la portent dans les processions; afin qu'elles soient nombreuses, chaque cardinal y envoie les gentilshommes et les ecclésiastiques de sa maison, qu'ils font habiller en pénitens de diverses couleurs. La confrérie mène à sa suite ceux d'entre eux qui ont la dévotion de se fouetter, et l'on voit bien cent ou cent cinquante fessés à chacune; la plupart sont pieds nus et ont le dos tout sanglant et tout déchiré; il y en a même quelques-uns qui ne se contentent point de la discipline ordinaire, qui ont un fouet avec une boule de plomb au bout, qui fait premièrement contusion au lieu où elle touche, ensuite de quoi elle y fait un trou. Il y avoit à la procession que j'ai vue ce soir environ six cents fessés. Ce qui fait paroître cette procession fort belle, c'est un très-grand nombre de flambeaux de cire blanche qui l'éclairent, chaque cardinal y envoyant aussi sa livrée et ses bas domestiques avec des flambeaux.

Du samedi 28 mars. — J'ai été encore ce matin visiter plusieurs églises, et j'ai été l'après-dînée entendre vêpres à Saint-Pierre, pour y voir les reliques qu'on y montre; on les fait voir des balcons qui sont au-dessus des niches que le Bernin a fait creuser dans les piliers qui soutiennent la coupole. Personne ne peut voir ces reliques de plus près sous peine d'excommunication, n'y ayant que les chanoines de Saint-Pierre qui puissent monter aux degrés qui conduisent à ces balcons. J'ai encore vu aujourd'hui, dans la même église, en procession, une confrérie de pénitens qu'on appelle les Pénitens de la Mort, parmi lesquels il y en avoit plusieurs qui se disciplinoient devant l'autel de la même sorte que ceux que j'avois vûs le jour auparavant; après quoi étant sorti de Saint-Pierre, je suis allé à l'audience du pape, auquel j'ai baisé les pieds; il m'a fait relever, m'a parlé assez longuement avec beaucoup de bonté, et a fait entrer ceux qui étoient de ma suite, qui lui ont baisé les pieds et qui ont reçu sa bénédiction.

Du dimanche 29 mars. — Le dimanche de Pâques, j'ai été encore au Vatican voir la chapelle que le pape y a tenue assisté des cardinaux, de la même sorte que le jeudi saint. Le cardinal François Barberini a célébré la messe, à la fin de laquelle je suis venu entendre la messe à la chapelle Saint-Louis, qui est la paroisse des François à Rome. L'après-dînée de cette même journée, j'ai été voir la cavalcade du pape, qui s'est retiré du Vatican pour aller à Monte-Cavallo [1], dans lequel je me suis promené quelque temps, et j'ai considéré avec beaucoup de soin ces deux chevaux de marbre qui sont vis-à-vis de Monte-Cavallo. Ils sont tout semblables et ont chacun à côté un esclave qui veut les prendre et qui

---

1. Quirinal. — Le pape y possède un palais d'été.

les fait cabrer; ils sont dans la même attitude, et l'on assure que ce sont deux excellens sculpteurs de leur temps qui voulurent faire cet essai pour voir lequel des deux feroit le mieux [1].

Du lundi 30 mars. — J'ai employé cette journée à voir le Colisée et une partie des antiquités qui sont autour. Le Colisée est un grand bâtiment qui a été bâti par Vespasien. Il est rond par dehors et ovale en dedans. Il y a un côté presque tout entier, au moins pour sa hauteur. L'on y voit les quatre ordres d'architecture l'un sur l'autre, qui commencent par le dorique et finissent par le composite.

Du Colisée, bâti par Vespasien, j'ai été à l'arc de Constantin, qui fut érigé en l'honneur de cet empereur, après qu'il eut défait Maxime. Comme cet arc fut fait à la hâte et de plusieurs pièces rapportées de divers endroits, il y a de très-beaux bas-reliefs sur le haut du bâtiment, qui sont des victoires de Trajan; d'autres bas-reliefs qui représentent des chasses, sont encore très-bien faits; pour ceux qui sont en bas, ils sont très-vilains. Le bâtiment tout entier est composé d'une grande porte au milieu et de deux aux côtés. Il y a quatre colonnes à chaque façade, qui sont très-belles; elles sont cannelées et d'ordre corinthien.

De cet arc de triomphe, j'ai été voir ce qui reste

[1]. Ces deux groupes sont antiques, mais ils ne sont pas de Phidias et de Praxitèle, dont les noms sont gravés sur les piédestaux.

de la célèbre fontaine de *Meta Sudans* [1], dont il ne se voit maintenant qu'une masse de pierre informe. J'ai été à l'arc de Titus, dont l'architecture est fort belle; dans le bas-relief de cet arc sont gravées les figures des dépouilles que cet empereur apporta du temple de Jérusalem, et, entre autres, on y voit le chandelier d'or et les tables de la loi. De cet arc, j'ai été encore à celui de Septime-Sévère. Il y a de fort beaux bas-reliefs, mais l'arc est presque tout enterré. De là, j'ai été voir l'endroit où étoit le lac renommé où Quintus Curtius se précipita pour sauver sa patrie [2]; j'ai encore été voir auprès de ce même lieu, dans le Campo Vaccino [3], trois colonnes fort belles qui sont restées du temple de Jupiter-Stator; elles sont corinthiennes, cannelées et d'une fort belle architecture. Il y a de plus dans le même Campo Vaccino quelques restes du temple d'Antonin et de Faustine [4], qui sont d'ordre dorique et fort beaux.

Du mardi 31 mars. — J'ai continué de voir aujourd'hui quelque chose des antiquités, et j'ai été voir le temple de la Paix, qui, autrefois, étoit le plus beau et le plus grand de Rome. Il fut commencé par l'empereur Claude et fut fini par Vespasien; son fils Titus

---

1. Borne-fontaine dont parle Sénèque dans son épître LVI.

2. Ce lac est au milieu du Forum, entre le Capitole et le mont Palatin.

3. C'est l'ancien Forum romain.

4. On a construit sur ces restes l'église *San-Lorenzo in Miranda*.

y avoit mis toutes les dépouilles de celui de Salomon et du palais royal de Jérusalem. Il ne reste présentement de ce temple que trois grandes voûtes en briques, qui faisoient un des côtés de la nef. Le reste a été entièrement abattu. De là, je suis monté à la place du Capitole, pour y voir la statue à cheval de Marc-Aurèle, que le pape Paul III a fait transporter en cet endroit-là [1], ayant été trouvée entière dans les ruines du mont Cœlius. La statue de cet empereur, et celle du cheval sur lequel il est, est une des plus belles qu'il y ait à Rome. Elle est de bronze doré, la dorure pourtant ayant été presque toute emportée par le temps. J'ai encore remarqué en cet endroit une très-belle fontaine, qui est dessous et entre les deux rampes d'un degré qui monte au palais qui a été bâti par Boniface VIII, en l'endroit où étoit autrefois la forteresse du Capitole. C'est le lieu où l'on rend présentement la justice. Au milieu de cette fontaine, il y a une statue antique de marbre représentant la ville de Rome; on voit à ses deux côtés la figure de deux rois captifs, et celle des fleuves du Nil et du Tibre qui versent de leurs urnes l'eau qui coule dans la fontaine. Toutes ces figures sont anciennes et des plus belles qu'il y ait à Rome. Je suis parti de cet endroit-là, n'ayant pas le loisir de voir tout le Capitole, pour faire des visites.

Mercredi 1er avril. — Ayant fait demander dès

---

1. En 1538.

8.

hier au soir si je pourrois voir la reine de Suède [1] aujourd'hui, on m'a répondu que j'y pouvois aller ce matin à neuf heures. J'ai employé le temps, depuis que je me suis levé jusqu'à cette heure, à voir une église qui s'appelle *Sant' Andrea della Valle* [2]. C'est une architecture moderne corinthienne, assez jolie. Le dôme est tout peint de Lanfranc [3]; les quatre niches du bas sont du Dominiquin [4]. Il y a encore un grand cul-de-four dans le fond de l'église qui est tout de sa main. Quant à la voûte de Lanfranc, elle est fort belle; mais, comme elle est éloignée de la vue, la peinture ne se distingue pas assez. Pour le fond du Dominiquin, il est beaucoup plus beau, et c'est assurément une des plus belles choses de Rome : l'un et l'autre est peint à fresque, mais de la même manière que si la peinture étoit à l'huile, tant les couleurs sont éclatantes.

Après avoir entendu la messe dans cette église, j'ai été sur les neuf heures voir la reine de Suède.

---

1. Christine, née en 1626, avait succédé à son père, Gustave-Adolphe, en 1632. Elle abdiqua en faveur de son cousin, Charles-Gustave, en 1654. Elle était retournée à Rome en 1658. Elle habitait le palais Corsini. Morte en 1689.

2. Au lieu de *Sant' Andrea*, le manuscrit porte *San-Pietro*. — En face de l'église demeurait un gentilhomme, amateur d'antiquités, nommé Pietro della Valle. Le marquis de Seignelay aura confondu les deux noms.

3. Jean Lanfranc, né à Parme en 1581, mort en 1647.

4. Dominico Zampieri, dit *le Dominiquin*, né à Bologne en 1581, mort en 1641.

Elle m'a traité fort honnêtement et m'a fait beaucoup de questions sur la cour de France; à quoi j'ai répondu le plus sagement qu'il m'a été possible, quoiqu'elles fussent assez embarrassantes. Après avoir été jusqu'à onze heures chez elle, je m'en suis venu voir M. le cardinal Antoine, que je n'avois pas vu depuis avant-hier. Il agit avec moi aussi obligeamment qu'on le puisse faire; il m'a même chargé de vous faire ses complimens et de vous assurer de ses services. Après dîner, j'ai été jusqu'à trois heures à attendre le duc Sforce [1], qui me devoit venir voir.

Je suis ensuite allé voir des tableaux qu'on m'avoit dit qui étoient fort beaux, et qui sont à vendre du reste de la vigne Ludovisi [2]. Il y a, entre autres, un Mars et une Vénus de Paul Véronèse.

Je suis allé à Sainte-Marie-Majeure voir la colonne du temple de la Paix, qui est élevée sur un grand piédestal devant cette église. Elle passe pour la plus belle et la plus entière colonne antique qui soit à Rome [3]. j'ai jugé, aussi bien que M. Blondel, qu'elle est diminuée par le bas. Il y a divers exemples dans l'antique de ces manières de colonnes, qui sont diminuées de cette sorte, qui font un peu le ventre

1. Louis-François-Marie, duc de Sforce, mort en 1685, à l'âge de soixante-sept ans.

2. Cette villa fut construite par le cardinal Ludovisi, neveu du pape Grégoire XV, sur l'emplacement des jardins de Salluste, au mont Pincio.

3. Cette colonne est la seule restée entière de celles qui soutenaient la voûte de la basilique de Constantin.

par le milieu et qui diminuent encore par en haut, quoiqu'il y en ait d'autres qui vont en diminuant depuis le bas jusqu'en haut, et qui, de cette manière, sont plus grosses par le bas, au-dessus de l'*imus scapus*[1]. J'entrai aussi dans l'église Sainte-Marie-Majeure, où j'avois déjà été. Elle est bâtie de colonnes ramassées des anciens temples, et, comme telles, elles sont toutes de grandeurs différentes, de différentes bases et de différens chapiteaux. Je suis allé voir aussi les deux chapelles de Paul et de Sixte[2], dont la première est beaucoup plus belle que l'autre, quoiqu'elles le soient extrêmement toutes deux. Il n'y a rien de plus agréable que ces deux chapelles; elles sont d'un fort bon goût, et leur architecture est fort correcte.

Du jeudi 2 avril. — J'ai reçu aujourd'hui la visite de MM. Vincent-Félix[3] et Jean-Baptiste Rospigliosi[4]. Immédiatement après cette visite, je suis allé à Saint-Pierre pour examiner avec soin cette prodigieuse grandeur de bâtiment.

Saint-Pierre est la principale église de Rome où se font toutes les cérémonies ecclésiastiques. J'ai

---

1. *Imus scapus*, bout inférieur du fût de la colonne.

2. Paul V fit construire la chapelle Borghèse en 1611, et Sixte V la chapelle du Saint-Sacrement.

3. Félix Rospigliosi, cardinal en 1673. Mort en 1688, âgé de 45 ans.

4. Jean-Baptiste Rospigliosi, duc de Zagarola, prince de Gallicano, frère du cardinal Félix et neveu du cardinal Rospigliosi.

passé par le pont Saint-Ange [1], auquel le feu pape [2] a fait faire des parapets fort beaux, avec douze grands anges de marbre blanc qui sont à droite et à gauche sur ledit parapet. Chacun porte un instrument de la passion de Notre-Seigneur. Ces anges ont été faits par les meilleurs et les plus habiles sculpteurs d'Italie; le Bernin en a été un, bien qu'il n'ait pas mis encore les deux qu'il avoit à faire. Après avoir passé le pont Saint-Ange et tourné à gauche, on entre dans une grande rue qui mène droit à la colonnade du Bernin. Cette colonnade a été bâtie par Alexandre VII. On dit qu'elle a coûté 900,000 écus; on trouve à dire qu'elle soit en ovale, parce qu'une colonnade n'étant faite que pour se promener, et afin que les rangs de colonnes fassent un bel effet à la vue, celle-ci, lorsqu'on est dessous, ne présentant aux yeux qu'une confusion de colonnes, semble ne laisser devant soi aucun espace pour la promenade. Au milieu de la place qui est devant Saint-Pierre, est cette grande aiguille d'une seule pierre que fit élever le pape Innocent X [3]. Dans la même place, il y a une gerbe d'eau qui va toujours, qui est une des plus belles fontaines de Rome.

1. C'est l'antique pont *Ælius*, bâti par Adrien.
2. Clément IX, pape de 1667 à 1669.
3. C'est à Sixte V, et non à Innocent X, que l'on doit l'érection de l'obélisque de la place du Vatican. Elle eut lieu le 10 septembre 1586. Ce monolithe, transporté à Rome par Caligula, avait d'abord été placé dans le cirque de Néron.

Le portail de Saint-Pierre est fort beau, mais parce qu'on a fait la nef de l'église plus grande qu'elle n'étoit dans le devis de Michel-Ange [1], on a été obligé de le baisser afin que le dôme se pût voir; ainsi il est fort bas pour sa longueur. Tout Saint-Pierre est d'ordre corinthien. La grandeur de cette église, quoique surprenante, ne paroît pas d'abord, à cause de l'admirable proportion avec laquelle elle est bâtie, et de la quantité des colonnes et pilastres dont les moindres ont huit pieds et demi de diamètre; mais après avoir considéré la quantité des grandes et belles choses qu'elle contient, on est surpris de la magnificence de cet ouvrage. J'ai mesuré sa longueur, qui est de 100 toises depuis la porte jusqu'au fond de l'église, et 66 dans les traverses [2]. Il y a même là cinq ou six chapelles qui sont aussi grandes que nos grandes églises de Paris. Nous avons remarqué en entrant un défaut assez considérable : les pilastres du côté gauche sont fort bien conduits et fort droits, mais l'ouvrier s'est trompé du côté de la main droite d'environ trois pieds. Ainsi, les portes qui sont sous cette suite de pilastres ne sont plus au milieu, ce qui fait un fort méchant effet en cet endroit-là; on a tâché à réparer ce défaut en

---

1. Michel-Ange Buonarotti, né en 1474, mort en 1564.

2. La longueur de Saint-Pierre, d'après l'*Itinéraire en Italie*, de J. Du Pays, est de cinq cent soixante et quinze pieds; la largeur de la grande nef, de quatre-vingt-six pieds; on compte cent quarante-deux pieds du pavé à la voûte.

faisant entrer un peu un des pilastres. Dans le milieu de la croix de l'église, sur le grand autel, il y a un baldaquin ou un dais soutenu par quatre colonnes toutes de bronze ; cela s'appelle *la Confession des apôtres*; c'est le plus grand ouvrage qui ait jamais été fait pour un autel. On tient que le haut de cet autel, qui est de bronze, aussi bien que les quatre grosses colonnes et les quatre anges qui sont sur les quatre coins, est plus haut que le Louvre ; il est du Bernin. Au fond de l'église, est la chaire de saint Pierre, faite tout entière par le Bernin ; c'est une grande machine soutenue par quatre docteurs de l'Église, en bronze, dix fois plus gros que nature ; il y a une gloire derrière, fort bien inventée : ce sont des anges dorés, tout autour d'une fenêtre où le soleil donne souvent, et des rayons dorés qui partent du milieu de la fenêtre et qui font un fort agréable effet. A droite et à gauche de la chaire de saint Pierre, sont deux tombeaux de papes, dont l'un est de Paul III, fait par Guglielmo della Porta[1], Milanois, et l'autre d'Urbain VIII, fait par Bernin. Dans celui de Paul III est cette belle figure de femme nue qu'on a couverte d'une chemise de bronze, à cause qu'un Espagnol, à ce qu'on dit, en devint amoureux. De l'autre côté, est celui d'Urbain VIII ; il y a dans le milieu une Mort de bronze qui, dans un rouleau qui

---

1. Guillaume de la Porte fut l'ami et parfois l'émule de Michel-Ange. Mort en 1577.

est devant elle, écrit le nom du pape; à droite et à gauche du tombeau, sont deux figures fort belles du Bernin. Le grand dôme est tout de mosaïque; on ne sait pas de quel dessin. Le Bernin a fait creuser, dans les quatre piliers qui soutiennent la coupole, de grandes niches dans lesquelles il y a quatre statues: l'une du Bernin, qui est un saint Longin fort beau; l'autre du Discipolo [1], qui est une sainte Hélène; l'autre de Mochi [2], qui est une Véronique, et l'autre de François le Flamand [3], qui est un saint André; la dernière est la plus estimée des quatre. Ces niches sont à la vérité d'un grand ornement, mais elles ont tellement affoibli le bâtiment que la coupole s'en est fendue, ce qui a été réparé depuis, aussi bien que les degrés et les balcons que le même Bernin a fait faire au-dessus de ces piliers. A main gauche et derrière le grand autel, est un demi-relief de l'Algarde [4], où est représentée l'histoire d'Attila, quand Léon II vint au-devant de lui et l'empêcha de ravager Rome, comme il avoit dessein; c'est une pièce fort belle et fort estimée. Il y a à main gauche, à côté de la nef de saint Pierre, une fort grande et fort belle chapelle, où les chanoines officient, l'église étant trop grande et trop froide pour y officier tous les jours. Il y a sur l'autel de cette chapelle cette belle figure

1. A. Bolgi.
2. Fr. Mochi.
3. François Quesnoy.
4. Alexandre Algarde, né à Bologne en 1602, mort en 1654.

de Michel-Ange, d'une Vierge qui tient Notre-Seigneur mort entre ses bras; la seule chose que les critiques y ont trouvé, c'est que la Vierge paroît trop jeune et le Jésus trop décharné. Vis-à-vis de cette chapelle est celle du Saint-Sacrement, où les papes sont exposés après leur mort; il y a une grande sépulture de bronze d'un pape, qui est assez belle [1].

Le tableau qui est sur l'autel est de Pierre de Cortone [2]. Sur tous les autels de l'église, il y a de fort beaux tableaux: les principaux sont un du Guerchin, qui est une Vierge qu'on enterre; un du Poussin [3], qui est saint Érasme à qui on arrache les boyaux; un du cavalier Bernin, qui est une Vierge qu'on présente au juge, qui, à mon avis, est la seule bonne peinture qu'il ait faite; au moins n'en ai-je pas vu d'autre.

Du vendredi 3 avril. — J'ai été ce matin de bon matin à la cérémonie de la bénédiction des *Agnus Dei*. Le pape est dans son trône, assisté de dix cardinaux; devant eux sont de grands bassins pleins d'huile sacrée et d'eau bénite dans lesquels des monsignori jettent des *Agnus* que le pape et les cardinaux

---

1. C'est le tombeau du pape Sixte IV, fait par Pollajuolo, en 1483.

2. Pierre Berrettini de Cortone, né en 1596, mort en 1669.

3. Nicolas Poussin, né en 1594, mort en 1665. Il alla en Italie à l'âge de trente ans et y épousa la sœur de Gaspre Dughet, appelé aussi *Gasparo Poussin*, né en 1613, mort en 1675.

retirent avec de grandes cuillers d'argent. Au bassin du pape, il y a deux cardinaux, un à droite, l'autre à gauche, qui l'aident; il y a à chacun des autres bassins trois cardinaux. On fait aussi beaucoup d'autres cérémonies pour leur bénédiction et pour sacrer l'huile, lesquelles cérémonies ont duré depuis huit heures jusqu'à onze.

Après être sorti de cette cérémonie, j'ai été voir le cavalier Bernin; il n'étoit pas chez lui, et j'y ai vu les deux anges qui doivent être sur le pont Saint-Ange, et la statue de la Vérité, qui est une femme nue fort belle et fort bien travaillée.

De là, j'ai été derrière Saint-Pierre le voir travailler : j'ai vu la statue qu'il fait, qui n'est encore qu'une masse de marbre. J'ai fait avec lui le tour de Saint-Pierre par dehors, et il m'a fait remarquer cette admirable architecture de Michel-Ange, qui, sans aucun ornement, plaît par elle-même et par la proportion agréable des parties au tout. Après avoir dîné, j'ai reçu la visite du prince Carbogniano; après quoi je suis retourné à Saint-Pierre. Je suis monté jusqu'au plus haut et j'ai été jusque dans la boule, qui d'en bas ne paroît presque rien, et qui ne laisse pas de contenir seize personnes; j'ai été aussi sur le couvert de l'église et j'ai vu de là, encore mieux que d'en bas, la grandeur immense de ce bâtiment. Après être descendu, j'ai été voir l'escalier du Vatican fait par le Bernin, qui est une des plus belles choses qu'il ait faites. Son Constantin est au bas, qui est une grande figure à cheval fort belle, quoiqu'on y trouve beaucoup de défauts.

J'ai vu encore aujourd'hui les Loges de Raphaël [1], que je n'avois pas assez remarquées l'autre jour. Il y a cinquante-deux tableaux à fresque qui sont admirables ; le reste des galeries qui tournent autour du Vatican sont peintes de la main du Dominiquin, de Lanfranc et d'autres fort bons peintres. De là, j'ai été voir la bibliothèque, qui est composée de cinq grandes galeries remplies de plusieurs beaux livres, entre autres les comédies de Térence, écrites de la main de Lælius, qu'on prétend être celui qui les a composées, où du moins a beaucoup aidé à Térence. Dans ce livre sont toutes les figures des personnages et les masques dont on se servoit pour la représentation, les acteurs étant masqués autrefois. J'ai vu encore quantité de livres anciens, comme Virgile et plusieurs autres auteurs écrits à la main du temps d'Auguste ou du siècle auquel ces grands hommes vivoient.

Du samedi 4 avril. — J'ai été ce matin à six heures à la distribution des *Agnus Dei;* on va baiser les pieds au pape, qui donne à tous les cardinaux de grands cartouches pleins d'*Agnus Dei* qu'il a sacrés le jour de devant. Tout le monde va, après les prélats, recevoir les *Agnus,* après avoir baisé les pieds de Sa Sainteté ; cette cérémonie a duré jusqu'à dix heures.

---

1. Sanzio Raphaël d'Urbin, né en 1483, mort en 1520.

En sortant j'ai été voir le cardinal des Ursins[1], et je lui ai donné les lettres du roi et les vôtres. Il m'a reçu fort honnêtement et m'a prié de vous assurer de ses services. En sortant de chez lui, j'ai été à la Rotonde que je n'ai vue qu'assez légèrement, parce que j'étois obligé de me trouver à midi précis chez M. le cardinal, qui vouloit que je dînasse avec lui. Après le dîner, j'ai été voir le duc Sforce, le cardinal Charles Barberini, qui m'avoit visité, et le cardinal Rospigliosi, ce qui a consommé toute ma journée.

Du dimanche 5 avril. — Je me suis levé ce matin à six heures pour aller à la cavalcade que le pape fait à la Minerve; elle se fait tous les ans le jour de l'Annonciade de la Vierge; mais, parce que cette année la fête s'est trouvée la semaine sainte, elle a été différée jusqu'après Pâques. Le pape va dans sa chaise, assisté de tous les cardinaux et de toute la noblesse romaine; il entre dans l'église et dote deux cents pauvres filles, qui de là s'en vont en procession par la ville, habillées de blancs habits que le pape leur donne. A la sortie de la cérémonie, je suis allé entendre la messe au *Gesu*, qui est la maison professe des Jésuites; il y a là deux beaux tableaux, un du Tintoret[2] sur le grand autel, et l'autre du Guerchin. Après cela, j'ai été dîner chez l'abbé Bene-

---

1. Virginio des Ursins, fils du duc de Bracciano, né en 1615. Cardinal depuis 1641. Mort le 21 août 1676.

2. Jacques Robusti, dit *le Tintoret*, né à Venise en 1512, mort en 1594.

detti [1], qui m'en avoit prié; après quoi j'ai été à la villa Pamphile voir la maison et le jardin, qui est fort bien. Il y a beaucoup de statues anciennes.

Du lundi 6 avril. — Je me suis levé ce matin à six heures. J'ai été voir le palais Farnèse, qui est un des plus beaux de Rome, où il y a de fort belles choses. Dans la cour est cette belle statue d'Hercule, faite par un Grec nommé Glycon [2], qui étoit devant Praxitèle. C'est une des plus fameuses statues de Rome. Je fus une heure entière à la considérer. Il y a dans la même cour une statue de Flore, qui est une grande figure grecque d'une femme qui n'a qu'une simple toile dessus, mais qui est la plus belle chose qu'on puisse voir. Il y a aussi un Commode représenté en Saturne, qui tient un enfant mort sur son épaule, qui est une statue fort belle et fort estimée. Dans une autre basse-cour est le Taureau Farnèse, qui est plus extraordinaire par la grandeur d'une seule pièce de marbre que par la sculpture, qui ne laisse pas d'être assez belle. L'histoire est d'Antigone [3], qui ayant été répudiée par Lycus, étant maltraitée par Dircé, seconde femme du même Lycus, après la mort du mari, les deux fils

1. Sans doute l'abbé Elpidio Benedetti, qui avait été chargé à Rome des affaires du cardinal Mazarin.

2. Cette statue, œuvre de Glycon l'Athénien, fut trouvée dans les bains d'Antoninus Caracalla. — Elle est maintenant à Naples.

3. C'est Antiope, et non Antigone, que se nommait la femme de Lycus, roi de Thèbes.

d'Antigone, Calaïs et Zethès, étant revenus de la conquête de la Toison d'or, leur mère Antigone, pour se venger de Dircé, commanda à ses enfans de la prendre et de l'attacher par les cheveux à un taureau furieux. Ainsi, dans cette seule pièce de marbre il y a Antigone, qui est présente au supplice de Dircé; les deux frères, dont l'un tient le taureau et l'autre attache Dircé par les cheveux aux cornes de cet animal, qui est fort grand, et un petit Amphion, qui, étant trop jeune pour aider à ses frères, n'est que spectateur de ce qui se passe. De là, je suis monté en haut, où j'ai vu toutes les belles têtes des philosophes grecs qui y sont, et toute la galerie peinte par le Carrache [1].

Du mardi 7 avril. — J'ai été aujourd'hui au Vatican, où j'ai vu la salle Clémentine, peinte dans les quatre faces et dans le plafond de la main de Cherubino Alberti [2], qui excelloit principalement dans la perspective et dans le raccourci de l'architecture. L'histoire de ces peintures n'a rien de considérable. Il y a encore dans cette salle, sur la grande porte en entrant, un grand paysage de la main de Paul Bril [3]. De là, je suis entré dans la chambre où mangent le jeudi saint les douze pauvres auxquels le pape lave les pieds. Il y a sur la cheminée un grand

1. Annibal Carrache, né en 1560, mort en 1609. Son frère Augustin travailla avec lui à la galerie Farnèse.
2. Alberti Cherubino, né en 1552, mort en 1615.
3. Paul Bril, né en 1553, mort en 1626.

tableau de Pierre de Cortone; c'est une Gloire avec un Dieu le Père et un ange qui descend du ciel avec une clef à la main, et qui tient une hydre enchaînée. Ensuite j'ai vu une des petites chapelles du pape, où il dit la messe en particulier, ou bien où il l'entend. A l'autel de cette chapelle, il y a un tableau à l'huile de la main de Romanelli[1], représentant une Nativité; le plafond est en compartimens de stuc doré avec de petits tableaux à fresque du cavalier Joseph[2]. Ensuite je suis passé dans une petite allée où il y a plusieurs tableaux à fresque de la main de Romanelli. De là, je suis entré dans la salle où l'on trouve en face la Bataille de Constantin, de Raphaël, qu'on croit en partie exécutée par Jules Romain; à droite est l'Apparition de la croix à Constantin, à gauche son baptême, l'un et l'autre de Raphaël[3]. Vis-à-vis de la Bataille est Constantin, qui présente Rome en figure d'or au pape et lui demande permission de bâtir des églises[4]. Dans la chambre ensuite est représenté Attila, roi des Huns, et vis-à-vis est Héliodore renversé dans le temple, comme il le vouloit piller. A droite, on voit sur la

1. Romanelli, Jean-François, né en 1617, mort en 1662.
2. Le Josépin (Giuseppe Cesari, dit *il cavaliere d'Arpino*); né en 1560, mort en 1640.
3. Le Baptême est de François Penni, dit *le Fattore*; né en 1488, mort en 1528.
4. Ce tableau est de Raphaël del Colle, né en 1490, mort en 1530.

fenêtre de la même chambre saint Pierre en prison et l'ange qui vient pour le délivrer. Vis-à-vis de cette peinture, on en voit une autre d'un pape [1] qui entend la messe. Dans l'autre chambre, est en face la Dispute du saint-sacrement, et vis-à-vis, l'École d'Athènes. On voit en entrant, à droite, sur la fenêtre de cette chambre, le mont Parnasse avec Apollon, les neuf Muses et plusieurs poëtes ; vis-à-vis et de l'autre côté de la chambre sont peintes les Vertus. Dans la quatrième chambre, peinte par Raphaël, j'ai vu encore cette belle représentation de l'Incendie du Borgo [2], et vis-à-vis, le Couronnement de Charlemagne. De l'autre côté est représenté le comte de Tonnerre, qui amène les esclaves qui avoient occupé le port d'Ostie.

Toutes ces quatre chambres, qu'on dit, sont de l'ouvrage de Raphaël et peintes à fresque. De ces chambres, l'on passe par une petite chapelle où est une Descente de croix peinte à fresque par Pierre de Cortone. De là, je suis entré dans une grande galerie où sont peintes à fresque sur les trumeaux de grandes cartes particulières d'Italie, faites sous le règne d'Urbain VIII. Au sortir de cette galerie, en est une autre en terrasse, qui a une fontaine au bout. De là, je suis descendu au jardin de Belvédère et l'ai traversé pour voir la pomme de pin de bronze qui étoit au-

---

1. Jules II.
2. Cet incendie eut lieu en 847, au Borgo, ou cité Léonine.

dessus de la sépulture d'Adrien, dans laquelle pomme étoient ses cendres : elle a presque dix pieds ou environ de haut. Je suis monté ensuite au petit jardin où sont les statues antiques, savoir : dans la première niche une Vénus avec un petit Amour auprès d'elle ; on voit encore dans une autre niche une autre Vénus appelée la Honteuse ; deux grands fleuves dans les coins, qui servent de fontaines et qui jettent de l'eau, entre lesquels fleuves est une troisième niche où est le bel Antinoüs ; dans une autre est l'Apollon ; dans une autre le Laocoon et ses deux enfans entourés de deux serpens. Dans le milieu dudit jardin, sont deux grandes statues de fleuves qu'on n'a point fait servir à aucune fontaine. Au milieu de ces deux fleuves est le Torse[1] ou tronc de corps d'homme sans bras, sans jambes et sans tête. En suite de ce petit jardin, j'ai vu dans une petite loge qui est de plain-pied une fontaine où l'on a mis une figure antique de Cléopâtre. Toutes ces figures sont de marbre blanc.

L'après-dînée du même mardi, 7 avril, j'ai été au palais Chigi, appelé présentement le petit Farnèse, qui est bâti du dessin de Baldassare Peruzzi[2]. Le premier vestibule est peint par Raphaël ; cette peinture contient toute l'histoire de Psyché. Dans le ardin, il y a une autre loge ou vestibule peinte de

---

1. Sculpté par Apollonius, fils de Nestor l'Athénien.
2. Baldassare Peruzzi, né en 1481, mort en 1577.

plusieurs histoires du même Raphaël. De là, j'ai été au palais Salviati, où il y a dans la première salle un grand tableau du Tintoret; dans la chambre ensuite, Adam et Ève peints de Salviati [1]; deux anges comme nature, de Tintoret; trois femmes qui se baignent, du Corrége [2]; la Vénus et l'Adonis du Titien et un Ganymède enlevé par l'aigle, du même. Dans l'autre chambre, un Christ au sépulcre, du Bassan; un grand *Ecce homo* avec des anges qui pleurent, de l'Albane [3]; un autre *Ecce homo* du Corrége, une Vierge et une Hérodiade, et un beau portrait du Titien, tous deux à demi; un petit crucifix de Paul Véronèse et une Vierge de Raphaël. En descendant, j'ai vu dans une autre chambre un grand tableau avec des figures d'un pied et demi de haut du baptême de saint Jean, de l'Albane.

De ce palais Salviati, j'ai été à *San-Pietro in Montorio*, où j'ai vu le premier tableau du monde, qui est la Transfiguration de Raphaël. Dans la cour de cette église, il y a un petit temple rond d'ordre dorique, bâti du dessin de Bramante [4], où les métopes [5], qui doivent être carrées, sont un peu plus larges qu'elles ne sont hautes. De là, je montai encore jus-

---

1. Francesco Rossi, dit *Cecco di Salviati*, n en 1510, mort en 1563.
2. Antonio Allegri, dit *le Corrége*, né en 1494, mort en 534.
3. François l'Albane, né en 1578, mort en 1660.
4. Bramante d'Urbin, né en 1444, mort en 1514.
5. Intervalle carré entre les tryglyphes doriques.

qu'aux trois grandes fontaines qu'on appelle Eaux Paulines [1]. En descendant, je remarquai la situation de Rome, et vis le mont *Testaceus* [2] et le tombeau de Cestius [3].

Du mercredi 8 avril. — J'ai été ce matin au palais Chigi et au palais Colonna pour voir des chevaux. Dans ce palais Chigi, il y a quatre chambres pleines de bons tableaux de tous les bons maîtres : entre autres un saint Jean-Baptiste d'Annibal Carrache et un grand tableau de Rubens, plusieurs belles figures antiques. J'ai vu au palais Colonna plusieurs grandes chambres pleines de bons tableaux, plusieurs Guerchin, Albane, Guide, Muziano [4], Carlo Maratta [5] et Gaspre [6].

L'après-dînée de ce même jour, je suis retourné au petit Farnèse; de là, au palais Borghèse. La cour est entourée d'une loge, ouverte dessus et dessous, et soutenue de colonnes antiques de granit combinées et isolées. Dans l'appartement haut, qui est fort grand, il n'y a de remarquable que les meubles,

---

1. D'après la légende, quand saint Paul fut décapité en ce lieu, sa tête aurait bondi trois fois, et à chaque fois une fontaine aurait jailli du sol.

2. Ainsi appelé à cause des débris que les potiers y auraient apportés.

3. Ce Caius Cestius était *septemvir epulorum*, c'est-à-dire une des sept personnes qui mangeaient les viandes offertes aux dieux.

4. Girolamo Muziano, né en 1528, mort en 1592.

5. Carlo Maratta, né en 1623, mort en 1713.

6. Gaspre Dughet : voir page 145, note 3.

deux portraits de Raphaël et le portrait du pape Borghèse[1], de mosaïque, qui est aussi fini que s'il étoit travaillé en miniature. Ensuite j'ai vu l'appartement bas où il y a quatre grandes chambres pleines des plus belles peintures de Rome, entre autres la grande Diane; la chasse avec plusieurs figures de femmes et équipages de chasse de la main du Dominiquin; quatre grands tableaux en rond qui sont des sujets de la Fable (ces peintures sont de la main de l'Albane); une grande Cène du Titien; une femme qui bande les yeux à l'Amour et des femmes à côté, du même; une femme nue sur une fontaine avec une femme vêtue de blanc à côté et un petit Amour derrière dans un paysage du même; quelques portraits et plusieurs autres tableaux du même; le grand tableau d'Énée qui porte son père Anchise, de la main du Baroche[2]; les quatre Saisons du Bassan; plusieurs têtes du Giorgion, et plusieurs autres très-beaux tableaux. Ensuite, j'ai été chez Le Maire[3] pour voir des tableaux, et de là j'ai été à la vigne Borghèse, qui est d'une fort grande étendue. On remarque d'abord l'agrément du bâtiment, qui est tout incrusté de bas-reliefs antiques très-beaux; un des plus remarquables est un Curtius, qui est ce chevalier romain qui se précipita dans le lac Curtius.

1. Paul V, pape de 1605 à 1621.
2. Frédéric Barocci, dit *Baroche*, né en 1528, mort en 1612.
3. Il y avait à Rome en 1680 un peintre français de ce nom. Il était fils d'un serrurier de Versailles. Est-ce le même?

Il est représenté avec son cheval tombant; il sort tout à fait du bas-relief et c'est une très-belle figure, presque de relief entier. Dans la première salle, il y a plusieurs tableaux du Bassan, et dans toutes les autres chambres sont presque toutes les copies des beaux tableaux qu'il y a dans le palais Borghèse de Rome. Ce qu'il y a de plus remarquable dans cette vigne est la quantité des statues anciennes et celles du Bernin. Les plus remarquables des anciennes sont un gladiateur, qui est une statue de la première classe, une Junon ancienne, grecque, un Apollon et une figure qui représente un hermaphrodite couché sur un matelas de marbre. Les trois statues du Bernin sont le David qui tire de la fronde, l'Énée qui porte Anchise sur son dos et qui mène le petit Iule, et son chef-d'œuvre, qui est la Daphné qu'Apollon attrape comme elle commence à être métamorphosée en laurier; ses pieds sont représentés prenant racine, son corps commence à se couvrir d'écorce et ses mains jettent des branches de laurier dont les feuilles sont représentées comme les naturelles. Il a voulu en cela surpasser les anciens, dont nous ne voyons rien de si délicat que son ouvrage, qui d'ailleurs a de la force et est extrêmement bien fait. J'ai vu encore dans la même maison de cette vigne quantité de colonnes très-belles de porphyre et des tables de même, plusieurs pièces de parangon[1]

---

1. Marbre noir fort dur.

et entre autres un enfant et deux vases des deux côtés faits de cette même pierre, qui ne laissent pas d'être admirablement bien travaillés, quoiqu'elle soit très-dure et très-difficile à mettre en œuvre. Il y a encore un bas-relief de marbre blanc qui représente une Vénus qu'on dit être celle de Praxitèle, qui ne paroît pas pourtant assez belle pour cela. J'y ai vu encore la figure d'une louve, avec Rémus et Romulus dessous; les petits enfans sont de marbre blanc, et la louve d'une pierre rouge, qui est l'unique de cette sorte dans Rome; les yeux et les dents sont faits d'une autre sorte de pierre, ce qui semble leur donner la vie. Cette pierre rouge dont elle est composée est beaucoup plus dure que le porphyre. Il y a encore dans un petit jardin de la même vigne un vase antique de marbre blanc qui est très-grand, et dont les bas-reliefs sont admirables. Je vis encore dans le palais deux cabinets que la nuit m'empêcha de bien voir, qui sont remplis de petits tableaux de Raphaël. La cour de derrière du bâtiment est faite en demi-cercle et ornée tout autour de statues et d'urnes antiques, avec une très-belle fontaine au milieu.

Du jeudi 9 avril. — Le jeudi matin j'ai été à la porte *del Popolo*, où j'ai remarqué un grand obélisque au-devant duquel est une assez belle fontaine, où l'on voit trois grandes rues à perte de vue qui forment une patte d'oie. Il y a aux deux angles de la patte d'oie le commencement de deux églises que le pape

Alexandre VII vouloit faire bâtir pour l'ornement de ces angles, ce qui auroit fait un bel effet. Ensuite j'ai été dans l'église *del Popolo*, où j'ai remarqué principalement une chapelle des Chigi dans laquelle il y a deux figures du Bernin, dont l'une représente Habacuc, que l'ange enlève par les cheveux, et l'autre Daniel[1]; le dôme de cette chapelle est de mosaïque, du dessin de Raphaël; l'attique est peint par Michel-Ange, aussi bien que les quatre Saisons qui sont dans les coins de la voûte. Des quatre prophètes de marbre qui sont en bas, il y en a deux du Bernin, comme il a été dit; pour le Jonas, il a été fait par un sculpteur conduit par Raphaël, pour faire voir à Michel-Ange qu'il pouvoit être bon sculpteur lui-même; pour Isaïe, qui est le quatrième prophète, il est d'un sculpteur ordinaire. Dans cette même église, la coupole est du cavalier Vanni[2], aussi bien que les deux chapelles de la croix, qui sont accompagnées d'anges du Bernin; au côté droit du grand autel de l'église est une petite chapelle dont les tableaux des côtés sont à fresque de la main de Michel-Ange Caravage[3], fort estimés.

De cette église, j'ai été à la vigne de Médicis; la première chose que j'y ai remarquée a été une frise ancienne de marbre blanc très-belle; c'est un des

1. *Daniel*, chap. XIV, 32 et suiv.

2. Francesco Vanni, né en 1563, mort en 1609.

3. Amerighi Caravaggio, dit *Michel-Ange de Caravage*, né en 1569, mort en 1609.

plus beaux morceaux qui se trouve pour cette sorte d'ornemens. Ensuite j'ai vu, sous la loge du côté du jardin, un vase de marbre blanc antique qui est très-beau ; les bas-reliefs qui sont autour représentent l'histoire d'Iphigénie.

J'ai vu, en sortant de cette loge, un très-beau lion antique fait de marbre blanc, grand comme le naturel, et dans une galerie à côté j'ai encore vu plusieurs figures antiques dans les niches et les fenêtres ; au-dessus des fenêtres, il y a des bustes dans des ronds. De cette galerie, je suis passé dans le jardin, où est la Niobé avec ses quatorze enfans ; à un des côtés du jardin est encore la Cléopâtre. Quant au bâtiment de cette vigne, il est, du côté du jardin, tout revêtu de bas-reliefs antiques très-beaux, et dans les chambres de la maison sont le Marsyas, le Ganymède, les Lutteurs, l'Émouleur et la Vénus, qui sont cinq figures admirables. Il y a encore dans ce palais plusieurs colonnes de marbre et de porphyre, qui sont la plupart diminuées par le bas. De là, j'ai été à la *Santa-Trinità de' Monti*, où j'ai vu deux tableaux, une Descente de croix de Daniel de Volterre[1], peinte à fresque, et un *Noli me tangere* de Jules Romain, peint à fresque.

Du vendredi 10 avril. — J'ai été ce matin à la vigne Aldobrandine, où j'ai vu la plus ancienne peinture

---

1. Daniele Ricciarelli, dit *Daniel de Volterre*, né en 1509, mort en 1566.

du monde, qui est une peinture à fresque qu'on croit avoir plus de dix-huit cents ans [1]. Elle est très-bien dessinée et très-bien faite ; on l'a conservée sur une muraille avec une armoire de bois qui la couvre ; c'est la représentation d'un mariage, où l'on remarque les cérémonies qu'on faisoit dans ce temps-là. J'ai vu encore dans cette vigne Aldobrandine un bas-relief de deux athlètes avec les gantelets qu'on appeloit cestes, ce qu'on ne voit que là. J'ai été au Noviciat des Jésuites, qui est une très-petite église, mais fort agréable et d'une figure qui plaît : elle est incrustée de marbre ; les colonnes sont de jaspe et les pilastres de marbre blanc ; c'est du dessin du Bernin. De cette église, j'ai été à celle des Quatre-Fontaines [2] ; elle est du dessin de Borromini [3], qui étoit un architecte qui se piquoit de faire des choses particulières et bizarres. Cette église est un petit dôme en ovale porté par quatre trompes qui sont très-larges, en sorte que, entre les deux pilastres qui les portent, il y a l'espace d'une niche dont l'imposte est la même que celle des grands arcs. Au-dessous des niches sont quatre portes : l'une qui va à une petite chapelle qui est sous un petit dôme rond tout doré, où il y a un tableau de Romain ; par l'autre porte on va à la sacristie ; par une autre on va à un escalier qui

1. Cette fresque a été découverte seulement en 1606, dans les décombres d'une maison antique sur le mont Esquilin.
2. Aujourd'hui *San-Carlo*.
3. François Borromini, né en 1599, mort en 1680.

conduit à l'église basse, et par l'autre, à une chapelle entre les deux pilastres qui portent la voûte, dont les flancs sont deux portions d'ovale dans lesquelles sont deux autels, couronnés par-dessus la corniche de deux frontons qui tournent comme l'ovale. Le fond où est le grand autel et l'entrée vis-à-vis sont deux portions de cercle couronnées de frontons. Sur la corniche d'où naît le dôme est une grande couronne ducale dont les fleurs servent de balustrade. Il y a dans cette église seize colonnes dont les chapiteaux sont composés si bizarrement que les volutes retournent en dedans au lieu de retourner en dehors : les feuilles ne sont ni d'olive, ni d'acanthe, mais de palme ; les autres, au-dessous de l'abaque, sont de grenade à la place d'œuf. Cependant, quoique cette église soit très-bizarrement bâtie, elle surprend et plaît d'abord. Le compartiment de la voûte est composé de croix, d'octogones et d'hexagones irréguliers. Il y a deux tableaux de M. Mignard[1] : l'un est à fresque, sur la porte, dans un petit ovale, et l'autre est à l'huile, au grand autel.

De cette église, j'ai été à la fontaine de Moïse[2], que Sixte-Quint a fait faire ; il y a trois grandes bouches d'eau avec quantité de petits jets d'eau. Après avoir vu cette fontaine, j'ai été à Sainte-Suzanne, une maison de religieuses, et de là, à la *Madona della*

1. Pierre Mignard, né à Troyes en 1610, mort en 1695. — Il avait séjourné à Rome de 1636 à 1656.
2. Ou fontaine de l'*Acqua felice*.

Vittoria, aux Carmes déchaussés, où est une sainte Thérèse de Bernin et une des plus belles Gloires qu'il y ait, placée à main droite en entrant. A cette église, il y a un tableau d'un saint François et d'une Vierge, du Dominiquin. De là, je suis allé aux thermes de Dioclétien, où sont les Chartreux ; j'y ai vu quantité de restes de bains anciens, le côté d'un cirque, plusieurs voûtes tout entières, entre autres celle d'un grand salon qui sert présentement de grande croix à l'église[1], soutenue de huit colonnes de granit entre lesquelles sont trois grands arcs de chaque côté. Quant à l'entablement qui sert d'imposte, il est assez orné, et il y a à la corniche des denticules et des modillons. Il faut même remarquer qu'il y a quatre modillons sur chaque colonne et qu'une rose répond justement sur la rose du chapiteau, au lieu de modillon; aucune de ces colonnes ne diminue par le bas; les quatre chapiteaux antiques qui restent sont d'ordre corinthien, et les quatre qui ont été refaits sont composites.

Du samedi 11 avril. — Le samedi 11 avril, j'ai été à la vigne Ludovisi, où j'ai vu une grande quantité de statues anciennes, entre autres un Mercure, en une galerie entrant à droite, un Apollon, une Vénus; la Concorde, deux figures appuyées l'une sur l'autre; une figure d'un homme qui se tue et qui tient de son autre main une femme qui se meurt, qui apparem-

---

1. Cette église est celle de *Santa-Maria degli Angeli*.

ment s'est tuée devant lui : on croit que c'est la figure d'Arria et de Pœtus ; un buste d'Annibal de Carthage ; un Enlèvement de Proserpine par le Bernin ; quelques tableaux de reste de ce qu'il y avoit dans cette vigne, les plus beaux ayant été enlevés et étant à Naples depuis longtemps. Il y a encore une statue d'un soldat mourant, qui est une des plus belles figures de Rome ; on y montre encore les os d'un homme qui ont été entièrement pétrifiés. Il y a dans le jardin de ladite vigne un petit logement dont les plafonds sont peints à fresque du Guerchin, dans lequel on fait voir un lit très-riche qu'on prétend valoir 100,000 écus. Il y a encore dans le jardin une statue de satyre qui est très-estimée.

Du dimanche 12 avril. — Je n'ai rien vu aujourd'hui que la canonisation de cinq saints qui a été faite dans Saint-Pierre de Rome, le dimanche 12 avril. Toute l'église de Saint-Pierre étoit parée et tendue de damas cramoisi avec un grand galon d'or d'un pied de large, posé de deux en deux pieds. On ne voyoit presque rien dans le corps de cette grande église qui ne fût couvert de cette tapisserie ; toutes les corniches de l'église et le tour du grand dôme étoient éclairés de flambeaux de cire blanche, mis assez près les uns des autres ; autour et derrière le grand autel, il y avoit une grande enceinte faite exprès pour cette cérémonie. Dans cette enceinte, derrière l'autel, étoit dressé le trône du pape, et tout autour, comme en un amphithéâtre, étoient placées en rond quatre grandes marches de degrés, sur la première desquelles étoient les cardinaux, les évêques au second, mais beaucoup plus éloignés du trône. Les ambassadeurs étoient à côté du pape, à droite et à gauche avec les neveux du pape et le connétable. Tout cet espace et cette enceinte autour de l'autel étoient éclairés d'un nombre infini de flambeaux, chaque évêque et monsignor, lorsqu'ils ont été placés, en tenant un. Les cardinaux sont venus en habits pontificaux, leur mitre blanche en tête, les évêques de même, avec cette différence que celle des cardinaux est de moire blanche et celle des évêques de toile. Après que le pape a été placé en son trône, revêtu d'une chape blanche brodée d'or, sa mitre de même, les cardinaux ayant aussi pris leur place, on est venu faire les suppliques au pape pour la canonisation des saints. Ces suppliques se font par l'ambassadeur du prince ou roi et un cardinal du pays dont le saint est natif. Le cardinal Porto-Carrero[1] seul a fait la supplique pour le roi d'Espagne, l'ambassadeur de ce royaume n'assistant jamais aux cérémonies; le cardinal Ottoboni[2] avec

---

1. Louis-Emmanuel Ferdinandez Porto-Carrero, doyen de l'église de Tolède, cardinal en 1669, primat d'Espagne en 1677. Vice-roi de Sicile, ambassadeur à Rome, deux fois gouverneur d'Espagne. Mort à Madrid le 14 septembre 1709, à l'âge de soixante et quatorze ans.

2. Pierre Ottoboni, né en 1610. Cardinal en 1652, il fut élu pape le 6 octobre 1689, et prit le nom d'*Alexandre VIII*. Mort le 1er février 1691.

l'ambassadeur de Venise sont venus faire les suppliques pour les Vénitiens. Le cardinal patron vient prendre à leur siége ceux qui doivent faire les suppliques, et les conduit jusqu'au trône du pape : ils y viennent trois fois. Les deux premières suppliques s'appellent simples, à chacune desquelles il y a une petite harangue de la part des supplians, après laquelle le pape va faire une prière et répondre à la harangue. A la dernière des trois qu'on appelle *suppliquissime*, après que le pape a fait une troisième prière, il accorde la canonisation, fait répondre encore par un monsignor, et, cela fait, on chante les litanies des saints, dans lesquelles on met ceux qui viennent d'être canonisés. Lorsque ces litanies ont été chantées, on est venu présenter au pape les présens des saints, qui sont : un très-gros cierge peint, deux grands pains, dont il y a un doré et l'autre argenté, et deux cages, l'une dorée et l'autre argentée, dans lesquelles il y a des colombes blanches. Les présens sont conduits par les cardinaux et portés par des religieux de l'ordre du saint qui vient d'être canonisé. Cette cérémonie ayant été achevée, le pape s'est levé de son trône et est venu sur la droite de l'autel sur une chaire qui lui avoit été préparée; en cet endroit, on l'a habillé des habits sacerdotaux pour dire la messe, après quoi étant venu à l'autel, assisté du cardinal Azolini[1], qui lui servoit de diacre,

1. Decio Azolini, né en 1623. Cardinal en 1654. La reine de

et l'abbé de Bourlemont[1] de sous-diacre, il a commencé la messe et s'en est retourné asseoir sur son trône. Cependant la grande première messe s'est continuée en musique, le cardinal Azolini célébrant, et lorsque la consécration a été faite, le cardinal et l'abbé de Bourlemont se levant avec tout le reste des ecclésiastiques qui environnoient l'autel, ils ont été porter la communion au pape, qui a pris l'hostie à l'ordinaire, mais qui suce le sang du calice avec une canule d'or. Après la communion du pape, le cardinal Azolini est revenu finir la messe au grand autel, et la cérémonie s'est terminée.

Du lundi 13 avril. — J'ai été aujourd'hui au Panthéon, qui étoit autrefois le temple de tous les dieux et qu'on appelle aujourd'hui l'église de la Rotonde ; c'est un des morceaux les plus entiers qui nous restent de l'antiquité, et, bien que j'eusse déjà vu cette église en passant, j'y suis retourné pour la voir avec plus d'exactitude. C'est un bâtiment assez grand qui ne prend jour que par un large trou qui est au haut.

Suède, dont il dirigea les affaires, l'institua son héritier universel ; il mourut peu de temps après elle, le 8 juin 1689.

1. Louis d'Anglure de Bourlemont, plénipotentiaire en 1664, au traité de Pise, par lequel le roi obtint réparation de l'insulte faite par la garde corse au duc de Créqui. Successivement évêque de Tournai (1668), de Lavaur (1669), de Fréjus (1679), de Carcassonne (1680) ; puis archevêque de Bordeaux au mois de septembre de la même année. Chargé à diverses reprises des affaires de France à Rome, en l'absence des ambassadeurs, et même ambassadeur extraordinaire en cette ville pendant quelques années (1666-1670).

de la voûte, qui ne s'est démentie depuis un si grand nombre d'années en aucun endroit ; la hauteur de cette voûte est égale à son diamètre [1]; elle se soutient par son propre poids, ses côtés ne reposant pas sur le vif des colonnes qui sont autour du bâtiment. J'ai remarqué encore plusieurs choses extraordinaires, entre autres que l'arc qui est sur la porte est plus que de demi-cercle, que les bases des colonnes et des pilastres ont une plinthe trop petite d'un tiers plus qu'il ne faut ; qu'il y a des pilastres qui ont neuf cannelures ; qu'il y a huit frontons ronds, les seuls de cette forme qui se voient dans l'antique ; qu'au portique les colonnes latérales sont plus grosses que les médianes ; que les modillons de la corniche en dehors ne tombent point sur les roses des chapiteaux. Ce temple a été autrefois fondé par Marcus Agrippa [2] en l'honneur de Vénus et de Mars, ensuite de quoi on le dédia à tous les dieux ; quelques-uns des grands architectes ou peintres qui sont morts à Rome ont voulu y être enterrés, comme Raphaël, Annibal Carrache et plusieurs autres. Les portes de cette église sont les anciennes portes de bronze qui y étoient. Autrefois, il y avoit en haut des poutres de même matière, qui étoient excessivement grandes ; le pape Urbain VIII les fit ôter

---

1. Le diamètre de cette voûte est de vingt-six pieds.
2. Gendre d'Auguste. Il éleva ce temple vingt-six ans avant l'ère vulgaire.

pour faire le baldaquin qui est à Saint-Pierre et quelques canons qui sont dans le château Saint-Ange. Les Romains ne manquèrent pas de trouver cela étrange et de faire dire à Pasquin que ce que les barbares n'avoient osé entreprendre, les Barbarins l'avoient fait.

Du Panthéon, j'ai été voir la colonne Antonine et la colonne Trajane. La Trajane est au pied de la petite montagne qui mène à Monte-Cavallo; elle est enfoncée en terre de huit pieds qu'on a creusés tout autour pour laisser voir la base et tout le bas de cette colonne. Il y a dans son piédestal une porte qui conduit à un degré à vis par lequel on monte jusqu'en haut. Après la mort de Trajan, on y mit ses cendres dans une urne d'or. Le degré a 185 marches. Le dehors de la colonne est environné de bas-reliefs qui sont en ligne spirale jusqu'au sommet, et qui représentent la vie de Trajan, ses conquêtes et ses exploits, entre autres les guerres d'Arménie et ce qu'il fit contre les Parthes[1]. La colonne d'Antonin est au milieu du Champ-de-Mars d'autrefois, maintenant appelé *Piazza Colonna*. Sa hauteur est de 86 pieds; elle a 104 degrés et 56 petites fenêtres : ses bas-reliefs du dehors sont presque tous consumés par le feu et ont été réparés par Sixte-Quint, qui dédia cette colonne à saint Paul, comme la Trajane à saint Pierre, ayant fait mettre la statue de bronze de chacun de ces saints sur le haut de chacune de ces colonnes.

Du mardi 14 avril. — J'ai été aujourd'hui revoir

---

[1]. Voir sur la colonne Trajane, un remarquable travail de M. Fröhner; 1 vol. in-8°.

ce que je n'avois pas vu du Capitole. C'est une butte de terre assez haute, sur laquelle on monte par un grand nombre de degrés : on voit d'abord deux grands piédestaux de marbre, sur lesquels sont deux trophées d'armes érigés autrefois en l'honneur de Marius après la défaite des Cimbres; au-dessus et derrière ces trophées sont deux statues de marbre d'hommes dont chacun tient un cheval échappé; ces statues et ces chevaux n'ont rien de remarquable que leur grandeur. Après les avoir passés et monté tous les degrés, on entre dans un terrain carré assez grand : il est bâti de trois côtés. La première face du bâtiment qu'on voit vis-à-vis des degrés par lesquels on est monté est le palais où l'on rend la justice; il est assez bien bâti et l'on y monte par un escalier à deux rampes, qui sont au dehors du bâtiment; au-dessous et au milieu de ces deux rampes qui sont ornées d'une balustrade de marbre blanc, dans l'enfoncement d'une grande niche, est une très-belle fontaine où est la statue de la ville de Rome et les autres du Nil et du Tibre, dont je viens de parler[1]. Les deux côtés de ce bâtiment sont accompagnés de deux grandes ailes qui sont aussi longues que l'est la place et le terrain, bien qu'il se trouve au haut du Capitole; l'aile qui est à la gauche du lieu où l'on rend la justice est le palais des conservateurs de Rome : on y voit dedans

---

1. Voir page 137.

plusieurs statues anciennes; une tête colossale de marbre de l'empereur Commode; le tombeau d'Alexandre Sévère et de sa mère Mamméa; la mesure antique dite *congius*[1]; plusieurs figures bas-relief de Marc Aurèle triomphant des Daces; les statues de Marius, de Jules César, d'Auguste; un grand Hercule de bronze doré; un autre Hercule enfant fait de pierre de touche; l'ancienne louve d'airain allaitant Rémus et Romulus, qui étoit à la place des Comtes; une tête de bronze de Brutus, premier consul; une petite figure d'airain d'un berger qui se tire une épine du pied; j'ai vu aussi contre une muraille les restes d'une grande table de marbre où sont gravés tous les noms des consuls, dictateurs et censeurs romains jusqu'au temps d'Auguste. Dans le palais où l'on rend la justice je n'ai rien vu de remarquable que les statues de quelques papes et quelques bustes anciens, entre autres ceux de Cicéron, de Socrate, d'Homère et de plusieurs personnes illustres. Quant à l'autre aile du bâtiment qui est à droite du palais où l'on rend la justice et vis-à-vis de celle où est le palais des Conservateurs, je n'y ai rien vu qui mérite une remarque. On y montre une figure toute rompue, qui est la statue de Marforio ou Mariforio[2]. De ce même côté du Capitole est une église[3] bâtie sur une

---

[1]. Mesure pour les liquides, contenant six setiers.

[2]. C'était, d'après les Romains, le compère de Pasquin.

[3]. C'est celle d'*Arca cœli*.

hauteur considérable qui fait partie du Capitole et à laquelle on monte par 108 degrés. C'étoit autrefois le temple de Jupiter Feretrius. Pour la place qui est au-dessous du Capitole, au milieu de laquelle est le Marc-Aurèle, c'étoit autrefois le lieu de l'ancien asile ouvert par Romulus.

VOYAGE DE ROME A NAPLES.

Je suis parti de Rome ce mercredi 15 avril 1671, pour m'en aller à Naples. J'ai passé par le quartier de Saint-Jean et par la porte du même nom qu'on appeloit *porta Capena*[1]. En passant, j'ai vu quantité de ruines anciennes et j'ai remarqué à gauche, sur mon chemin, tout ce qui paroît du *Circus maximus*[2], et encore, avant de sortir de la ville, j'ai vu quelques restes du bâtiment de la bibliothèque d'Auguste qui paroissent sur le haut du mont Palatin. J'ai encore remarqué du même côté le lieu qu'on appeloit autrefois *Lucus Aricinus* : c'est le lieu où les Juifs furent relégués du temps de Domitien. Sur ma droite, j'ai vu ce qui s'appelle présentement *Capo di Bove*[3],

---

1. Aujourd'hui *porta San-Sebastiano*.

2. Ce cirque, placé entre les monts Aventin et Palatin, avait deux mille quatre cents pieds de longueur sur quatre cent cinquante de largeur. Il pouvait contenir, sous Constantin, près de quatre cent mille spectateurs.

3. Ce mausolée gigantesque, élevé à la femme du riche triumvir Crassus, est orné de bucranes (têtes de bœuf) en marbre.

qui est un gros mausolée fait autrefois pour la sépulture de Cecilia Metella; un peu plus bas, j'ai remarqué les restes du cirque de Caracalla, ceux des *Thermæ Antoninianæ*, et ceux des *Castra prætoriana*, dans le milieu desquels sont les masures d'un temple de Mars qui étoit extrêmement grand. J'ai vu ensuite la fontaine Égérie, où l'on dit que Numa Pompilius venoit autrefois voir cette nymphe; j'ai encore vu le long de la *via Latina*, qui est celle qui mène à Castel Gandolfo, quantité de sépultures anciennes à droite et à gauche, parmi lesquelles la plus remarquable est celle des Horaces. Après avoir fait 6 milles ou environ sur la voie Latine, je me suis arrêté au haras du connétable Colonne, que j'ai vu en passant. De là, je suis venu à Castel Gandolfo, qui est une maison de plaisance des papes; elle est située sur le haut d'une petite montagne, et n'a à la vérité rien de digne d'être remarqué qu'une terrasse d'où l'on découvre une assez belle vue, et au bas de laquelle est un fort grand lac qui est environné du sommet de cette même montagne. Ce lac n'a aucune issue ni aucune entrée pour ses eaux, ce qui fait juger, comme M. Blondel nous l'assura, que c'étoit autrefois un volcan duquel la matière ayant été consommée, il est venu de l'eau par les canaux du soufre qui y avoit brûlé si longtemps. De Castel Gandolfo, je suis venu coucher à Némi; Némi est une terre de M. le cardinal Antoine, où je n'ai vu rien qui mérite d'être remarqué ni de vous être écrit.

Du jeudi 16 *avril*. — Je suis parti de Némi et j'ai été à Velletri prendre mes chevaux et y joindre mon équipage. De Velletri, j'ai été dîner à Sermoneta, d'où j'ai été coucher à Piperno.

Nous avons été obligés pendant tout ce jour-ci de marcher ensemble, à cause du danger qu'il y a des bandits qui vont tantôt du royaume de Naples dans l'État ecclésiastique, et de cet État dans le royaume de Naples, cherchant ainsi à se mettre à couvert de la poursuite qu'on leur fait dans l'un et l'autre pays en se sauvant promptement de l'un dans l'autre. On assure que les Espagnols, de leur côté, ne se soucient pas trop de les détruire, soit qu'ils ne soient pas fâchés de tenir les gens du pays dans quelque espèce de crainte, ou qu'ils veuillent se servir de ces sortes de gens-là pour en renforcer quelquefois leurs troupes, ayant accoutumé de leur donner grâce pourvu qu'ils viennent servir volontairement le roi catholique quelques années et qu'ils finissent leurs crimes en en commettant un autre, qui est d'apporter la tête d'un de leurs camarades. Il y en a présentement dans ces quartiers-ci environ quarante d'une bande, qui ont pour chef un nommé Cepola. Comme je n'avois rien à vous dire de particulier de cette journée-ci, j'ai cru qu'il valoit mieux vous conter cette bagatelle que de vous dire toute autre chose, si ce n'est que de Némi je suis venu coucher ici, d'où je dois aller dîner demain à Terracine.

Du vendredi 17 *avril*. — Je suis venu ce matin de

Piperno dîner à Terracine, où est la montagne appelée autrefois *Anxur*. On trouve en chemin des marais que les anciens appeloient *Paludes Pontinæ*, qui furent desséchés par les Romains, en telle sorte qu'ils y firent passer la *via Appia;* ces marais sont à présent remis en leur premier état; les auteurs anciens en parlent en plusieurs endroits comme de lieux dangereux pour les voleurs : *et Pomptina palus, et Gallinaria pinus*. Au pied d'une montagne qu'on côtoie au bord de ces marais, est cette belle fontaine, célébrée autrefois par Horace, nommée *Feronia*.

Ora manusque tua lavimus, Feronia, lympha[1].

Après avoir passé cette fontaine et un marais, on arrive à Terracine, qui est une petite ville des terres du pape bâtie sur une colline. J'y ai été voir les restes du grand temple de Jupiter où l'on voit encore sept ou huit colonnes qui le composent; elles sont d'ordre corinthien, cannelées et d'une hauteur très-considérable. Il a été bâti par Caius Posthumius (*Caii filius*), ce qui se voit par une inscription qui est encore assez entière, dans laquelle le nom de l'architecte, qui s'appeloit Pollio, n'est point oublié. On voit au-dessous de ce temple les voûtes qui soutenoient le devant et qui servoient à le rendre de niveau au reste de la colline. Ces voûtes sont par le

---

1. *Satires*, I, v, vers 24.

dedans garnies de petites pierres mises en losange, ce qu'on appeloit autrefois *opus tessellatum*. Ce qui reste des murailles de ce temple sert à présent à faire une partie des deux côtés de la principale église de Terracine. J'ai remarqué encore en sortant de Terracine une grande roche que les Romains ont coupée de la longueur de 100 pas, sur 20 pieds de large et 125 pieds de hauteur, ce qu'ils ont fait pour faire passer la *via Appia* à travers. Cet ouvrage a été tout fait dans un rocher très-dur, sur le haut duquel les papes ont fait bâtir une forteresse qui est comme suspendue en l'air et dans laquelle on ne peut monter que par un petit sentier qui va en tournant et qui est taillé dans le même roc.

A 4 milles de Terracine, on trouve la division des terres ecclésiastiques d'avec celles du royaume de Naples. Elle est marquée du côté de l'État du pape par une grande tour et une porte auprès, et du côté du royaume de Naples par une assez grande masse de pierre carrée avec des pilastres aux côtés qui enferment une inscription fort simple, qui ne dit autre chose que le règne sous lequel ce petit corps de bâtiment a été fait, au haut duquel sont les armes d'Espagne. De là, j'ai marché le long de la *via Appia* dans le royaume de Naples jusqu'à Fondi, où je suis venu coucher.

Du samedi 18 avril. — Je suis venu aujourd'hui dîner à Mola, sur le bord de la mer, et cette après-dînée j'ai été par mer à Gaëte, qui est une des places les plus considérables qu'aient les Espagnols dans le royaume de Naples. Elle est située sur une langue de roc qui s'avance dans la mer ; l'avenue du côté de terre n'a guère que 30 toises de largeur; et ainsi elle est naturellement fortifiée du côté de la mer; et du côté de la terre il y a deux demi-bastions et un bastion entier qui la défendent; ils sont environnés d'une fausse-braie à redans qui n'est point achevée, non plus que la contrescarpe. Dans le corps de cette place, il y a deux montagnes dont la moins élevée est celle qui est la plus escarpée, et il y a à son sommet une citadelle, qui, du côté de la mer, est tout à fait inaccessible; elle n'est fortifiée du côté de la ville que de tours rondes et de petits ravelins taillés dans le roc. On fait voir en entrant dans cette citadelle, à côté de la porte sur la main droite, le squelette du connétable de Bourbon[1], qui fut tué au siége de Rome en commandant les armées de l'empereur Charles-Quint. Dans la même ville de Gaëte il y a, comme j'ai dit, une autre montagne qui est encore plus élevée que celle sur laquelle est bâtie la citadelle et qui commande en quelque façon à celle-ci; elle est déserte, fort rude à monter, et n'a au sommet qu'une grosse tour antique, qui étoit autrefois la sépulture de Munatius Plancus, homme consulaire. Cette famille des Plancus étoit une des grandes fa-

---

1. Charles III, duc de Bourbon, né en 1489, tué au siége de Rome, le 6 mai 1527.

milles de Rome. Les Espagnols se servent à présent de cette tour pour mettre leurs munitions de guerre ; elle n'est gardée que par un sergent et quelques soldats.

J'ai encore vu dans Gaëte une église assez belle dans laquelle il y a un vase ancien qui sert de fonts pour baptiser. Ce vase a des bas-reliefs admirables ; autour, il y a neuf figures qui représentent la naissance de Bacchus ; la première représente un jeune homme tenant deux flûtes à sa bouche et que les Romains appeloient *tibiis imparibus a dextris et a sinistris*, et les autres figures sont des bacchantes, dont l'une tient cet instrument de cuivre que les anciens appeloient *cistrum*, qui étoit comme un tambour de basque; ils en avoient un à chaque main et frappoient l'un contre l'autre; toutes les autres figures de ce vase sont représentées avec des thyrses, qui étoient des demi-piques ou des javelots entourés de feuilles de lierre. Dans cette même église, il y a sous le grand autel une très-belle et très-magnifique chapelle; elle est bâtie en l'honneur de saint Érasme; elle est toute incrustée de plusieurs marbres de rapport, et en plusieurs endroits elle est enrichie de lapis, de nacre, de jaspe et de toute autre sorte de pierres de cette nature. La voûte est peinte à fresque par Hyacinthe Brandi; les peintures représentent l'histoire du saint auquel cette église est dédiée.

De Gaëte, je suis venu coucher à Santa-Agata, d'où je vous écris. J'ai trouvé sur mon chemin, à 8 milles d'une petite rivière qu'on appelle à présent *Garigliano*, et qu'on appeloit autrefois *Liris* :

> ....quæ Liris quieta
> Mordet aqua taciturnus amnis [1],

si funeste aux François, y ayant été malheureusement défaits dans tous les temps, du temps de l'empereur Justinien par Narsès [2], et du temps de Louis XII [3] par Fernand Gonzalve, appelé *le grand capitan* dans l'histoire; j'ai vu, dis-je, sur les bords de cette rivière quelques vestiges d'une ville qui étoit autrefois appelée *Minturnes*. Elle étoit bâtie sur les bords de ce marécage dans lequel Caius Marius se cacha durant la proscription de Sylla; il en est parlé dans la dixième satire de Juvénal où il représente Marius se dérobant à ceux qui le poursuivoient (*Minturnarumque paludes*). Dans les ruines de cette ville ancienne, paroît encore tout l'ovale d'un amphithéâtre qui est presque tout ruiné; il étoit bâti de briques et tout revêtu de marbre. J'ai vu à quelques cents pas de là un théâtre assez entier; du moins y remarque-t-on parfaitement bien la rampe de tous les siéges; et, de l'autre côté, on voit aussi l'endroit où devoit être la scène. De là, je suis venu coucher à Santa-

---

1. *Odes*, I, xxxi, vers 7.
2. Ce ne sont pas les Français, mais les Teutons, que Narsès défit près du Garigliano, en 550.
3. En 1503.

Agata, auprès de laquelle sont ces célèbres côteaux où étoit autrefois le vignoble de Falerne; il y a à présent une ville qu'on appelle *Sessa*, appelée autrefois *Sinuessa*.

Du dimanche 19 *avril*. — J'ai été ce matin à Capoue-la-Neuve, située sur le fleuve Vulturne, qu'on appelle maintenant *Valtorne*. La ville est petite, mais très-bien fortifiée; défendue d'un côté par la rivière et de l'autre par des bastions réguliers qui sont environnés d'un fossé assez profond; on voit dans la place de cette ville quelques inscriptions anciennes qu'on y a apportées des ruines de l'ancienne Capoue; il y a aussi quelques bas-reliefs assez curieux; entre autres il y en a un qui représente la figure d'un édile assis dans son siége curule, qui fait peser du pain en sa présence avec une romaine. Il y a encore, dans un autre bas-relief qu'on a attaché à une muraille, trois ou quatre personnes avec une grue dont on se sert aujourd'hui pour les bâtimens, qui est représentée lever une colonne entière, pour faire voir de quelle manière on avoit bâti l'amphithéâtre de la vieille Capoue, et de quelles machines on se servoit anciennement pour enlever les pierres, ledit bas-relief ayant été tiré des ruines de ce même amphithéâtre, et ayant été mis au lieu où on le voit aujourd'hui pour faire voir que les anciens se servoient de cette même machine, qui est pourtant assez différente des nôtres. Aussi l'ai-je fait dessiner par M. Mignard pour vous faire voir la figure.

J'ai vu encore dans la même place de Capoue-la-Neuve, à la muraille d'un grand bâtiment qui sert de prison, plusieurs grands bustes colosses de différentes divinités. Ces bustes servoient de clefs aux arcs de l'amphithéâtre de Capoue l'ancienne, de laquelle j'ai été voir immédiatement après dîner les ruines. Elle étoit située à deux milles du lieu où est présentement la nouvelle, au pied d'une petite montagne assez éloignée des bords de la petite rivière du Vulturne. La première chose que j'aie rencontrée auprès de l'endroit où devoient être les murailles de cette ville a été un arc de triomphe formé de deux portes égales : le corps du bâtiment est de briques; il y a des niches entre les arcs, qui devoient apparemment être garnies de statues, et l'on y voit aussi la place où devoient être les colonnes, quoiqu'il n'y reste rien, tout le marbre et tout ce qu'il y avoit d'incrustations ayant été enlevé. Cependant, encore bien que ce bâtiment soit défiguré, il ne laisse pas encore d'avoir quelque majesté qui lui est donnée par la proportion avec laquelle il est bâti. Après avoir passé sous cet arc de triomphe, j'ai vu à quelques cents pas de là quantité de ruines qui paroissoient à peine, après lesquelles j'ai trouvé la figure entière d'un amphithéâtre tout de briques, revêtu dans les galeries en dedans de stuc qui s'est fort bien conservé en plusieurs endroits; la ceinture du dehors de cet amphithéâtre étoit toute de marbre, et j'ai remarqué à la principale entrée un portail tout entier d'ordre dorique avec un buste de Diane, qui sert de clef à la voûte de l'arc qui forme ledit portail, ce qui fait voir qu'à tous les autres arcs de cet amphithéâtre il y avoit pour clefs des bustes des différentes divinités. J'ai remarqué une chose particulière aux colonnes de cet amphithéâtre, c'est que dans leurs chapiteaux, au lieu de trois filets et d'une aube qui se met ordinairement dessus le gorgerin, il n'y a qu'un anneau et une gueule renversée au-dessus, qui se joint par un filet à l'abaque. A mille pas de là, j'ai encore vu un temple de Mars qui paroît à peine, étant enterré jusqu'au dôme, dont on ne voit que le sommet, qui ne laisse pas que de faire juger de la grandeur du temple. Je trouvai ensuite, assez loin de ce temple, trois grandes galeries qui sont enterrées, disposées en carré, de cinq toises de large sur cent de long chacune; les voûtes et les murs en sont très-entiers, enduits en dedans de stuc et de quelques ornemens de peinture à compartimens. On ne sait à quoi ces lieux pouvoient servir autrefois, si ce n'est qu'on s'imagine que c'étoient là les greniers publics; on y entre et on en sort assez commodément à cheval.

SÉJOUR A NAPLES.

Du lundi 20 avril. — N'étant arrivé qu'hier au soir à Naples, j'ai été voir ce matin en cette ville l'église des Jésuites qu'on appelle *le Gesu;* elle est très-belle, bâtie en croix et presque du même dessin que Michel-Ange avoit fait pour Saint-Pierre de Rome; la voûte du dôme et les peintures des quatre coins sont de la main de Lanfranc; les pilastres qui sont à l'entour de l'église sont d'ordre corinthien, incrustés de marbre blanc; l'entre-deux de ces pilastres est de marbre de différentes couleurs, avec des ornemens de plusieurs marbres de rapport. Tout le reste de l'église, pour la voûte et pour les dômes des chapelles, est peint à fresque, mais d'une peinture ordinaire. De l'église, on entre dans la sacristie, qui est magnifique; la voûte est à compartimens de stuc, le tout fort doré; dans les places qui sont aux côtés des armoires où l'on tient les ornemens, l'on voit une très-belle menuiserie dont les colonnes ont toutes des chapiteaux de cuivre doré. Au fond de ladite sacristie est un beau tableau d'une Vierge avec le petit Jésus, et un saint Jean du Carrache.

L'après-dînée de cette même journée, j'ai été voir le vice-roi et j'ai fort remarqué le grand escalier par lequel on monte à son palais. Il est situé en entrant à gauche dans une grande tour carrée entourée, au premier et au second étage, de loges soutenues par de gros pilastres carrés. Cet escalier a quelque chose de fort grand et magnifique; la cage a de largeur deux fois sa longueur, qui est d'environ 14 toises. On trouve d'abord au milieu et en face, lorsqu'on y monte, une grande rampe de figure ronde qui conduit à un palier assez grand, au côté duquel sont deux larges piédestaux qui portent deux grandes figures couchées; on trouve à droite et à gauche de ce palier et de ces figures deux autres grandes rampes qui conduisent encore à deux autres paliers desquels on monte à droite et à gauche aux loges supérieures. Le reste du palais n'a rien de remarquable que sa grandeur; le dehors en est assez magnifique; mais comme je n'ai vu que fort peu du dedans, et que je sais qu'il ne mérite pas la curiosité, je ne vous en dirai pas davantage. Il y a seulement une chose à remarquer, qui est qu'il est joint par une galerie à l'arsenal et à la darse des galères. Le vice-roi me reçut dans sa chambre, debout contre sa table, sans s'avancer vers moi quand je lui fis la révérence; il me fit asseoir et couvrir, me témoigna un grandissime respect pour la reine quand je lui rendis sa lettre, sur laquelle il m'a donné la réponse que je vous envoie. Lorsque j'ai pris congé de lui, il m'a fait présent de deux chevaux de Naples que j'ai amenés ici et que je ferai conduire en France.

Après avoir été chez le vice-roi, je fus voir la darse, où l'on tient l'escadre des galères de Naples. C'est un carré irrégulier taillé dans la pierre qu'on a trouvée en travaillant à cet ouvrage; et ainsi il n'a pas tout à fait réussi, n'y ayant pas assez de fond, et, de cette sorte, les galères n'y demeurent qu'avec peine. A l'un des côtés est l'arsenal dans lequel on les bâtit, qui est un fort beau bâtiment; il est carré long, et composé de quinze galeries soutenues de quinze arcades d'un côté et douze de l'autre. Ces arcades ont environ 30 à 32 pieds de large, sans compter les pilastres; il n'y a point de séparation en dedans, qu'un mur qui prend à la dixième arcade et qui fait une enceinte de cinq rangs d'arcades dans lesquelles on travaille le bois, les rames et toutes les pièces qui sont nécessaires pour les galères. Ensuite je suis sorti de la darse pour m'aller promener sur le môle, qui est beaucoup plus large que celui de Gênes, un carrosse y pouvant tourner au bout; il fait un coude dans la mer pour garantir le port de la ville, qui est bâtie en croissant du côté de la mer. Ce port n'est nullement bon; au moins n'y ai-je vu que quelque petit vaisseau et quelque barque. Au bout du môle, il y a un fanal qui est peu de chose. Dans cette promenade du môle, j'ai vu le mont Vésuve, qui est à huit milles de là, et l'île de Caprée, qui est aussi assez proche, fameuse par la retraite de l'empereur Tibère.

Du mardi 21 avril. — Ce matin, 21 avril, pour continuer à voir ce qu'il y a de curieux dans Naples, j'ai été à Sainte-Claire, qui est un couvent de religieuses rempli de personnes de qualité. J'y ai vu, à côté et sur la gauche du grand autel, deux sépultures de marbre blanc de deux rois de Naples de la maison d'Anjou, savoir : Charles Ier, frère de saint Louis, et Charles II de la même maison. De l'autre côté, et sur la droite du grand autel, j'ai vu aussi deux sépultures de même marbre, qui sont celles de deux impératrices de Constantinople, toutes deux filles de ces deux rois qui sont enterrés de l'autre côté de l'autel.

De l'église de Sainte-Claire, j'ai été voir celle de Saint-Gaëtan, qui est un de ces saints qu'on a canonisés à Rome pendant que j'y étois. Le porche de cette église est antique; il y a six colonnes fort entières avec leurs chapiteaux, leur corniche et leur fronton, le tout d'ordre corinthien; les colonnes sont cannelées et sans diminution par le bas; il y a sur toute la corniche des denticules et des modillons qui répondent parfaitement à ceux du fronton; pas un de ceux de la corniche ne répond sur la rose d'aucun chapiteau qui sont tous de feuilles d'olive, et dont les volutes sous les roses ne sont que deux rinceaux. Dans le fronton est un bas-relief de plusieurs figures. Le dedans de l'église est moderne, fort grand et fort riche en toute sorte de peintures et dorures; elle est bâtie en croix, sa nef est assez longue; tout le haut est peint à fresque de la main de deux peintres appelés Belisario [1] et Massimo [2].

De cette église, j'ai été aux Dominicains : leur grand autel est très-beau, composé de plusieurs sortes de marbres de différentes couleurs; le chœur des religieux est fort grand, pavé et incrusté du

---

1. Belisario Corenzio, né en 1538, mort en 1641.
2. Le chevalier Massimo Stanzioni, né en 1585, mort en 1656.

même marbre. Le plafond de l'église est de menuiserie dorée, et ainsi elle n'est considérable que par la quantité de tombeaux anciens qui y sont, et par une chapelle particulière et très-magnifique, dans laquelle on montre le crucifix qu'on dit avoir parlé à saint Thomas. Dans la sacristie de cette même église, je vis trois bières de trois rois de Naples, dont les corps sont enfermés dans des coffres de velours noir attachés avec des clous dorés; leurs sceptres et leurs couronnes sont attachés aussi aux mêmes coffres. Ces rois sont Alphonse Ier, Ferdinand Ier et Ferdinand II. Je vis aussi dans la même sacristie le cercueil de plusieurs princes et princesses de la même maison, et entre autres, celui de Jeanne, reine de Naples, qui adopta cet Alphonse, roi d'Aragon, par lequel le royaume de Naples est venu à la maison d'Autriche.

De cette église des Dominicains, j'ai été dans le Dôme, principale église de Naples [1], dans laquelle je n'ai rien vu de considérable qu'un grand vase antique de parangon, autour duquel sont des têtes en bas-relief qui sont assez belles, et une chapelle de *San-Gennaro*, dont le dôme est tout peint à fresque, de la main du Dominiquin.

De cette église, j'ai été à *Santi-Apostoli*, qui est une seconde église que les Théatins ont à Naples; toute la voûte et le dôme sont peints à fresque de la

---

1. Aujourd'hui Saint-Janvier.

main de Lanfranc ; le sujet de cette peinture est les douze apôtres dans leurs trois états, savoir : en Voyageurs, en Martyrs et en Gloire. Le fond de l'église, jusque sur la porte, est aussi peint à fresque de la même main de Lanfranc ; le sujet de cette peinture est la Piscine, avec l'ange qui va troubler l'eau[1]. Il y a encore une chapelle, du côté de l'autel, qui est très-belle : elle est de marbre blanc, du dessin du cavalier Borromini ; le tableau qui est dessus, aussi bien que quatre figures qui sont aux deux côtés, sont de mosaïque, du dessin du Guide. On m'a fait voir aussi le tabernacle sur le grand autel de cette église, qui est un ouvrage très-considérable et très-riche, car, outre qu'il est extrêmement bien fait et fort grand, il est composé de toutes sortes de jaspes, de lapis et de pierres précieuses de différentes couleurs. Je suis passé ensuite à la sacristie de la même église, où il y a une très-grande quantité d'argenterie. Ce qui m'a pourtant le plus surpris a été de voir une tenture de tapisseries à fond d'or broché avec toutes sortes de fleurs au naturel en broderie fort relevée de soie, qui servent à parer toute l'église les jours de grande fête. Cet ouvrage, avec le reste des ornemens, qui sont magnifiques, m'a paru d'un prix inestimable.

De cette église, j'ai été à la Viguerie, qui est le

---

1. D'après l'*Itinéraire* du Pays, cette Piscine serait de Giordano.

lieu où l'on rend la justice, où je n'ai rien vu de particulier qui mérite d'être rapporté. J'ai été encore dans la même matinée à l'Annonciade, qui est une assez belle église fort enrichie de marbres. Ce que j'y ai remarqué de plus particulier, c'est le tabernacle et deux anges qui sont à côté de l'autel, tout d'argent massif. Il y a dans le chœur un tableau de Claude Lorrain [1]. De là, j'ai été encore dans l'hôtel d'un cavalier particulier de Naples, dans lequel j'ai vu une tête d'un cheval de bronze antique et très-belle, et quantité d'autres figures et bas-reliefs de même.

Cette après-dînée du même jour, 21 avril, j'ai été voir l'église de *Santa-Maria la Nuova*, où sont les Observantins. Elle m'a paru fort grande et assez belle : dans une chapelle à gauche en entrant est le tombeau de Lautrec, qui a été un célèbre général d'armée de son temps, de la maison de Toulouse, et qui mourut dans le royaume de Naples, commandant une armée de François [2]. Le plafond de cette église est fait à compartimens de menuiserie dans lesquels il y a des tableaux à l'huile. Tout le bâtiment est du dessin de Nicolas Pisano, aussi bien que celui du Château-Neuf, qui est une forteresse tout contre le palais du vice roi et qui s'y joint par une galerie.

---

1. Claude Gelée, dit *le Lorrain*, né en 1600, mort en 1680.

2. Odet de Foix (et non de Toulouse, comme le dit Seignelay), seigneur de Lautrec, maréchal de France, gouverneur de Guienne. En 1528, François Ier l'avait nommé lieutenant général des armées d'Italie; il y mourut la même année.

C'est un château carré qui a, à chacun de ses coins, une grosse tour ronde, et au milieu du carré de la place, une tour de même qui sert de donjon. Dans ce château, il y a un magasin d'armes assez grand et assez bien tenu. Cependant, quoique cette forteresse fût assez bien défendue par un fossé très-profond qui l'environnoit, on n'a pas laissé de faire une enceinte et une nouvelle fortification sur le bord de ce premier fossé, aussi grande et aussi large que le premier. Tous les remparts de ces deux forteresses, qui sont l'une dans l'autre, sont garnis d'artillerie et sont gardés avec beaucoup de soin.

Du mercredi 22 avril. — Cejourd'hui, 22 du mois d'avril, je suis sorti de Naples pour aller à Pouzzoles et à Baïes; j'ai passé à quatre milles de Naples sous cette montagne percée dans le roc [1] où trois carrosses peuvent aller de front et qui a plus d'un mille, à ce qu'on dit de long. Cet ouvrage est si ancien qu'on ne sait par qui il a été entrepris, y ayant des historiens qui en parlent longtemps avant la fondation de Rome. Ce qu'il y a d'admirable dans cette longue route, c'est qu'on a percé encore la montagne en deux différens endroits pour donner du jour à ce long berceau, qui sans cela seroit trop obscur dans le milieu. A l'un des bouts, du côté de Naples, de cette voûte cavée dans le roc, on voit la sépulture de Virgile [2].

1. La grotte de Pausilippe.
2. Vieille erreur populaire. Voir l'*Histoire romaine à Rome*, par Ampère; *Revue des Deux-Mondes* du 1ᵉʳ novembre 1866.

A cinq ou six milles après avoir passé ce chemin souterrain, on trouve sur le bord d'un petit lac, qu'on nomme *Agnano* [1], une grotte qu'on appelle la Grotte du Chien. C'est une niche taillée en bas d'une montagne; elle se ferme ordinairement avec une porte de bois, a neuf pieds de longueur, qui sont creusés dans l'épaisseur de la montagne; elle n'a que quatre pieds de largeur et sept de hauteur. A un pied de terre de cette grotte, l'air est si méchant et si mortel que les animaux y étouffent en un moment, et les flambeaux les plus allumés s'y éteignent de même. Cependant à un travers de doigt de l'endroit où cette vapeur maligne monte, l'air n'a aucune mauvaise qualité, et dans cette même grotte un homme y demeure sans incommodité; lorsqu'on y a mis un chien ou un autre animal et qu'il est étouffé, pourvu que le cœur lui batte encore, il revient aussitôt qu'on lui jette de l'eau dans les oreilles ou sur la tête. Auprès de cette grotte, j'ai vu encore des étuves [2] très-chaudes qui servent, à ce qu'on dit, pour la guérison de plusieurs maladies. J'ai été de là à la Solfatare, qui est environ à deux milles de cet endroit : c'est une montagne assez couverte de verdure, au sommet de laquelle il y a un grand creux qui est entouré de rochers blancs et pelés. Cet enfoncement de montagne est fait en cratère ou

1. Le véritable nom est *Anguiano*.
2. Les *Pisciarelli*.

bassin, assez plat sur son milieu; on voit cependant en quelques endroits, surtout à un des coins, une fumée fort épaisse qui sent extrêmement le soufre. Sur la droite de la montagne, est un endroit beaucoup plus enflammé que les autres, d'où, par plusieurs soupiraux, sort avec impétuosité une très-grande quantité de fumée chaude et brûlante qui jette du soufre autour de plusieurs trous qui sont dans la roche. C'est en cet endroit que travaillent incessamment quantité d'hommes pour en tirer le soufre qu'ils purifient à cent pas de là.

De la Solfatare j'ai été à Pouzzoles, et en y allant j'ai vu quantité de masures anciennes sans nom. Ce que j'y ai remarqué de plus considérable a été le reste d'un amphithéâtre très-ruiné, où il ne paroît que le corps bâti de briques. J'ai vu aussi quelques restes de la maison de Cicéron, après quoi je suis arrivé à Pouzzoles, qui est à présent un village fort ruiné. Ce qu'il y a de plus remarquable en ce lieu, c'est le pont que fit faire l'empereur Caligula pour passer à Baïes à pied sec, qui ne fut pourtant jamais achevé avec de la pierre et de la brique, comme il avoit été commencé; on n'en fit qu'une grande partie de cette sorte, le reste ayant été continué avec des bateaux. On voit encore quatorze ou quinze des arches anciennes, dont pourtant la plupart des voûtes sont tombées.

De Pouzzoles je suis venu cette même après-dînée à Naples, n'ayant pu passer à Baïes, à cause du mauvais temps. Aussitôt que j'ai été de retour, j'ai été voir le logement qui a été fait pour les soldats et pour toute l'infanterie espagnole qui est à Naples; c'est un grand bâtiment carré, situé au bord de la mer, vis-à-vis du château *dell' Ovo*, avec quatre ailes doubles divisées en autant de chambres qu'il en faut pour loger quatre mille hommes. Chacune des chambres est faite pour dix-huit soldats. Don Pedro d'Aragon, qui est à présent vice-roi de Naples, l'a fait bâtir.

Du jeudi 23 avril. — J'ai été ce matin aux Chartreux. Ce couvent est situé dans la ville de Naples, sur une haute montagne dont le sommet est couronné par le château Saint-Elme ou Erme. J'ai vu en passant les filles de l'Observance, qui ont une église très-propre, avec un dôme qui, dans chacune des trois arcades qui le supportent, a trois autels; le chœur des religieuses paroît au-dessus de la corniche de l'arcade gauche, et, en entrant, on voit dans le plafond dudit chœur un compartiment de roses en menuiserie toutes dorées; il y a encore tout autour de la corniche de ladite église des jalousies très-propres qui sont faites afin que les religieuses puissent entendre la messe et le sermon commodément. De cette église, je suis monté aux Chartreux; ils sont presque au plus haut de la montagne, attachés pourtant au château Saint-Elme qui est au-dessus. Ce couvent est très-beau; toutes les arcades qui sont au dedans du cloître sont soutenues par des colonnes de marbre blanc isolées; l'église est fort belle, très-riche, en marbre de toute sorte de couleurs; tout l'ordre en est bizarre, et les chapiteaux des colonnes de même; la voûte est peinte à fresque, de Lanfranc. Le dessus du chœur est aussi peint à fresque, d'une peinture assez médiocre, entre laquelle on voit quelques tableaux du cavalier Joseph. Les tableaux du chœur et les chapelles sont partie de l'Espagnolet [1], du Massimo, du Sicilien [2], du Calabrois [3] et autres peintres inconnus, entre lesquels, au fond du chœur, est une Nativité ébauchée, du Guide. De l'église, j'ai été sur une galerie du même couvent, de laquelle on découvre toute la ville de Naples, qui est de cet endroit-là la plus belle chose du monde.

Presque toutes les maisons sont couvertes en terrasse; les rues sont droites et la plupart percées d'un bout à l'autre de la ville; on voit le port, le môle, une grande quantité de dômes d'églises et généralement tout ce qui la compose. Cette grande ville est divisée en quatre principaux quartiers dont le plus éloigné et le plus grand est ce qu'on appelle la Vieille-Ville, étendue tout le long de la Marine [4] jusqu'au Château-Neuf [5]. C'est dans cette étendue-là

1. Joseph de Ribera, né en Espagne en 1593, mort à Naples en 1656.
2. Luigi Rodriguez, de Messine, appelé à Naples *Luize Siciliano*. Mort empoisonné par Belisario Corenzio, en 1630.
3. Mattia Preti, né dans la Calabre en 1613, mort en 1699.
4. La *Marinella*.
5. Construit en 1283 par Charles Ier d'Anjou, frère de saint Louis.

qu'est compris le môle, le tourillon des Carmes, que les Espagnols ont fortifié depuis la révolte, la grande place du marché où commença la sédition de Masaniello, dont la maison se voit encore sur ladite place, la Viguerie, où sont les tribunaux et les prisons de la justice de Naples, et quantité d'autres bâtimens et de rues étroites et embarrassées. Le second quartier n'est pas de même : toutes ses rues sont larges et presque toutes tirées au cordeau, particulièrement celle de Tolède, qui traverse la ville. Dans ce second quartier est l'arsenal, le Château-Neuf et le palais qui se joignent l'un à l'autre par des galeries couvertes, et quantité de belles églises, comme sont les Jésuites, les Dominicains, les Théatins, *Santa-Maria la Nuova*, l'archevêché et plusieurs autres. Le troisième quartier de la ville, appelé *Villa-Nuova*, est celui où sont contenus le *castel dell' Ovo* sur la mer, *Pizzo-Falcone*, que les Espagnols ont aussi fortifié depuis la révolte et où ils ont bâti le logement des gens de guerre, au-dessus les Chartreux, que l'on appelle autrement Saint-Martin, et le château Saint-Elme, où je fus au sortir des Chartreux. Le quatrième et dernier quartier est celui que l'on appelle Pausilippe, qui s'étend à la mer depuis le bas de *Pizzo-Falcone* et du château *dell' Ovo* jusqu'à la montagne percée qu'on appelle la grotte Pouzzoles; dans ce quatrième quartier sont contenus plusieurs bâtimens considérables d'églises et de palais. Pour le château Saint-Elme, c'est un grand carré de cent toises de long et soixante de large, fortifié de tenailles et de saillans aux deux côtés, le tout taillé dans le roc vif, à la hauteur de plus de huit toises et de dix dans quelques endroits. Les trois côtés qui regardent la ville sont tout à fait inaccessibles, et celui seul par lequel il se joint à la montagne, dont il occupe le plus haut, est l'endroit le plus foible, puisqu'on y peut descendre et travailler dans le fossé, sans être vu d'aucun endroit de la place.

Du vendredi 24 avril. — Je suis parti ce 24 avril de Naples pour m'en aller à la montagne de la Somma ou autrement le mont Vésuve, qui fait la crainte continuelle des pays voisins de Naples, qui est éloignée de quatre milles du pied de cette montagne, dont la hauteur est aussi de quatre milles de rampe, que l'on fait pourtant à cheval jusqu'à la hauteur d'un demi-mille qu'il faut monter à pied, quoique avec beaucoup de difficulté, à cause de sa roideur et des cendres dont le sommet de cette montagne est couvert, qui en rendent l'accès tout à fait pénible. Parmi ces cendres, il se voit quantité de pierres brûlées qui n'ont presque point de pesanteur, qui ont été lancées du fond de la fournaise qui s'embrase à tout moment dans les entrailles de la montagne, sur le haut de laquelle on voit un grand bassin rond, creux (on appelle cela un cratère) à plomb de plus de 40 à 50 toises et de plus de 300 de diamètre, qui contient dans son milieu une autre petite montagne d'environ 100 toises de diamètre, percée au sommet de deux larges trous qui vomissent une fumée épaisse et soufrée, et font de temps en temps rejaillir des monceaux de pierres et de cendres avec un bruit quelquefois épouvantable; c'est ce qui arrive lorsque les veines de cette montagne se sont remplies de cette matière combustible et qu'elles viennent à se dégager ainsi qu'il est déjà arrivé plusieurs fois, comme du temps de Pline, de Bélisaire, sous l'empereur Justinien, et, en dernier lieu, en l'année 1632[1]; (alors, toute cette grande étendue du haut de la montagne parut enflammée jusqu'aux nues, regorgea par-dessus des flammes qui crevèrent le terrain en plusieurs endroits, consumèrent toute la campagne voisine, et même séchèrent jusqu'à 8 milles du bord, répandant d'un côté et d'autre des vapeurs subtiles et mortelles qui détruisirent tout et passèrent autrefois jusqu'à Pouzzoles, où Pline fût étouffé, comme le raconte le jeune Pline son neveu[2]); ce qui a donné lieu à cette inscription[3] que les Espagnols ont eu soin de faire graver sur le marbre, au pied de la montagne, en ces termes :

> Posteri, posteri,
> Vestra res agitur.

1. Seignelay confond avec l'éruption du 16 décembre 1631.
2. Livre VI, 20.
3. Nous rectifions plusieurs inexactitudes de Seignelay, d'après le texte publié dans le *Compendio istorico degl' incendi del monte Vesuvio*, de Ant. Bulifon. (Bibl. de l'Arsenal, Sc. A, nos 4184-211.)

Dies facem præfert diei; nudius perendino.
Advertite :
Vicies ab satu solis, ni fabulatur Historia,
Arsit Vesevus,
Immani semper clade hæsitantium :
Ne posthac incertos occupet, moneo.
Uterum gerit mons hic,
Bitumine, alumine, ferro, sulphure, auro, argento,
Nitro, aquarum fontibus gravem :
Serius, ocius ignescet, pelagoque influente pariet :
Sed ante parturit,
Concutitur, concutitque solum :
Fumigat, coruscat, flammigerat,
Quatit aerem,
Horrendum immugit, boat, tonat, arcet finibus accolas.
Emigra dum licet :
Jamjam enititur, erumpit, mixtum igne lacum evomit;
Præcipiti ruit ille lapsu; seramque fugam prævertit.
Si corripit, actum est, periisti.

Anno sal. MDCXXXI, kal. Jan.
Philippo IV rege,
Emmanuele Fonseca et Zunica, Comite Montis Regii
Pro rege,
Repetita superiorum temporum calamitate, subsidiisque cumulatis,
Humanius, quo munificentius,
Formidatus servavit, spretus oppressit incautos et avidos
Quibus lar et supellex vita potior.
Tum tu, si sapis, audi clamantem lapidem.
Sperne larem, sperne sarcinulas, mora nulla fuge.

Antonio Suares Messia, Marchione vici,
Præfecto viarum [1].

Du samedi 25 avril. — Je suis parti ce matin pour m'en retourner à Rome, où je suis arrivé le 29.

1. Voir la traduction de l'inscription à l'Appendice.

JOURNAL DU VOYAGE

DEPUIS LE SECOND JOUR DE MAI QU'ON EST PARTI DE ROME POUR FLORENCE JUSQU'AU 13 DUDIT MOIS QU'ON EST ARRIVÉ A VENISE, CONTENANT CE QUI S'EST PASSÉ A FLORENCE, BOLOGNE, MODÈNE ET FERRARE.

Je suis parti en poste de Rome le samedi, 2 de mai, à trois heures après midi, et j'ai été coucher à Monteflascone, d'où je suis venu coucher le dimanche 3 à Sienne.

Je suis arrivé le lundi, 4 du même mois, à Florence. Un moment après mon arrivée, j'ai rendu à M. l'abbé Strozzi les lettres que j'avois pour lui ; il a trouvé à propos qu'on donnât dans le moment des nouvelles de mon arrivée à M. le grand-duc ; ce qui ayant été fait, S. A. a envoyé M. l'abbé Marochelli, secrétaire d'État, avec deux de ses carrosses pour me conduire au logis qui m'a été destiné, qui est la maison du même abbé Marochelli, où je suis servi par les officiers de M. le grand-duc. Cependant, comme j'ai cru qu'il étoit de la bienséance de demander à lui faire la révérence avant de prendre possession de mon logement, j'ai été ce même soir au palais, où j'ai été reçu par M. le grand-duc.

Du mardi 5 mai. — J'ai employé la matinée de

cette journée à voir une partie des choses qu'il y a à voir à Florence. J'ai été sur les sept heures du matin à Saint-Laurent, où j'ai entendu messe; c'est une des principales églises de Florence; elle n'a rien de considérable, ni pour l'architecture, qui est médiocre, ni pour les ornemens; ainsi il n'y a à voir qu'une chapelle du dessin de Michel-Ange qui est au côté gauche de l'autel, dans laquelle on met en dépôt les corps des ducs de Florence, jusqu'à ce que la chapelle qui est destinée pour leur sépulture soit achevée. Il y a dans celle-ci quatorze tombeaux des princes ou des princesses de cette maison. Cette chapelle est faite en dôme, à six faces; il y a neuf très-belles figures de Michel-Ange qui en font tout l'ornement, n'y ayant ni tableau considérable, ni dorure. Ces figures ont des réputations particulières. Quatre représentent l'Aurore, le Jour, le Crépuscule et la Nuit; deux autres représentent, l'une les Soucis et le Soin, et l'autre la Vigilance, pour faire entendre que ces princes, pendant leur vie, ont pensé à tout moment du jour et de la nuit avec soin et vigilance à leur État. Il y a encore dans cette chapelle trois autres figures, l'une de saint Cosme, l'autre de saint Damien, et une Vierge au milieu. De cette chapelle, j'ai été dans la sacristie et j'ai remarqué en passant le tombeau du grand Cosme de Médicis, qui est enterré vis-à-vis du grand autel de l'église. Ce fut le premier de cette maison qui commença à avoir du crédit dans Florence, non pas comme prince, mais comme citoyen ; il mourut en 1464. C'est, à mon avis, la marque la plus ancienne d'élévation qu'il y ait dans cette maison. Je n'ai rien vu de remarquable dans la sacristie qu'un petit enfant de marbre qu'ils montrent comme une fort belle statue. Le sculpteur qui l'a faite se nommoit Silvestro Septimiano. De la sacristie, je suis passé à la chapelle où doivent être les tombeaux des grands-ducs, qui tient au derrière du chœur de l'église Saint-Laurent. Cette chapelle est faite en dôme assez élevé ; elle a huit faces ; l'autel et la porte en font deux ; elle est du dessin du prince de cette maison qui se nommoit don Giovanni de Médicis ; ainsi je ne l'estime pas autant pour le dessin du bâtiment comme pour la matière qu'on emploie aux ornemens du dedans. Aucun marbre ordinaire n'y entre, tout doit être incrusté de jaspe le plus précieux de toutes les façons ; les pilastres ont des chapiteaux de cuivre doré, et à la base de chacun sont les armes des villes qui sont dans les États du grand-duc ; elles sont blasonnées par du jaspe ou de l'agate, qui répond à la couleur de leurs blasons, et le nom des villes est écrit en lettres de mêmes pierres ou avec du lapis. On dit qu'on est quelquefois quatre mois à faire une de ces lettres, dont la moindre coûte 40 écus. Les cartouches qui sont autour de ces armes sont ornés de lapis, de nacre et de plusieurs sortes de pierres différentes, qui toutes jointes ensemble font un très-bel effet. Tout le dôme de cette chapelle est imparfait; il doit être à compartimens carrés entre lesquels il y aura des roses. Ce qui peut faire le mieux juger de la magnificence de tout l'ouvrage est un tombeau entier d'un des ducs qui est achevé, tous les autres n'étant encore que peu avancés. Il n'y a place que pour six, si bien que lorsque celui-ci sera mort, toute la chapelle sera remplie. Les tombeaux qui y sont déjà sont au nombre de cinq, savoir : celui de Cosme, premier duc; de François, deuxième duc; de Ferdinand, troisième duc; de Cosme II, quatrième duc; de Ferdinand II, cinquième duc, qui est le dernier mort. Sous cette chapelle, il y en a une autre souterraine qui lui sert de fondement. J'ai été ensuite voir le lieu où l'on travaille le jaspe et l'agate qu'on emploie à la chapelle dont je viens de parler. L'on m'y a fait voir une tête entière d'une des figures qui doivent être sur un des tombeaux des ducs; elle sera six fois plus grande que nature. Le visage est formé d'un jaspe qui ressemble à de la chair, et la barbe, la bouche et les yeux sont d'un autre qui représente ces parties au naturel.

De cet endroit, j'ai été à la bibliothèque qui est dans un cloître qui joint l'église Saint-Laurent; on y monte par un degré qui n'a pas été achevé, qui est du dessin de Michel-Ange Buonarotti, comme aussi la galerie où sont les livres. La grande rampe de ce degré est accompagnée de chaque côté d'une petite rampe qui n'est séparée de la grande que par une balustrade. Il y a dans la galerie où sont les livres 44 bancs de chaque côté avec leurs pupitres. Il y a 3,000 volumes, parmi lesquels il y en a un grand nombre de manuscrits ; ils sont tous attachés avec des chaînes de fer, cette bibliothèque étant ouverte à tout le monde quatre heures du jour.

De la bibliothèque j'ai été au Dôme, qui est une grande église, mais entièrement gothique. Il y a, en entrant à main gauche, un campanile qui est un très-bel ouvrage du dessin de Giotto : c'est une tour carrée, fort haute, qui ne tient en rien à l'église ; elle est bâtie de marbre blanc, noir et rouge ; toutes les fenêtres sont si bien placées et les ouvertures hautes de ce clocher, à l'endroit où sont les cloches, si proprement travaillées qu'elles le font estimer une des raretés d'Italie. Je suis monté ensuite sur le dôme, d'où j'ai découvert tout Florence, qui est bâtie en rond autour de cette église entre des collines très-agréables.

Du Dôme, je suis revenu chez moi, d'où, après avoir dîné et avoir attendu l'heure de l'audience de madame la grande-duchesse [1], j'ai été au palais, où j'ai eu l'honneur de la voir. Je lui ai rendu la lettre de la main du roi et la vôtre ; elle m'a reçu très-honnêtement. Ensuite de quoi j'ai été voir madame la grande-duchesse la douairière [2], où j'ai vu aussi le

---

1. Marguerite-Louise d'Orléans, nièce de Louis XIII.
2. Julie-Victoire de La Rovère, mariée le 26 septembre 1633 au

jeune prince son fils [1], frère de M. le grand-duc. Elle m'a reçu aussi très-civilement.

Du mercredi 6 mai. — J'ai été voir ce matin la forteresse qu'on nomme Saint-Jean, où est le grand arsenal des armes de M. le grand-duc. Cette forteresse est composée de cinq bastions, et, bien qu'elle ne soit pas aussi élevée que la forteresse qui est jointe au palais Pitti, elle ne laisse pas de commander à la ville. Il y a au milieu de la courtine par laquelle on entre et où est la porte, une grande tour ronde faite en forme de cavalier, qui commande le reste; il y a dans cette place cinq magasins d'armes fort propres et fort bien tenus, par dessus lesquels il y en a encore un sixième plus grand que les autres qui n'est que pour l'artillerie. Il y a de fort beaux canons, et l'on en montre un, entre autres, qui n'est fait que pour l'ornement ; il pèse 27,500 livres et porte 120 livres de balle ; on en fait voir encore un autre qui se démonte et qui est fait avec des anneaux de fer qui s'enchâssent les uns dans les autres.

De la forteresse Saint-Jean, j'ai été voir la galerie du grand-duc.

J'ai commencé par visiter les boutiques des ouvriers, dont la plupart travaillent en jaspe de rap-

---

grand-duc Ferdinand de Médicis II. Morte le 6 mars 1694, à l'âge de soixante-douze ans.

1. François-Marie de Médicis, né en 1660, créé cardinal en 1686. Il rendit son chapeau en 1709, et épousa la même année Éléonore de Gonzague, fille du duc de Guastalla. Mort le 3 février 1711.

port ; il y a trente-trois boutiques en tout ; l'on m'y a montré des tables qu'on a travaillées durant dix ou douze ans, à ce qu'on dit. On me fit voir aussi de petites statues de jaspe qui ne se font qu'en sept ou huit ans. On m'a fait voir quelques tables de ces sortes d'ouvrages qu'on estime 1,500 écus. J'ai vu encore dans ces boutiques de la menuiserie fort proprement travaillée, entre autres choses une couronne de fleurs si bien faites, que les feuilles ne sont guère plus épaisses que les naturelles. De ces boutiques, je suis passé dans la première galerie du grand-duc ; il y en a deux pareilles et de même longueur, bâties chacune sur la même rue, l'une sur la droite et l'autre sur la gauche, étant jointes par le bout de cette rue qui fait en cet endroit un cul-de-sac. Dans la première galerie, je vis quantité de statues et de bustes anciens ; les plus beaux sont : un buste de Cicéron, un Laocoon de Bambinello [1] et un Narcisse. De cette première galerie, je suis entré dans une chambre où j'ai vu une très-belle figure d'un hermaphrodite, un bas-relief de marbre qui représente un bain de Diane, qui est d'un sculpteur nommé Moscino, et un buste de Brutus, commencé par Michel-Ange et qu'il a laissé imparfait. De cette chambre, j'ai été dans trois cabinets qui sont les uns en suite des autres, tous remplis d'ar-

---

[1]. Bambinello, ou plutôt Baccio Bandinelli, né en 1487, mort en 1559.

mes anciennes et de plusieurs armes à la turque, qu'on dit avoir été prises sur les Turcs par les Florentins ; il y en a quelques-unes d'assez belles : des harnois brodés, des étriers d'argent, des sabres enrichis avec des turquoises. Ce qu'on montre pourtant de plus remarquable dans ces cabinets est une pierre d'aimant qui tire 64 livres de poids. De ces cabinets d'armes, je suis passé dans la seconde galerie, où je n'ai rien vu de fort remarquable pour les statues ni pour les bustes. Dans le milieu, il y a un grand cabinet fait en dôme, qui a huit faces, à chacune desquelles on voit ou de très-beaux tableaux ou des cabinets de jaspe ; il y a dans le milieu une table de jaspe de rapport très-belle. Pour toutes les peintures du cabinet, elles sont du Corrége, de Paul Véronèse, du Titien ou de Raphaël. Il y a encore un tableau d'oiseaux de mosaïque qui est assez bien fait. De tous les cabinets qu'on montre là-dedans, celui qui est dans l'enfoncement de la face vis-à-vis de la porte est le plus beau ; tous les chapiteaux des pilastres ou des colonnes qui le composent sont faits avec des perles, ou des émeraudes, ou d'autres pierres de couleur ; il y en a même de fort grosses qui y sont enchâssées d'un côté et d'autre. Ce même cabinet est rempli d'un grand nombre de bas-reliefs faits sur plusieurs pierres fines ; il y a, entre tous les autres, un petit buste de la grandeur d'un écu blanc, fait d'une seule turquoise, et plusieurs autres dont le nombre est si grand qu'on ne sauroit les remarquer. J'ai été de ce cabinet, qui est au milieu de la seconde galerie, dans une autre chambre où je n'ai vu rien de remarquable qu'une statue d'un Hercule qui combat un centaure. De celle-là, j'ai été dans une autre où j'ai vu l'autel qui doit être à la chapelle où sont les tombeaux des grands-ducs. Cet autel est magnifique, fait de jaspe de toutes les couleurs, de lapis, de calcédoines, de nacre, et d'un très-beau dessin. Le tabernacle, joint à l'autel, est de mêmes pierres. Après avoir été dans cette dernière chambre, je suis descendu à la garde-robe du grand-duc, où l'on m'a montré quantité d'argenterie et de vaisselle d'or et d'argent. D'où je suis passé dans une très-grande salle où l'on donne le bal, où s'assembloit autrefois la République.

Du vieux palais, je suis sorti dans la grande place et j'ai remarqué cette tour bâtie en l'air sur les créneaux du vieux palais, et qui n'a aucun fondement. J'ai aussi vu du même lieu la galerie et la communication qu'il y a de ce vieux palais au palais Pitti, et de là, à la forteresse qui est au-dessus, si bien que, par le moyen de cette communication, les grands-ducs peuvent aller, sans être vus, d'un bout de la ville à l'autre, cette petite galerie qui traverse l'Arno joignant le vieux palais au nouveau.

De ce lieu-là, j'ai été aux Cordeliers [1], où j'ai vu

---

1. Église appelée aussi *Santa-Croce*.

le tombeau de Michel-Ange. Les Arts[1] y sont représentés en deuil, et l'on voit au-dessus son buste qui a été fait par lui-même ; il mourut en 1564.

Il y a dans la même église une Résurrection de Lazare qui est un assez beau tableau, et une chapelle fondée par une famille de Florence, qui est d'un dessin assez bien entendu ; elle est peinte à fresque par un peintre qui réussit assez bien en ce genre de peinture ; il est vivant et s'appelle Volterrano[2]. Après avoir employé toute ma journée de cette sorte, j'ai été prendre congé de madame la duchesse et de M. le grand-duc.

A Bologne, ce samedi soir 9 mai. — Je partis avant-hier matin de Florence, 7 mai, après y avoir demeuré deux jours, et j'arrivai à Bologne hier au soir, 8 mai, d'où je prétends partir demain dimanche, 10 de ce mois.

J'ai employé cette journée entière de séjour que j'ai fait à Bologne à voir une partie des couvens de cette ville, qui est ce qu'il y a de plus remarquable et de plus beau. J'ai été ce matin à celui de Servi. De là, j'ai été à l'église Saint-Barthélemy, qui est assez belle, peinte à fresque par Colonna[3]. J'ai été ensuite au couvent de Saint-François, qui est encore très-beau : les principaux religieux ont non-seule-

---

1. La Peinture, la Sculpture et l'Architecture.
2. Franceschini il Volterrano, né en 1611, mort en 1689.
3. Michel-Ange Colonna.

ment des chambres très-propres pour cellules, mais ils en ont encore quatre ou cinq qui font un fort joli appartement ; ils en ont même un d'été et un autre d'hiver, un agréable jardin et une bonne cave ; et c'est ainsi que ces bons pères se mortifient. J'ai remarqué de plus dans ce couvent un degré très-bien entendu. Après qu'on a monté la première rampe et qu'on est sur le premier palier, on voit une longue galerie au bout de laquelle il y a une perspective qui fait un très-bel effet. Après avoir visité ce couvent, j'ai été voir deux tours carrées de briques, qui sont bâties dans une des places de Bologne ; l'une est extrêmement haute, et l'autre, qui l'est moitié moins, est aussi penchante que celle de Pise. De cette place, j'ai été voir dans l'église des religieuses du *Corpus Domini* le corps d'une religieuse [1] qu'on montre comme une chose miraculeuse : il y a 150 ans qu'elle est morte ; cependant son corps est tout entier et n'a presque rien de changé que la peau de la moitié du visage, qui est un peu noircie.

De là, j'ai été à *San-Michele in Bosco*, qui est un couvent de religieux du mont Olivet, à environ un demi-mille hors la ville de Bologne. Il est situé sur une petite colline qui domine la ville ; il est très-grand et très-bien bâti. Dans le premier cloître, en entrant, il y a beaucoup de peintures à fresque de Louis Car-

---

[1] Catherine Vigri, née à Florence et morte en 1465.

rache [1]. Dans tout le reste du cloître, il n'y a pas de peintures remarquables ni de choses particulières, que la grandeur du couvent, la beauté de ses cloîtres, de ses bâtimens et de sa vue qui est très-agréable, découvrant toute la ville de Bologne et toute la campagne voisine, qui est très-belle.

De Modène, ce lundi 11 mai. — Je partis hier, 10 de mai, de Bologne, et je suis arrivé à Modène le soir du même jour. Je n'eus que le loisir de rendre vos lettres à madame la duchesse de Modène [2], qui m'avoit déjà fait l'honneur de m'envoyer prendre à Bologne dans deux de ses carrosses.

Ce matin, 11 de ce mois, j'ai été entendre la messe à une chapelle que madame la duchesse fait bâtir, qui est assez belle et d'une bonne architecture, sans qu'il y ait pourtant rien de remarquable. Elle porte le nom de Notre-Dame-Saint-Georges. De là, j'ai été à Saint-Augustin, qui est la principale église de cette ville, qui n'a rien de grand ni qui mérite d'être rapporté. Il y a même bien des choses à dire qui sont contre le bon goût de l'architecture. De cette église, j'ai été voir un théâtre pour des machines qui a été fait par le même ouvrier qui a fait celui du palais des Tuileries.

1. Ludovico Carracci, né en 1555, mort en 1619.
2. Laure Martinozzi, nièce du cardinal Mazarin, avait été mariée en 1655 à Alphonse d'Este IV, duc de Modène. Morte le 19 juillet 1687. — Son mari étant mort en 1662, à l'âge de vingt-huit ans, elle eut la régence du duché pour son fils François d'Este II, né en 1660, mort le 6 septembre 1694.

Ensuite de quoi étant venu dîner, j'ai eu cette après-dînée audience de madame la duchesse de Modène la douairière et de M. le cardinal d'Este, auquel j'ai rendu les lettres de Sa Majesté et les vôtres, et puis j'ai fait la révérence à un fils du prince François[1].

Après mes complimens faits, j'ai été voir l'appartement de M. le cardinal d'Este, qui est très-beau et rempli de très-belles peintures anciennes : il y en a six grandes chambres toutes remplies jusqu'aux plafonds, qui en sont garnis dans les compartimens de menuiserie qui les composent. Dans la première chambre en entrant à gauche, on voit deux grands tableaux qui en occupent toute la place : l'un représente une Noce de Cana et l'autre une Cène, l'une de Paul Véronèse et l'autre du Titien. Il y a dans le fond de cette même chambre un des plus beaux tableaux du monde qui est du Corrége; il représente une Nuit et une Nativité de Jésus-Christ : tout le plancher de cette chambre est rempli de tableaux du Tintoret et du Guide. Dans la seconde chambre, il y a une Nativité du Titien, une Adoration des rois, une Noce de Cana de Paul Véronèse.

De cette seconde chambre, on entre dans trois autres dans lesquelles on voit plusieurs tableaux de bons maîtres, comme du Carrache, de Jules Ro-

1. Renauld d'Este, duc de Modène, fils du duc François Ier, né en 1655. Cardinal en 1686, il rendit son chapeau en 1695 et succéda à son neveu François d'Este II. Mort le 20 octobre 1737.

main et de beaucoup d'autres ; dans l'une on voit les quatre Saisons du Carrache, dans une autre une Vierge du Pérugin [1], et dans l'autre un tableau du dessin de Raphaël peint par le Garofalo [2]. Dans la troisième chambre en droite ligne, il y a un très-beau et très-grand tableau de Paul Véronèse qui représente Jésus-Christ qu'on va crucifier et qui porte sa croix. Dans la cinquième chambre, il y a une très-belle tapisserie et deux tableaux qui représentent deux Vénus, l'une du Titien et l'autre du Carrache. J'ai vu dans la sixième chambre une Vénus du Guide, quelques tableaux du Titien et du Corrége; mais, sur tous les autres tableaux, on m'a fait voir un Christ qu'on appelle *della Moneta*, parce qu'il tient une pièce d'or qui a la figure de César, et qui représente Jésus quand il dit qu'il falloit rendre à César ce qui est à César et à Dieu ce qui est à Dieu. Ce tableau est du Titien et l'un des plus beaux qui se puissent voir.

Après avoir vu tous ces tableaux, j'ai été ce soir voir la forteresse ou la citadelle, qui est composée de quatre bastions réguliers attachés au corps de la place et d'un bastion détaché qui couvre la courtine, au milieu de laquelle est la porte. De là, je suis venu prendre congé de madame la duchesse de Modène. J'espère, s'il plaît à Dieu, arriver à Venise après-

---

1. Pietro Vanucci, dit *le Pérugin*, né en 1446, mort en 1524.
2. Benvenuto Tizio, dit *le Garofalo*, né en 1481, mort en 1559.

demain matin, après avoir arrêté deux heures à Ferrare.

A Venise, ce mercredi soir 13 mai. — Je suis arrivé en cette ville aujourd'hui à midi et j'ai été descendre chez M. l'ambassadeur, auquel j'ai rendu les lettres du roi et la vôtre. Cependant, comme je ne puis encore vous rien dire de cette ville, je ne parlerai que de la marche que j'ai suivie de Modène ici. Je partis hier matin, 12 de ce mois, de Modène, dans les carrosses de madame la duchesse, qui m'ont mené jusqu'à Ferrare, où j'arrivai à trois heures après midi; je me suis promené deux heures dans la ville, qui est très-belle. Elle a été ôtée aux ducs de Modène et est passée sous la domination du pape, il y a environ soixante ans. Le duc y possède encore environ 40,000 livres de rente et les restes du vieux palais de ses ancêtres. La ville est assez bien fortifiée; elle est environnée de quatorze bastions; il y a outre cela une forteresse ou citadelle tout joignant la place, qui est composée de cinq bastions et qui est très-régulière; il y a garnison du pape, comme dans la ville de Modène.

Je suis arrivé aujourd'hui à Venise, m'étant mis sur le Pô, sur lequel j'ai navigué toute la nuit.

SÉJOUR A VENISE

DEPUIS LE MERCREDI 13 MAI JUSQU'AU SAMEDI 23 DUDIT MOIS.

Du jeudi 14 mai. — J'ai employé la matinée de cette journée à écrire ce que je remarquai hier aux environs de Venise, principalement sur sa situation, qui paroît toujours surprenante à ceux qui l'abordent pour la première fois. On commence à découvrir cette grande ville, fondée et bâtie dans la mer, à près de 30 milles. Cependant, comme je venois du côté de Ferrare sur la rivière du Pô, j'entrai dans les lagunes à 20 milles ou environ, et je ne l'ai pu bien voir, à cause que le temps n'étoit pas serein, que lorsque je fus approché d'un des bouts de l'île de Lido, du côté de Malamocco : cette île est une langue de terre d'environ 10 milles de long, qui fait comme un demi-cercle autour de Venise, qui la défend et rompt de ce côté la grande mer. On voit du côté opposé à l'île, à 5 milles de la ville, le territoire de Padoue, qui est le lieu le plus proche de terre ferme qui soit autour de Venise. En avançant vers la ville, je remarquai le port de Povége, où les grands vaisseaux se mettent à couvert ; c'est une petite forteresse bâtie dans la mer, comme sont tous les autres bâtimens qui sont en dehors de la ville, et qui paroissent aussi comme de petites îles. Après avoir passé Povége, le premier bâtiment que je rencontrai, à 3 milles de Venise, est San-Spirito, qui est un assez beau couvent avec des jardins aussi couverts d'arbres que s'ils étoient en terre ferme. Je remarquai aussi de cet endroit-là, environ à 4 ou 5 milles, l'entrée du port de Venise qu'on nomme Saint-Nicolas de Lido ; il est situé à une des extrémités de la ville et à un des bouts de l'île qui en cet endroit-là vient joindre la ville à un demi-mille près, l'embouchure et l'entrée de ce port ayant cette largeur-là. Il y a d'un et d'autre côté deux châteaux garnis de grosse artillerie; on les appelle *Castelli*. Entre ces deux châteaux, environ 2 ou 3 milles avant dans la mer, on découvre le lazaret et la forteresse de Saint-Antoine ; le lazaret est un lieu destiné pour la quarantaine que sont obligés de faire tous ceux qui viennent d'un pays suspect en temps de contagion.

Le reste de cette journée, je l'ai passé à me promener sur les canaux et aller de chez M. l'ambassadeur de France à la place Saint-Marc, qui est l'endroit par où j'abordai hier : c'est sans contredit un des plus beaux endroits de cette ville. Le palais du doge, qui en fait le principal ornement, n'a pourtant rien de remarquable, étant tout d'une architecture gothique. La place Saint-Marc, au bout de laquelle on voit l'église du même saint, n'a non plus rien de considérable que la masse du bâtiment de l'église, ses clochers et sa principale entrée étant d'un ouvrage tout à fait gothique. A l'un de ses côtés est le palais Saint-Marc, au devant duquel finit le grand canal de Venise; c'est en cet endroit qu'il y a un assez grand espace dans la mer qui est presque bâti tout autour, et qui fait comme un amphithéâtre. Parmi plusieurs bâtimens considérables qui y sont fondés, il y a l'église Saint-Georges-Majeur, qui est une abbaye où sont des religieux de l'ordre de Saint-Benoît, et l'église du *Redentore*, qui est un couvent de Capucins. Je n'ai pas eu le loisir de faire autre chose aujourd'hui que de voir ces lieux par le dehors et me promener dans la place Saint-Marc, où pendant cette saison se tient une foire; les nobles et toutes les dames s'y viennent promener le soir.

Du vendredi 15 mai. — J'ai été voir aujourd'hui trois églises des plus considérables de Venise : la première est celle qui est vis-à-vis de Saint-Marc, qu'on appelle Saint-Georges-Majeur; c'est une abbaye de Saint-Benoît; le couvent est très-beau, d'une assez grande étendue; les jardins en sont assez spacieux; l'église est bâtie en croix, d'une architecture moderne et assez propre, sans qu'il y ait pourtant rien de remarquable pour la magnificence du bâtiment, ni pour la régularité. On montre comme une chose remarquable le chœur des religieux, dont tous les siéges sont faits d'une menuiserie assez bien travaillée qui représente l'histoire de saint Benoît. Il y a dans le réfectoire un très-beau tableau de Paul Véronèse; il représente les Noces de Cana, et comme c'est un fort grand tableau dans lequel il y a un grand nombre de personnages, ce peintre y a mis les portraits des quatre illustres peintres de son temps, dont il en est un lui-même. Les autres sont le Giorgion[1], le Tintoret et le vieux Bassan. A main droite,

---

1. Georges Barbarelli, dit *le Giorgion*, né en 1478, mort en 1511.

en entrant dans l'église, on voit sur le premier autel une Nativité du vieux Bassan ; à côté du grand autel, j'ai vu deux assez beaux tableaux du Tintoret, l'un qui représente la Manne, l'autre le Festin de Balthazar. J'ai encore vu dans le chapitre des moines un tableau qui représente la femme prise en adultère. Le peintre qui l'a fait s'appeloit Roche-Marcon. De cette église, j'ai été à celle du *Redentore*, où sont les Capucins, qu'on appelle *Giudecca*, parce que l'île où elle est bâtie s'appelle le Giudecca. Cette église est un vœu que la République fit dans le temps de la peste ; elle a été bâtie il y a cent ans. L'architecture en est très-belle et très-entendue, et c'est l'église de Venise que j'ai trouvée la plus régulière. Pour des tableaux, je n'y en ai vu aucun de remarquable que celui qui est dans une chapelle à main droite auprès du chœur, qui représente un Baptême de saint Jean. Ce tableau a été commencé par Paul Véronèse et fini par ses enfans.

 J'ai encore été voir aujourd'hui la *Madona della Saluto*, qui est un autre vœu de la République : il fut fait du temps de la dernière peste. L'architecture en est très-bizarre et mal entendue. Il y a un assez grand dôme sur le grand autel, auquel dôme en est joint encore un autre plus petit, qui forme comme le chœur de cette même église, mais qui fait un très-méchant effet. J'y ai remarqué pourtant de fort beaux tableaux du Titien ; entre autres, dans la troisième chapelle à main gauche en entrant, un qui représente la Pentecôte, un autre dans la seconde chapelle à main droite en entrant qui représente l'Assomption de la Vierge; trois autres tableaux du même peintre dans le plafond de la sacristie, à savoir : un représentant un David qui coupe la tête de Goliath, l'autre le Sacrifice d'Abraham, et l'autre Caïn qui tue son frère. Il y a de plus, dans la même sacristie, plusieurs autres tableaux du Titien, un grand tableau des Noces de Cana fait par Tintoret, et un petit tableau du Bassan qui représente une Descente de croix. Il y a encore plusieurs tableaux de différens peintres célèbres ; comme, dans le plafond du même lieu, on en voit trois du Salviati [1] : un qui représente la Manne, un autre un Daniel dans la fosse aux lions, l'autre un Élie dans le désert. Dans le même plafond, il y a encore huit têtes de Giorgion dans des médailles qui en forment les compartimens.

Du samedi 16 mai. — J'ai été aujourd'hui à Murano, qui est une petite ville séparée d'environ un mille de Venise, où l'on fait toutes les glaces et toutes les verreries qui se font dans ce pays-ci. J'y ai vu travailler aux glaces; les ouvriers qui les font sont plus adroits et plus habiles que ceux que nous avons vus en France. Je n'ai pourtant pas vu faire de plus grandes glaces ; mais ce que j'y

---

[1] Francesco Rossi, dit *Cecco di Salviati*, né en 1510, mort en 1563.

ai pu remarquer m'a fait comprendre aisément de quelle sorte il se faut prendre à cette nature de travail. De Murano, j'ai été chez un noble Vénitien qui a de très-beaux tableaux dont quelques-uns sont à vendre ; entre autres, il y en a un de Paul Véronèse qui représente une Europe ravie par Jupiter transformé en taureau, et entourée de petits amours qui soutiennent des festons de fleurs ; les compagnes d'Europe sont peintes affligées sur le bord de la mer ; le paysage et tout le tableau est très-agréable ; il est de quatre brasses en carré. Il y a encore un tableau de saint Jérôme peint par Tintoret : il est de deux brasses de haut et d'une et demie de large ; un portrait d'une femme à mi-corps du Titien et une tête de Marie-Madeleine du même ; une figure de femme à mi-corps du Parmesan [1] ; un-dessus de clavecin peint avec soin par le Tintoret, où sont représentés le mont Parnasse et les neuf Muses ; deux boucliers tout peints de la main de Jules Romain, sur lesquels sont représentés des batailles ; le fond du bouclier est noir, et toutes les figures sont parfaitement bien faites et rehaussées d'or ; un dessin de Michel-Ange, qui représente le Jugement universel, et plusieurs autres tableaux de peintres modernes.

Je me suis appliqué le reste de la journée à voir

---

1. Francesco Muzzuola, dit *le Parmesan*, né en 1505, mort en 1540.

plusieurs tableaux en différens lieux. J'ai été aux religieuses de l'Humiliation, où j'ai remarqué dans le plafond de l'église trois tableaux de Paul Véronèse : le premier en entrant est une Annonciation, celui du milieu est une Assomption, le troisième est une Nativité. J'ai encore vu sur le grand autel un Christ du même Paul Véronèse, et une Descente de croix du Bassan.

Du dimanche 17 mai. — J'ai été ce matin à la chapelle de Saint-Marc, où le doge, MM. les ambassadeurs et une partie du sénat de Venise étoient assemblés pour entendre la messe, ce qui s'observe de cette façon toutes les grandes fêtes de l'année : le doge étoit assis à la première place à main droite, auprès de la porte par laquelle on entre dans le chœur ; il avoit à son côté M. le nonce, après lequel étoit l'ambassadeur de France. Dans le reste du chœur, sur des bancs rangés les uns devant les autres, étoient assis les nobles vénitiens vêtus de grandes robes rouges ; pour le doge, il portoit une robe de brocart rouge rehaussé de grandes fleurs d'or, et sur la tête, un petit béguin de toile fine empesée, qui a deux petites oreillettes se relevant auprès de ses oreilles, ce qui est sa coiffure ordinaire, sur laquelle il met encore son bonnet ducal, qui est une manière de corne avançant sur le devant de la tête, et formant le bonnet le plus bizarre et le plus particulier qui se puisse voir. J'ai observé encore la marche avec laquelle il s'est retiré de cette chapelle : je l'ai vu passer sur un des degrés qui vont au palais Saint-Marc ; il doit avoir à ses côtés l'ambassadeur de France et le nonce, qui l'ont quitté au bas du degré. Pour le sénat, qui suivoit derrière lui, et pour le prévôt, qui marchoit devant avec quelques-uns de ses gardes et plusieurs officiers du doge, ils ont été tous ensemble le conduire jusque dans sa chambre.

De là, j'ai été voir l'église des Cordeliers nommée *Frari*, où j'ai vu le tombeau du doge Pesaro[1] et un mausolée du prince Alméric d'Este. Auprès du tombeau de Pesaro, j'ai vu une Vierge sur un autel, un saint Pierre d'un autre côté, et quelques portraits des nobles de la famille de Pesaro faits par le Titien, comme aussi j'ai vu, au delà de la chapelle Saint-Antoine, un tableau de Salviati qui représente une Circoncision, et dans la chapelle ensuite une sainte Catherine du Palme, et une Assomption du Titien.

De cette église, j'ai été à Saint-Roch où j'ai vu en entrant à main droite un tableau de la Piscine du Tintoret, et à main gauche un saint Martin à cheval du Pordenone[2] ; comme aussi quatre tableaux du Tintoret dans le chœur de l'église, dont l'un représente un saint Roch dans un hôpital de pestiférés ; l'autre le représente en prison, et les deux autres

1. Jean Pesaro, élu doge en 1658, mort le 30 septembre 1659.
2. Le chevalier Licinio, dit *le Pordenone*, né en 1483, mort en 1539. — Rival du Titien, il ne peignait, dit-on, que l'épée au côté, crainte de surprise.

quelques actions de sa vie. La coupole du dôme de cette église, où est représenté un Dieu le Père porté par des anges, est peinte par le Pordenone ; plus bas, sont les quatre évangélistes et les quatre docteurs. Les portes mêmes qui ferment les orgues sont peintes de la main du Tintoret ; dans le dehors, il a représenté saint Roch qui baise les pieds du pape, et dans le dedans, une Annonciation. On y voit encore un étendard de saint Roch peint de la main du Carrache. J'ai été ensuite dans l'église ou chapelle des pénitens de Saint-Roch[1]. Toute une grande salle basse qu'on trouve d'abord est remplie de tableaux du Tintoret où sont représentés : dans le premier à main gauche en entrant, une Annonciation, ensuite une Adoration, ensuite une Fuite en Égypte, ensuite le Massacre des Innocens ; du côté de l'escalier, au-dessus du cintre de l'entrée, une Annonciation du Titien ; en entrant à main droite, dans la salle haute, on trouve d'abord un tableau où le Lazare est ressuscité ; ensuite un autre du Miracle des cinq pains ; le tableau du maître-autel est un saint Roch en prière ; ensuite est une Cène, un Jardin des Olives, une Résurrection, un Baptême de saint Jean, une Nativité, et entre les fenêtres un saint Roch et un saint Sébastien dans deux tableaux séparés ; proche du lieu qu'ils appel-

---

1. C'est aujourd'hui la *Scuola di San-Roco* (confrérie de Saint-Roch).

lent l'*Albergo*, à main droite, un Christ qui porte sa croix ; au-dessus du bureau où sont leurs régistres, un grand crucifix ; dans le même lieu, un tableau de Pilate qui se lave les mains ; au-dessus de la porte, un *Ecce homo* ; dans le plafond, un saint Roch qui monte au ciel ; ensuite de l'*Albergo*, dans la salle, une représentation de la Piscine, une Transfiguration. Tout cela est du Tintoret ; tout le plafond est encore peint par lui : les trois principaux tableaux représentent la Manne dans le désert, le Serpent d'airain et les Eaux de la pierre d'Horeb.

Du lundi 18 *mai*. — Aujourd'hui j'ai été voir le Trésor de Venise et le palais du doge ; le Trésor m'a été montré par ordre du sénat. Il consiste en deux choses différentes, savoir : les reliques et les pierreries. Ce qu'il y a de plus considérable parmi les reliques sont sept ou huit grands morceaux de la vraie croix, des cheveux, du lait et un voile de la sainte Vierge, quatre ou cinq pointes de vraies épines et plusieurs autres choses saintes qu'ils conservent avec beaucoup de soin. Pour le Trésor, il consiste en beaucoup de pierreries plutôt considérables par leur grand nombre que par leur valeur : les plus remarquables sont quatre escarboucles dont deux sont aussi grosses que des œufs ; une tasse, des plus grandes que l'on fasse ordinairement, d'une turquoise ; douze couronnes des suivantes de sainte Hélène, leurs hausse-cols ornés de pierreries et faits d'or massif ; comme aussi une couronne de cette sainte, qui est plus belle que toutes les autres; le bonnet avec lequel le doge est couronné lorsqu'il est élu : il est d'or massif et orné de quantité d'émeraudes, de perles et d'autres pierres d'une très-grande valeur. Après avoir vu le Trésor, j'ai été voir la salle où s'assemble le sénat, qu'on appelle la salle du Grand-Conseil. Du côté du siége du doge, il y a un Paradis du Tintoret, avec un très-grand nombre de figures. Comme la partie en laquelle ce peintre excelloit étoit de bien ménager les ombres et de placer le clair et l'obscur avec adresse, il a eu dans la grandeur de ce tableau un beau champ pour exercer son génie. Tout le plafond est de Paul Véronèse. En sortant de cette salle, je suis entré dans une autre où j'ai vu la Bataille de Lépante peinte à fresque par le Tintoret, et la Bataille des Dardanelles par le cavalier Liberi[1]. De là, je suis passé dans cinq ou six salles d'armes qu'on réserve dans le palais Saint-Marc pour les nobles; il y en a pour armer 4,000 gentilshommes en un moment : toutes les armes à feu sont chargées, et au-dessous de chacune sont leurs fournimens qui sont remplis de plomb et de poudre, et de tout ce qui est nécessaire pour charger. Les salles sont très-propres et très-bien tenues; dans quelques-unes, il n'y a que des armes anciennes, des arbalètes, des arcs et plusieurs choses extraordinaires : on y montre même des ba-

---

1. Pietro Liberi, né en 1605, mort en 1687.

gatelles peu dignes de curiosité, comme l'épée de Scanderberg[1], la visière du cheval d'Attila, et beaucoup d'autres choses ou fabuleuses ou ridicules. Ce que j'ai remarqué de plus considérable est une machine avec laquelle on peut allumer facilement 2,000 mèches à la fois, et un fanal de galère d'argent avec de grandes glaces de cristal de roche, qui est un très-bel ouvrage.

Du mardi 19 mai. — J'ai été ce matin à l'église Saint-Pierre et Saint-Paul, où j'ai vu le tableau de saint Pierre, martyr, qui est le plus beau que le Titien ait jamais fait; il est à l'entrée de l'église à main gauche, au premier autel. J'ai vu encore le couvent des religieux, qui est très-beau.

De là, j'ai été revoir le palais Saint-Marc que je n'avois point encore vu avec assez de soin. Après avoir monté le grand escalier où sont les figures de Sansovino[2], on monte dans un autre petit escalier peint par Battista Franco[3], disciple de Raphaël d'Urbin; en haut il y a quatre tableaux du Tintoret; dans une salle à main droite, il y a un tableau du Titien qui représente la Foi; le plafond de cette salle est peint par le Titien. De là, on entre dans la salle du Collège, où le prince donne audience aux ambassadeurs : tous les tableaux qui sont dans cette salle

---

1. Scanderberg, prince d'Albanie; il fendait, dit-on, les hommes en deux d'un seul coup de cette épée.

2. Jacopo Tatti, dit *il Sansovino*, né en 1479, mort en 1570.

3. Battista Franco, vénitien.

13.

sont du Tintoret. Dans la salle suivante, qui s'appelle la salle des *Pregadi*[1], il y a encore plusieurs autres tableaux du même et du Palme, qui représentent l'abondance de Venise en différentes façons. Dans la chapelle du doge, il y a un tableau du Titien, qui représente des pèlerins; dans son appartement, il y a à l'entrée, sur la porte, un saint Christophe peint à fresque par Titien; dans la salle du Conseil des Dix, il y a un grand tableau de Paul Véronèse où est peint un Jupiter qui foudroie les Vices[2]. Il y a plusieurs autres tableaux dans les compartimens, un entre autres, qui représente Junon jetant des couronnes et des trésors sur Venise[3]. Dans une autre salle ensuite, tout le plafond peint par Paul Véronèse, représente la Foi, l'Espérance et la Charité. La salle où s'assemblent les Sages-grands est encore peinte par Paul Véronèse; il y a au-dessus du tribunal une Notre-Dame de Raphaël.

Du mercredi matin 20 mai. — J'ai été ce matin dans l'assemblée du sénat pour voir comme on ballotte et comme on prend les suffrages. Je n'ai pas été fort édifié de la manière dont j'ai vu qu'on se gou-

---

1. Ou du Sénat.

2. Ce tableau, qui formait le plafond de la chambre de Louis XIV à Versailles, est maintenant au musée du Louvre. — Les vices foudroyés sont : le Viol, l'Incendie, le Faux-Monnayage et le Vol sacrilége.

3. Ce tableau a été transporté à Bruxelles.

verne dans cette assemblée. Les nobles se promènent et causent haut dans cette salle, tandis que le doge est assis avec ses conseillers dans une espèce de parquet, qui est à l'un des bouts de la salle, plus élevé que le reste ; des petits garçons portent dans la salle des boîtes qu'ils appellent *boussoles*, dans lesquelles on met les balles dont la couleur marque l'avis de celui qui les met, et ensuite, ayant porté ces boîtes à l'endroit où est le doge, on les vide pour compter s'il y a plus de voix pour élire ou pour exclure celui qui demande une charge, si c'est pour une charge qu'on délibère, ou si l'on doit faire ou ne faire pas la chose qui a été proposée. Dans ces sortes de conseils, ils laissent entrer les étrangers considérables qui passent dans leur ville ; il y a même un banc qui est destiné pour eux, et l'on voit fort commodément tout ce qui s'y passe, et comme ils ballottent et délibèrent des affaires même les plus considérables.

Au sortir de cela, j'ai été dîner, et l'après-dînée de cette même journée, je l'ai employée à voir l'arsenal, et le 21 et le 22 de ce mois, je les ai employés à avoir exactement le plan dudit arsenal pour le décrire commodément, aussi à ramasser des mémoires pour savoir la manière dont il est gouverné, ce que j'ai divisé en deux chapitres : le premier est la description entière de cet arsenal, et le second la manière dont il est gouverné.

I

DE LA SITUATION ET DE LA MANIÈRE DONT L'ARSENAL DE VENISE EST BATI.

L'arsenal de Venise est à un des bouts de la ville, du côté de l'est, dans le quartier qu'on appelle *Castello* : il a près de trois milles de tour et est tout enfermé ; on y peut entrer par mer et par terre, mais ces deux portes sont si près l'une de l'autre, qu'on peut dire que ce n'est qu'une même entrée. Celle de mer aboutit à un canal qui est de la largeur nécessaire pour passer des galères, qui sont les plus grands bâtimens qui se fassent dans l'arsenal ; et celle de terre est une espèce de vestibule où se tiennent tous les officiers qui ont vue sur les ouvriers et sur tout ce qui entre et sort dans l'arsenal. A côté de ce vestibule est la maison de celui des trois nobles qui est de garde. Ces trois nobles sont ceux qui gouvernent l'arsenal ; leur ministère dure trente-deux mois et, pendant ce temps, ils y couchent alternativement un mois de suite, et de jour, ils sont obligés de s'y tenir assidûment. Après que l'on a passé le vestibule, on découvre en face une petite darse accompagnée d'un côté d'un bâtiment à deux étages, où sont deux grandes salles d'armes basses et deux hautes. Ensuite de ce bâtiment, il y a onze halles pour bâtir galères, et trois pour galéasses.

De l'autre côté de cette darse, sont d'autres remises de galéasses, un appentis pour les scieurs, une remise pour le *Bucentaure*, deux ou trois remises dans l'eau et trois grands magasins, dont il faut parler d'abord comme la première chose que l'on voit en entrant. Ces trois magasins sont tous planchéiés et remplis de cordages pour galères et galéasses de toutes les sortes, tant en blanc que goudronnés, sans qu'il y ait aucune distinction pour les différentes sortes de grandeur.

Au-dessous de ces magasins, sont trois grandes salles dont il y en a deux qui servent pour mettre les voiles quand elles sont faites : on les conserve dans de grandes armoires qui sont d'un côté et d'autre le long de la muraille, et chaque galère ou galéasse a la sienne.

La troisième salle sert pour les coudre; ce sont des femmes qui y travaillent, les unes pour y avoir été condamnées, les autres volontairement. Il y a un écrivain qu'ils appellent *proto*, qui a soin d'écrire leurs journées, de les faire travailler et couper les voiles.

Au sortir de cette salle, on descend sur une petite terrasse où sont quatre arbres dressés pour étendre les voiles et les faire sécher, lorsqu'on les tire des galères ou galéasses, avant que de les enfermer. On descend ensuite sur un quai qui regarde un canal ou darse plus grande que la première avec laquelle elle a communication : elle est bornée de chaque côté sur toute sa longueur par des halles, dont la plupart servent pour bâtir des galères. On laisse cette darse sur la gauche pour aller à la *bevenda*, et l'on trouve auparavant que d'y arriver une allée qui sert de passage pour communiquer du quai de la première darse dans une espèce de cour; ce passage est le lieu où l'on remet les ancres des galères, qui ne sont pas si longues et si pesantes que celles des galères de France. On en voit de toute sorte de grandeurs, parce que, à Venise, les galères qui ne portent que trois fers, les ont tous trois différens, l'un de 10, l'autre de 8 et l'autre de 7 quintaux.

De ce passage on entre à la *bevenda*, qui est un lieu où tous les ouvriers vont boire autant qu'il leur plaît; la République leur donne ce breuvage gratuitement pour les obliger à travailler assidûment, en leur ôtant, par ce moyen, le prétexte qu'ils pourroient avoir de sortir de l'arsenal. Ce breuvage est composé d'un tiers d'eau et de deux tiers de vin; l'eau vient d'un puits qui est à trente ou quarante pas, et se rend, par des canaux, dans le lieu où se doit faire le mélange; le vin est dans une grande cave derrière la *bevenda*, où l'on voit quatre rangées de tonneaux d'un bout à l'autre.

Au sortir de cette cave, on traverse un espace de terre, qu'on peut appeler cour, quoique d'une figure fort irrégulière, pour aller à la forge qui est à la tête des halles du côté droit de la seconde darse.

Cette forge est extraordinairement grande; il y a quatorze ou quinze fourneaux dont les uns servent pour la grosse ferremente, les autres pour la petite; ainsi tout le fer qui s'emploie tant pour les ancres des galères, qui sont les plus grosses pièces, jusqu'aux plus petits clous, se travaille dans l'arsenal ; il y a un *proto* qui en a le soin, lequel donne les ouvrages à faire, ou à la journée ou à prix fait, à ceux des forgerons ordinaires qui les veulent entreprendre à meilleur marché; il les livre ensuite au *proto della ferramente grossa o minuta*, après qu'ils ont été examinés et reçus par l'amiral et les principaux officiers de l'arsenal.

Ce *proto* de la grosse et petite ferremente a son magasin proche de la forge ; les magasins sont tenus autant proprement et en aussi grand ordre qu'il se puisse pour des ouvrages de fer, chaque sorte de clou ou de ferrement ayant un endroit à part et un arrangement particulier.

De ce magasin, on passe, de l'autre côté de la cour, dans deux halles où l'on travaille les rames des galères. Au milieu de chaque halle, il y a une cheminée pour pouvoir redresser au sec et à couvert les ételles[1] devant et après qu'elles sont busquées; ils ne les travaillent pas avec tant de soin que celles de France; et au lieu qu'à celles-ci les galavernes sont attachées avec du filet, à Venise on les attache avec un lien de fer à chaque bout.

A côté de ces halles est un magasin où on remet

1. Pièces de bois dont on fait les rames.

les rames quand elles sont faites; on y voit aussi le brancard de la chaise où le doge est porté dans la place Saint-Marc par tous les ouvriers de l'arsenal, le jour de sa proclamation et où il fait ses libéralités au peuple, accompagné d'un de ses parens et de l'amiral, ainsi qu'il est représenté dans un tableau qui est dans le même magasin.

Au devant de ce magasin, il y a une muraille ou plutôt quelques piliers de pierre traversés par des pièces de bois où sont appuyées les ételles des rames devant que d'être busquées ; on les tient aussi exposées à l'air, et on les enfonce d'un pied dans terre, parce qu'elles s'en conservent mieux, à ce qu'ils disent, au lieu qu'à Marseille la nature du bois demande qu'elles soient couchées et à couvert.

Du magasin des rames, on passe dans les fonderies. Il y en a six de suite, dans la plupart desquelles il y a un fourneau et un alésoir[1], avec plusieurs grues pour transporter les pièces d'un lieu à l'autre. Le fourneau est à peu près comme ceux des fonderies de France ; mais quant à l'alésoir il est tout différent, n'étant composé que d'une grande roue qui, étant tournée par deux hommes, fait tourner une lanterne au bout de laquelle est attaché le carré sur lequel, par le moyen d'un cabestan, se ramène le canon qui est couché sur le rouleau.

Dans la dernière de ces fonderies, il y a pour pe-

---

1. Machine qui sert à calibrer et polir l'âme du canon.

ser la fonte une balance d'une grandeur prodigieuse et d'une justesse merveilleuse.

De cette fonderie, l'on va dans la corderie, dont la longueur est de 150 toises sur 10 de large ; elle est partagée par deux rangées de piliers en trois allées ; celle du milieu a de largeur quatre toises et de hauteur jusqu'à la charpente du toit ; les deux autres ont deux toises et demie de large. Au-dessus, il y a un plancher en forme de jubé qui a vue sur la galerie du milieu. On file les cordages d'une tout autre manière qu'en Provence. Le fileur est assis, ayant son chanvre près de lui, et le filet se tord par le moyen d'un petit garçon qui tourne un rouet fort léger pendu à son col, marchant toujours en avant et de côté à mesure que le filet s'avance ; quand il est fait ainsi sur les galeries d'en haut, on le jette en bas par des trappes dans les galeries du dessous où on le commet[1] en tel cordage qu'il est nécessaire. On y tient aussi quantité de chanvre, tout celui qu'on entre dans la ville étant d'abord porté dans l'arsenal, d'où on le distribue ensuite aux particuliers. C'est un chanvre fort blanc et fort fin qui vient de Bologne. Ils en coupent les têtes et le font peigner dans un endroit qui est à côté de la corderie. Au sortir de la corderie, on passe par-devant un magasin où se met le cordage par entrepôt, lorsqu'il est commis.

De là, on va dans une halle où se font les rames

---

1. *Commettre le cordage*, le mettre ensemble, le corder.

des galéasses, de la même disposition que celles où l'on fait les rames des galères.

Ensuite on tourne à droite dans une grande allée qui se trouve derrière les halles qui sont à droite de la seconde darse, de sorte que l'on voit d'un côté quantité de corps de galères, les unes vieilles, les autres neuves, commencées en différens temps, et de l'autre côté on entre dans plusieurs magasins tous de suite où se fait la raffinerie de salpêtre.

Sur le même alignement, on trouve deux magasins pour les poulies, où il n'y a rien d'extraordinaire à remarquer.

De là, on passe dans un grand magasin pour les affûts; il y a aussi quelques pièces de canon fort curieuses.

Vis-à-vis il y en a encore un autre pour le même usage, où l'on voit entre autres deux pièces de canon en forme de colonnes corinthiennes, fondues en présence de Henri III, un autre canon qui a sept bouches, un à trois, cinq ou six, d'un calibre fort grand, et un petit fait de cuir recouvert de lames de cuivre.

Lorsqu'on a traversé ce grand magasin on passe à l'étuve, tout autrement faite que celles de Hollande, mais qui n'en est pas meilleure. Le lieu où l'on sèche les cordages n'a qu'un fourneau de fer dans le milieu, en sorte qu'on n'y peut pas mettre le feu par dehors, ce qui est très-incommode pour la chaleur que souffre celui qui en a le soin; de plus, il y a du danger pour les cordages qui sont au-dessus, à cause que le fourneau n'étant jamais bien fermé, il peut s'élever des étincelles; et comme la cheminée se trouve engagée, on ne peut pas bien ménager les degrés de chaleur en donnant plus ou moins d'air par le moyen de certaines coulisses dont ils se servent en Hollande.

Après que l'on a vu l'étuve, on monte dans des salles d'armes qui sont au-dessus des magasins aux affûts et canons dont il est parlé ci-devant; il y en a qui ont des décorations différentes dans la manière de ranger les armes; les unes sont divisées en trois allées par deux traverses, les autres en deux allées, où l'on en voit d'abord une remplie de cuirasses et de piques rangées en bande qui forment une tapisserie de la hauteur du plancher sur toute la longueur. D'autres sont divisées par arcades, au dedans desquelles sont des coutelas qui se croisent et qui suivent à la hauteur de l'imposte la forme du cintre, dont le dehors est entouré de casques en deux et trois rangées; et dans les épaisseurs des trumeaux sont des armoires pour des fanaux de galères remportées sur les Turcs ou pour tenir des mousquets en paquets et d'autres armes. Il y a d'autres salles qui ont tout autour et dans leurs traverses des armoires à hauteur d'appui remplies de cuirasses à écailles fort légères, et au-dessus sont d'autres armoires qui vont jusqu'au plancher, garnies de mousquets et pistolets à rouet fort bien tenus. De ces salles-ci, on passe par-dessus un pont pour aller à une autre qui paroît la plus grande de toutes. Tout autour règne une corniche toscane soutenue d'espace en espace par des pilastres couverts de coutelas qui se croisent jusqu'aux piédestaux, à la hauteur desquels est une rangée de mousquets qui forment une palissade de chaque côté d'où s'élèvent plusieurs espadons dans une égale distance dans l'entre-deux des pilastres. Sur la longueur de la salle, la muraille est hérissée d'une forêt de mousquets qui présentent la bouche de tous côtés; et sur les deux bouts, entre les deux croisées, est un soleil dans le milieu du trumeau et aux quatre coins quatre vents, dont les rayons sont des lames de coutelas.

Auprès de toutes ces salles d'armes, on voit la boutique des armuriers qui y travaillent toute l'année; il y en a quatre d'entretenus, qui, moyennant ce qu'on leur donne par an, sont obligés d'avoir des ouvriers et de tenir toujours les armes nettes.

Lorsque l'on est descendu de ces salles d'armes, on trouve une rangée de plusieurs magasins de suite qui sont au bout et en face de la seconde darse. De ces magasins, les uns servent pour mettre les affûts de marine, les autres pour les boulets, d'autres pour les timons de galères et galéasses; dans celui des affûts, il n'y a rien à remarquer; dans celui des boulets, on les voit tous rangés en pyramides différentes, selon la diversité des calibres, entre autres celle du milieu, du calibre de quarante-huit, livres, qui va presque jusqu'au plancher et contient ..... [1] boulets.

Dans le magasin des timons, on voit la différence de ceux des galères de Venise à ceux de France, les premiers étant de beaucoup plus courbés que les autres, ce qui les rend plus faciles et plus prompts à gouverner.

On passe ensuite aux halles qui sont de l'autre côté de la seconde darse. Toutes ces halles sont pour bâtir des galères; il n'y a que les deux premières qui servent de remise; pour les mâts, ils en ont de très-gros qui paroissent les plus sains du monde, queique la nature en soit différente de ceux de Ponant; aussi les conservent-ils à couvert, élevés au-dessus de terre, au lieu que les autres veulent être dans l'eau; ils les font venir du Frioul, d'une forêt qu'on appelle Cadavro, sur les confins de l'Allemagne.

Après avoir vu les mâts, on traverse une des halles qui ...... [2] pour aller derrière, où l'on trouve encore une autre rangée de halles qui aboutit à un troisième canal plus grand qu'aucun des deux autres. On laisse une partie de ces halles à main gauche, et, sous celles que l'on trouve à droite, on voit des scieurs qui travaillent à faire des planches de sapin.

De là, on passe à la tête du troisième canal, où

---

1. Le chiffre est en blanc dans le manuscrit.
2. Il y a ici un blanc dans le manuscrit.

l'on trouve un quai et deux halles dans l'eau, où l'on vient achever l'œuvre morte des galères, quand elles sont mises à l'eau.

On entre ensuite sous les halles qui sont de l'autre côté du troisième canal, et on les traverse par derrière d'un bout à l'autre de l'arsenal; on trouve d'abord dans les premières de certains bâtimens en forme de barques longues dont les Vénitiens se servoient autrefois pour aller en course.

On voit ensuite plusieurs vieilles galères qui ont été tirées à terre, dont les unes sont abandonnées pour ne pouvoir plus rendre aucun service. Les autres se raccommodent pour reservir encore à la mer jusqu'à huit et dix années, après avoir déjà servi autant. On trouve après de vieilles galères prises à la bataille de Lépante et autres occasions sur les Turcs, lesquelles ont beaucoup de rapport avec celles du roi.

On voit ensuite plusieurs brigantins[1] grands et petits dessous une ou deux halles. Dessous d'autres, il y a de certains gros corps de galères beaucoup plus forts que les ordinaires, dont les Vénitiens se servoient autrefois pour envoyer en marchandise.

Tout le reste des halles est rempli de galères neuves, la plupart toutes achevées jusqu'à l'œuvre morte, leur maxime étant de les laisser reposer longtemps sur les chantiers devant que de les mettre

---

1. Petit bâtiment à un seul pont, gréé en brick.

à la mer. Il y en avoit une entre autres presque parfaite, où il étoit plus facile de remarquer en quoi elles diffèrent de celles de France.

Elle étoit de vingt-sept ou vingt-huit bancs, qui sont celles qu'ils appellent bâtardes, destinée pour servir de capitane du golfe ou bien à quelques officiers majors de l'armée, les ordinaires n'étant, comme celles de France, que de vingt-cinq ou vingt-six bancs.

Si on en considère d'abord la matière, on voit qu'elles sont toutes de bois de chêne, lequel ils faisoient autrefois durcir dans l'eau durant quelques années; les grandes affaires qu'ils ont eues dehors dans ces derniers temps leur ont fait négliger ce soin, de sorte que l'on remarque que les bordages se sont séchés depuis qu'ils sont posés, les commens[1] se sont considérablement élargis, et il faut une prodigieuse quantité d'étoupe pour les remplir. Si on examine la manière dont elles sont bâties et que l'on en considère le gabarit[2], on trouvera premièrement que les madriers[3] sont beaucoup plus plats qu'aux galères de France, et que, par conséquent, celles de Venise ont plus de plan, ce qui fait qu'elles ne roulent pas tant; et qu'elles approchent plus près de terre dans un débarquement;

---

1. Couture des bordages.
2. Proportion, calibre.
3. Varangues de galères (terme de la marine du Levant).

elles ont aussi plus de quartier[1] à poupe et à proue, ce qui les soutient davantage, mais cela contribue à les rendre plus pesantes. La poupe est encore autrement taillée, en ce qu'elle ne se termine pas par en haut en cul-de-moulin comme aux galères de France, mais elle est coupée comme la proue, et l'élancement se fait tout d'une autre manière, le talon allant en arrondissant, au lieu qu'aux autres il est coupé presque de droite, et le capion[2], qui fait en France la ligne droite, se recourbe aux galères de Venise sur l'avant. Quant à la proue, la rode[3] n'a pas tant d'élancement et paroît plus droite qu'aux galères de France, ce qui fait qu'elle se soutient davantage, mais qu'elle ne fend pas les eaux si facilement.

Pour voir le reste de la galère, il faut monter dedans et commencer à considérer la poupe, qui est fort grande, mais c'est aux dépens de l'espale[4], qui se trouve fort petite, à cause que la clôture de la chambre de poupe avance de plus de deux pieds au delà de l'estanage[5] d'avant; aussi y entre-t-on par deux petites portes à côté de l'échelle. Toute la poupe,

1. Hanche du navire.
2. La tête de l'étrave ou de l'étambot.
3. Rode de proue, l'*étrave*; rode de poupe, l'*étambot*.
4. Espace entre la poupe de la galère et le coursier. Au milieu s'élève le tabernacle, poste de commandement du capitaine.
5. Arc formé par les *estains* ou cornières, pièces courbées qui vont de l'étambot à la lisse d'arcasse et dessinent les contours de la poupe.

quand elle est achevée, est vitrée de tous les côtés, non-seulement au-dessus des bandins [1], mais encore sur le devant, où la plupart n'ont point de porte pour aller sur le coursier [2], d'autant qu'il y a des moisselats [3] où sont attachés les pastèques [4] des vettes [5] de maître, qui sont relevés au-dessus du plain-pied de l'espale, ce qui fait qu'on ne peut pas passer facilement d'un côté à l'autre.

Si on va plus avant dans la galère, on rencontre d'abord l'escontre [6], qui est de fer, qui s'élève droit et se recourbe en haut vers la flèche pour la soutenir, en quoi il paroît plus commode que celui des galères de France, mais il n'a pas tant de force et ne pourroit pas supporter le poids de la poupe s'il en étoit extrêmement proche, l'espale étant fort étroite. Après avoir passé l'escontre, on monte sur le coursier, lequel est fort étroit, particulièrement aux galères qui sont divisées en cinq parties, parce qu'à celles-ci l'arbre se mettant à la distance de trois de ces parties de la poupe, le coursier ne se trouve pas assez long pour le recevoir,

---

1. Balustrade de poupe.

2. Passage de la proue à la poupe, entre les deux rangées de bancs des forçats.

3. Pièces de bois servant d'appui au grand mât, aux trinquets ou aux pieds-droits des berceaux de poupe des galères.

4. Poulie coupée ou de retour.

5. Cordage, garant de palan.

6. Support en fer qui part du coursier de la galère et s'arcboute par dessus l'espale contre la flèche de la poupe.

de sorte qu'on n'est pas obligé de le tenir de la largeur qui seroit nécessaire si l'arbre avoit à entrer dedans.

Cette même raison fait qu'en désarborant, il faut que l'arbre reste à moitié suspendu et appuyé d'un bout seulement sur la flèche de la poupe; et cette nécessité provient non-seulement de ce que les galères de Venise ont, à proportion, l'arbre de maître plus haut que les galères du roi, mais encore de ce que les bancs étant plus serrés, la poupe et la proue plus étroites, les galères se trouvent fort petites, encore bien qu'elles aient la même quantité de bancs que celles de France.

Si on va plus avant, on trouve la chelamide [1], qui s'élève de trois pieds pour donner plus de soutien à l'arbre, au lieu qu'en France elle ne paroît pas.

Après cet endroit, le coursier se hausse insensiblement vers la proue, en sorte que quand on est arrivé au château, on monte facilement dessus par le moyen d'une marche seulement. Il n'est pas tout à fait bâti comme celui des galères de France, et il y a aussi plusieurs choses qui sont d'un usage particulier; premièrement pour sa construction, les deux rambades [2] sont plus petites et plus écartées,

---

1. Pièce de chêne posée sur a contre-quille de la galère pour servir d'appui au mât.

2. Plate-forme de combat à l'avant de la galère. Il y en avait deux, élevées parallèlement et réunies par un pont au-dessus du canon de coursier.

en sorte qu'entre les deux le chapeau des bittes [1] se trouve plus long, et sert à soutenir deux fourchettes où se posent deux pièces de 4 livres de balle, qui se mettroient en bas sur la couverte aux galères de France.

Les galères de Venise ont encore sur la rambade un parapet qui se tient ordinairement couché pour ne pas empêcher les manœuvres du trinquet [2] et se lève en cas de combat pour couvrir les mousquetaires qui sont en haut, et couvre encore les canonniers qui sont en bas ; on peut remarquer à la proue que les organeaux du tambouret [3] sont plus hauts qu'aux galères de France, ce qui leur donne plus de facilité pour serper.

Pour ce qui est du reste de la galère, il y a encore beaucoup d'autres choses à remarquer qui sont particulièrement propres aux galères de Venise, comme entre autres, de mettre l'arbre de trinquet à gauche, et de ne pas appuyer contre les bittes comme aux galères de France, de mettre le fougon [4] à main droite en entrant, au quatrième banc, au lieu qu'en France il est à gauche et plus éloigné de la poupe,

---

1. Charpente formée de deux pièces posées debout sur les varangues et d'une traverse appelée chapeau de bitte. Les bittes servent à amarrer les câbles des ancres mouillées.

2. Mât d'avant d'une galère.

3. *Tambouret*, espace libre sur les galères vers le mât de trinquet et les rambades, pour embarquer l'artillerie et *serper* (lever) l'ancre. Les organeaux de tambouret étaient les bossoirs servant à cette manœuvre.

4. Foyer ou cuisine d'un bâtiment.

de n'avoir point de couroir¹, et de faire aller les aubalestrières² jusque sur l'apostis³, en sorte que les soldats se mettent dans le vide qui se trouve entre deux.

Une autre chose à remarquer est qu'au lieu de batailloles⁴ et de filarets⁵ sur l'apostis, ils ont un parapet de la hauteur de deux pieds qui va tout le long de la galère.

Voilà en peu de mots les principales choses qui différencient les galères de Venise avec celles de France; il faut continuer présentement à voir ce qui reste dans l'arsenal.

Après avoir passé toutes ces halles qui sont le long du troisième canal, on retourne à d'autres qui aboutissent au premier, lesquelles sont extrêmement grandes parce qu'elles sont destinées pour les constructions des galéasses. On en voit présentement une sur le chantier qui est entièrement achevée et qui se peut mettre à la mer quand on voudra; c'est un bâtiment d'une grandeur extraordinaire qui tient de la

---

1. Couloir ou passage étroit entre les bancs des galériens et l'apostis.
2. Arcs-boutants des bancs des rameurs. Ils s'arrêtaient au *couroir*, poste de combat des soldats, ou allaient jusqu'à l'*apostis*, et alors les soldats se tenaient entre deux.
3. Longue pièce de bois servant à supporter les rames de chaque côté de la galère.
4. Double rangée de montants de fer et de bois placés autour de la galère, sur les aubalestrières et l'apostis, et portant les filarets.
5. Lisses de bois placées en garde-fous sur les batailloles.

galère et du vaisseau; il porte trois arbres comme les vaisseaux, mais ses voiles sont latines comme celles des galères; il n'a qu'un pont, dont le dessous non-seulement sert pour porter ses victuailles, mais est capable encore de porter celles d'une armée; et sur le pont, ou plutôt sur la couverte, il y a des bancs disposés comme à une galère. Il y en peut avoir vingt-six de chaque côté où se mettent sept hommes de front; mais les canons qu'il faut qu'elle ait de chaque côté font qu'ils se réduisent à vingt-trois; elle a, comme une galère, un coursier qui va de poupe à proue, et duquel on monte sur les châteaux de l'avant et de l'arrière; celui de l'arrière est composé d'une grande chambre à plain-pied du coursier, au-dessus de laquelle en est une autre en forme de gaillard, autour de laquelle est une galerie garnie de pierriers et d'espingardes. Le château d'avant a du rapport avec celui des vaisseaux et est garni de quatre canons, savoir : deux en haut de 30 livres de balle et deux en dessous de 50 livres; il y a encore à droite et à gauche plusieurs autres pièces de canon, qui, avec celles qui sont le long des filarets et à poupe, font le nombre de vingt-six ou trente. C'est tout ce qu'on peut remarquer dans ce bâtiment, n'ayant qu'une demi-heure de temps à le considérer.

De ce bâtiment, on passe, après avoir traversé quelques halles, dans un autre qui n'est pas moins admirable, non par sa force, mais pour sa beauté et pour sa construction particulière. C'est le *Bucen-*

taure, qui ne sort qu'une fois l'année, le jour de l'Ascension, lorsque le doge, accompagné de toute la Seigneurie, monte dedans pour aller jeter un anneau entre les deux châteaux, comme pour épouser la mer. C'est un bâtiment dont le dessous est fait de tous points comme une galère, au-dessus de laquelle est un second pont où l'on entre par la proue. Il y a d'abord en entrant un grand espace vide, et de là on passe à droite et à gauche sous deux galeries couvertes qui conduisent à la poupe où sont le siége du doge dans le milieu, et, de chaque côté, des bancs où se mettent les ambassadeurs des princes, les jours de cérémonie; il y en a d'autres tout le long des galeries de chaque côté pour le reste des nobles. Le couvert au dedans est orné d'un bout à l'autre de sculpture, et le dessus est couvert d'un damas le jour de l'Ascension. Il est soutenu de poupe à proue par des figures, et depuis le haut jusqu'en bas le bâtiment est enrichi de tous les ornemens de sculpture qu'on s'est pu imaginer.

Après avoir vu le *Bucentaure*, il ne reste plus que les salles d'armes qui sont proche la porte de l'arsenal, où les armes sont rangées à peu près comme dans les autres, de sorte qu'il n'y a rien de particulier à dire sur leur sujet, sinon qu'étant, à l'heure que le travail finit, aux fenêtres de ces salles, on voit sortir les ouvriers au nombre de plus de 2,000, soit qu'on en eût fait venir davantage ce jour-là, ou qu'ils y soient entretenus d'ordinaire, comme on dit.

II

DE LA MANIÈRE DONT L'ARSENAL DE VENISE EST GOUVERNÉ.

L'arsenal de Venise est gouverné par trois nobles dont le ministère dure trente-deux mois, au bout desquels on en nomme trois autres. Ils partagent entre eux trois le service qu'ils doivent rendre à l'arsenal, chacun d'eux étant obligé d'y coucher un mois de suite, pendant lequel temps il sert avec une plus grande assiduité que les autres. Celui-là, pendant son mois, doit avoir le soin d'aller solliciter tous les samedis matin le fonds nécessaire pour la dépense qui s'est faite pendant la semaine, et d'en porter au collége l'état pour le faire ballotter et approuver. Il assiste, l'après-dîner du même jour, au payement qui se fait tant aux ouvriers qui travaillent à la journée qu'aux entrepreneurs des ouvrages et des fournitures. A ce payement doivent encore se trouver le contrôleur de la caisse et le trésorier, qu'on nomme *pagatore principale*, chacun de ces officiers étant obligé d'écrire dans un registre particulier la distribution de tout l'argent qui se donne en leur présence.

Par-dessus les trois nobles qui ont le détail de la direction de l'arsenal, il y en a trois autres nommés par la République, qui sont tous trois choisis non-seulement parmi les sénateurs les plus anciens, mais encore parmi ceux qui ont eu quelque commandement sur mer; leur fonction est d'assister aux conseils qui se doivent tenir trois fois la semaine entre eux et les trois premiers nobles. Les jours destinés pour ces conseils sont le lundi, le mercredi et le vendredi. Le lundi est destiné pour délibérer sur tout ce qui regarde les ouvriers, savoir : pour enrôler de nouveaux garçons, augmenter la paye à quelques-uns à mesure qu'ils avancent en âge, recevoir des maîtres, faire donner l'ordre pour commencer des galères, et généralement pour parler de toutes les choses qui regardent les ouvriers. Le mercredi est employé à donner la permission aux ouvriers qui travaillent aux constructions particulières hors de l'arsenal de pouvoir faire couper du bois de chêne, cet ordre s'observant pour conserver ces sortes de bois, afin que la République en ait toujours la quantité qui lui est nécessaire. Il est même défendu aux particuliers, quelque permission qu'ils aient, d'en faire couper dans les terres de sa domination de plus de 4 pieds de grosseur. Le vendredi est employé à faire les marchés des fournitures de toutes les choses nécessaires pour l'arsenal, comme fer, plomb, poix, chanvre, futailles, mousquets, vin, huile, suif, etc. Ces marchés qui sont faits dans le conseil de l'arsenal ne sont pourtant validés qu'après avoir été approuvés du sénat; et les conseils particuliers dudit arsenal ne peuvent aussi être tenus qu'il n'y ait quatre nobles, deux provéditeurs et deux des autres qui sont commis à la charge de l'arsenal. Les trois nobles qui ont soin du détail de l'arsenal s'appellent patrons, et les trois nobles anciens se nomment provéditeurs.

Le devoir du noble qui est de mois à la garde de l'arsenal est de donner tous les matins audience aux ouvriers pour décider sur tous les petits différends qui peuvent naître entre eux; il doit encore tenir le rôle de tous ceux qui entrent chaque matinée au travail, comme aussi signer tous les billets de la consommation qui a été faite le jour précédent, aucun maître de fabrique ne pouvant aller prendre ce qu'il doit employer de clous ou de fer, qu'il ne laisse un billet au garde-magasin où il prend ce qui lui est nécessaire, lequel billet doit être signé le lendemain matin par le noble de garde, qui examine si l'emploi de ce qui est porté par le billet a été véritablement fait. De cette sorte, on peut savoir au bout de chaque année ce qui s'est employé tous les jours, et l'on sait aussi tout ce qui est entré et sorti de l'arsenal par le moyen de pareils billets, qu'il faut que le même noble signe tous les jours pour toutes les choses qui y viennent et pour toutes celles qu'on en tire. Il est encore du soin du noble de garde de faire, trois ou quatre fois la semaine, une visite par tout l'arsenal pour presser les ouvriers d'achever les fabriques les plus pressées et obliger les officiers à se tenir dans leur devoir et à y tenir les autres.

Outre ces six nobles commis à la garde de l'arsenal ou au conseil qui s'y tient, il y a encore trois autres officiers qui ont, sous l'autorité de ceux-ci, quelque part au gouvernement, étant nécessaire qu'ils assistent à toutes les assemblées. Le premier est le secrétaire qui instruit et rapporte tous les procès en matière civile ou criminelle qui arrivent dans l'étendue de l'arsenal et dans le ressort de sa juridiction, qui est séparée et indépendante de toutes les autres juridictions particulières de Venise. Le deuxième officier est le procureur fiscal qui fait, dans ce conseil, la même fonction que font les procureurs généraux dans les parlemens de France; le troisième officier est le grand écrivain, qui tient registre de toutes les délibérations, de toutes les sentences données, et généralement de tout ce qui se fait dans le conseil de l'arsenal. Il tient aussi un registre particulier où sont enrôlés tous les ouvriers qui y travaillent, où est spécifié le temps auquel ils sont entrés au service, afin de leur augmenter la paye à mesure qu'ils avancent en âge, selon l'ordre qui est établi dans l'arsenal, comme on peut voir dans les articles suivans.

Après ces principaux officiers, qui ne regardent que le conseil, vient la suite des autres officiers qui régissent, sous l'autorité des premiers, tout ce qui regarde le détail de l'arsenal.

Le premier de ceux-ci est l'amiral. Il est choisi entre les plus expérimentés des bas officiers de marine, étant nécessaire d'avoir dans cette fonction un homme très-habile en ce métier ; il a soin de tous les armemens et désarmemens des galères, et il est chargé de tout ce qui entre dans l'arsenal concernant les agrès ; il doit avoir soin de faire tirer à terre tous les vieux bâtimens qui peuvent être raccommodés et de mettre à la mer ceux qui sont achevés, les faire garnir de leurs arbres et timons et de toutes les choses nécessaires pour leur armement. C'est lui qui doit ordonner de la quantité et de la qualité des cordages qui se font, les voir filer et commettre ; il doit donner aussi les premiers ordres pour faire sortir de l'arsenal toutes les choses qui sont nécessaires, tant pour fournir les autres arsenaux de la République que pour les travaux et les armemens qui se font hors de la maison, lesquelles choses ne peuvent cependant sortir sans un billet signé par le patron de garde. Il est obligé encore d'assister, à son tour, le soir et le matin, lorsqu'on ferme et qu'on ouvre la porte, et d'en faire porter la clef au patron de garde ; comme aussi il doit assister deux ou trois fois par jour au lieu où l'on fait le breuvage pour les ouvriers, afin qu'on ne mette audit breuvage que la quantité d'eau qui est ordonnée. Il faut qu'il tienne un registre de tout ce qui regarde sa fonction, tant de ce qu'on lui consigne que de ce qui sort par son ordre de l'arsenal.

Après l'amiral, l'officier qui suit et qui a le plus d'autorité après lui s'appelle *maser*. Il doit tenir registre général de tout ce qui entre et qui sort, et pour cet effet il doit peser et examiner tout ce qui vient, ne laisser rien sortir sans un mandement exprès du sénat, et même tous les billets du patron de garde doivent être contre-signés par lui ; il a en garde toutes les choses qui se consomment journellement, comme l'huile, le suif, la chandelle, les outils, et doit assister toutes les semaines au magasin de la ferremente pour voir peser et recueillir l'ouvrage des forgerons et pour leur donner ensuite le billet nécessaire pour leur payement.

Après le *maser* suit le *quadernier*, qui est un officier destiné pour tenir un registre de tous les marchés qui se font avec les particuliers pour les fournitures de l'arsenal, où est spécifié ce qui est dû aux marchands ou ce qu'ils doivent sur les avances qu'on leur a faites ; il tient encore un autre registre où sont marqués tous les payemens qui se font aux ouvriers qui travaillent hors de l'arsenal, et c'est lui qui leur doit donner les billets en vertu desquels ils reçoivent le payement de leur travail des mains du *pagatore* général.

Après le *quadernier* vient le *scontra alla cassa*[1] ; c'est le contrôleur qui doit assister au payement de tous les ouvriers ; il n'est obligé à autre chose qu'à tenir registre de l'argent qui se donne.

Le *pagatore* vient après, qui est celui qui doit

1. Contrôleur des fonds.

compter l'argent aux ouvriers et marchands et prendre garde que les payeurs qui sont au-dessous de lui payent les ouvriers avec exactitude et manuellement.

Le *scontro alle licenze* est un officier qui tient un registre de tous les charpentiers et ouvriers hors de l'arsenal pour le service des particuliers qui ont besoin de bois de chêne, dans lequel registre il doit marquer le temps et la quantité qu'on en a donné à chacun d'eux, afin qu'il ne s'en distribue ni ne s'emploie que ce qui a été ordonné. Il doit aussi prendre l'argent pour chaque billet qui donne permission de couper du chêne, pour en rendre compte ensuite aux officiers de la caisse. Chaque billet pour la permission de couper du chêne coûte 13 livres, et on n'en donne que de six en six mois.

Le *scontro alle porte* est un homme qui doit se trouver à la porte tous les matins, lorsque les ouvriers entrent au travail, afin qu'après qu'ils ont été marqués par les *appuntatori* (pointeurs), il puisse signer le rôle qui fait foi de tous ceux qui sont ou ne sont point entrés. Il doit encore, tous les samedis, en faire un rôle général et supputer ce qui est dû à chacun; les *appuntatori* doivent assister à ce compte.

Les *appuntatori* sont quatre officiers qui doivent se tenir le matin à l'ouverture de la porte de l'arsenal pour marquer tous les ouvriers qui entrent; il y en a deux qui sont destinés pour marquer les charpentiers, le troisième pour les calfats, et le quatrième ceux qui travaillent aux rames, les forgerons à la journée, et les femmes qui cousent les voiles. Chacun d'eux doit, tous les samedis, faire la rédaction des sommes de leur rôle particulier, qui se doivent rapporter à ce qui a été compté par le *scontro alle porte*.

Par-dessus les quatre *appuntatori*, il y a quatre *despuntatori* (contre-pointeurs) qui, une demi-heure après que les ouvriers sont entrés, vont par tous les ateliers pour voir si tous les ouvriers qui ont été marqués travaillent, afin qu'en trouvant quelqu'un en défaut, ils le fassent démarquer.

Par-dessus ces *appuntatori* et *despuntatori*, il y a encore un officier qu'on appelle *ravesidor*, qui peut aller à toutes les heures du jour voir si les ouvriers travaillent; et en cas qu'il en trouve quelqu'un qui ne soit pas dans son devoir, il lui fait retenir la paye de sa journée.

Il y a encore un officier qu'on appelle capitaine, dont la fonction principale est de mettre en prison ceux qui n'observent pas les ordres de l'arsenal; il doit assister à l'entrée et à la sortie des ouvriers, afin que le matin on n'apporte point de la viande ou du vin pour les ouvriers, et le soir pour empêcher qu'ils n'emportent ni des copeaux ni des marchandises de l'arsenal.

Il y a quatre portiers qui sont de garde chacun leur semaine. Celui qui est de garde se doit toujours tenir entre les deux portes, va prendre la clef le matin dans la chambre du patron de garde et la lui doit rapporter tous les soirs. Il ne doit rien laisser sortir sans un billet signé de sa main et contre-signé du *maser* et d'un des *soprastanti* ; et lorsque ce sont des choses dont l'amiral a soin, il faut que ce billet soit encore contre-signé de l'amiral. Il ne doit rien laisser entrer non plus sans un billet signé du patron, et lorsque les barques qui ont apporté quelque marchandise dans l'arsenal en ressortent, un des portiers doit les aller visiter pour qu'elles ne remportent rien ; et toutes les fois que les ouvriers sortent, tous les quatre portiers y doivent être pour voir s'ils n'emportent rien de défendu.

Les *soprastanti* sont quatre officiers qui ont accoutumé d'être toujours présens à la porte pour pouvoir tenir compte de tout ce qui entre, pour le mesurer ou le peser suivant la qualité de la marchandise, et en tenir un compte exact et donner des billets à tous ceux à qui on doit quelque chose pour des fournitures, suivant en cela le registre du *quadernier*, qui tient compte de tout ce qui est dû ; ils doivent aussi, à la sortie des galères ou autres bâtimens, vérifier si tout ce qui est nécessaire y est dedans, comme aussi prendre garde s'il y a quelque chose de superflu et qui n'ait point été donné par le sénat. Et pour cet effet, ils donnent des billets sans lesquels rien ne peut sortir de l'arsenal.

Il y a encore à la porte deux estimateurs, qui ne font autre chose que juger de la qualité du bois qui entre, y mettre le prix, le mesurer et vérifier s'il est de la grosseur et longueur portées par les prix faits avec les marchands. Et suivant le rapport qu'il en fait au *quadernier*, celui-ci écrit sur son livre ce qui est dû auxdits marchands, à proportion de ce qu'ils ont fourni. Ces deux estimateurs ont encore le soin d'aller trois fois la semaine mesurer le bois qu'on a scié, afin de faire payer aux scieurs ce qui leur est dû, suivant le marché fait avec eux. Ils vont aussi par la ville dans tous les ateliers où il peut y avoir du chêne, pour voir si on n'en a pas coupé sans permission et examiner si celui qui a été coupé a plus de quatre pieds de grosseur; et lorsqu'ils n'y trouvent rien à dire, ils le marquent et souscrivent la permission, afin qu'elle leur serve de justification pour pouvoir demander une autre permission six mois après; et lorsque lesdits bois sont trouvés d'une grosseur défendue, ils sont confisqués, et celui entre les mains duquel ils sont trouvés et à qui ils appartiennent ne peut plus obtenir permission pour en couper.

Il y a quatre maîtres fondeurs dans l'arsenal, auxquels on fournit la matière pour la fonte des canons et tout ce qui concerne l'artillerie; ils sont obligés, de leur côté, de fournir des hommes et le bois, et lorsqu'ils ont rendu leurs pièces en bon état, on leur donne tant par millier.

Il y a un entrepreneur pour le salpêtre, auquel on ne fournit pour ses ouvrages que le bois, lui étant payé tant par millier lorsqu'il a consigné sa marchandise.

Le balanzan est un officier qui a soin de tout ce qui concerne l'artillerie, qui reçoit les canons des mains des fondeurs, le salpêtre des mains du salpêtrier, et tout le reste comme boulets, balles de mousquet, mèches, enfin tout ce qui regarde le feu, bombes, mortiers, grenades; et il doit encore avoir soin de faire porter sur les bâtimens l'artillerie qui leur est nécessaire à leur sortie, et de la retirer lorsqu'ils reviennent.

Le maître de la cave est celui qui a soin de faire la boisson qu'on donne aux ouvriers, ce qu'il doit faire en présence de quelques officiers de l'arsenal. Il reçoit avec l'un des *soprastanti* tout le vin que l'on apporte à l'arsenal et le marque sur un registre, mettant le détail de la consommation dans un autre.

Pour la sûreté de l'arsenal, il y a un capitaine des gardes qui a le soin de placer quatre sentinelles dans chaque tour de l'arsenal, et d'heure en heure un de ceux qui sont dans la tour du clocher doit appeler à haute voix ceux qui sont dans les autres tours, qui lui donnent réponse en sonnant une clochette.

Le chef des charpentiers, qu'ils nomment *proto dei marangoni*, doit avoir le soin de diviser ses ouvriers dans tous les ateliers de l'arsenal, selon qu'ils sont nécessaires dans chaque fabrique; il doit prendre garde que les galères soient faites dans leurs justes proportions; il tient registre du temps où le bâtiment a été fini (il faut le laisser deux ans sur le chantier après qu'il a été fait), afin que les plus anciens soient mis à la mer avant les autres. Il doit, tous les quatre mois, se trouver un mois de suite à son tour, comme font l'amiral et deux autres officiers, à l'ouverture de la porte de l'arsenal, et assister lorsqu'on fait le breuvage. Il a par-dessus cela le soin de tout le bois de sapin, afin qu'il soit conservé, scié et travaillé en son temps. Il doit visiter toutes les galères qui sortent de l'arsenal; il a sous lui dix maîtres bâtisseurs de galères qui commandent aux ouvriers qui sont dans leurs ateliers, et dix autres maîtres qui ont soin de faire travailler les rames, les arbres, les poulies et autres parties de la galère, sous l'espérance de devenir eux-mêmes maîtres bâtisseurs ou chefs d'œuvres.

Le chef des calfats a la même juridiction sur ceux de son métier que le charpentier sur les siens; il a quatre chefs d'œuvres sous lui qui commandent les calfats des étoupes, et quatre autres qui commandent aux autres calfats, qu'on appelle perceurs, qui sont ceux qui font des trous pour les chevilles; il doit prendre garde de mettre toujours son monde aux galères qui sont les premières achevées, afin que le bois des autres ait le temps de sécher. Il est encore obligé, comme l'amiral et le maître des charpentiers, d'assister un mois de suite, de quatre en quatre mois, à la porte de l'arsenal, lorsqu'on l'ouvre et qu'on la ferme, et de voir de quelle sorte on fait le breuvage.

Le *proto dei remeri*, ou maître des rames, fait

faire toutes les rames dans les mesures nécessaires pour chaque bâtiment, devant avoir la prévoyance d'en faire de toutes les sortes par avance, et de les conserver dans un magasin; il a soin encore de faire faire les manches des espontons, des hallebardes, des piques, les baguettes des mousquets et autres bois de cette sorte qui sont nécessaires.

Le maître des arbres, qu'ils appellent *proto degli arbori*, est celui qui a soin de conserver les arbres, antennes et timons jusqu'à ce que les bâtimens aient été mis à la mer, pour les pouvoir placer quand ils doivent sortir; il faut qu'il aille dans les forêts où l'on coupe les arbres, afin de voir qu'ils soient coupés dans leur temps; que ce soit du bois sans défaut et dans les proportions nécessaires; il doit aussi, tous les quatre mois, assister à son tour à la porte et au lieu où on fait la boisson, comme l'amiral et les autres officiers qui y vont chacun à leur tour.

Le *proto* des poulies a soin de faire faire toutes les tailles, les poulies, masse-près, bastiques et autres enchâssures, comme aussi les calcets des arbres et tout ce qui sert au maniement des cordages d'une galère. Les tailles sont les enchâssures des poulies; les masse-près en sont une autre sorte. Les calcets sont les enchâssures des poulies qui sont au bout des arbres et qui servent à tirer l'antenne.

Le *proto dei fabri*, ou maître des forgerons, doit avoir l'œil sur tous les ouvrages qui se font dans la forge, prendre garde qu'ils soient de la qualité nécessaire, et, en présence du *maser*, faire peser tout ce qui sort de la forge pour le séparer en deux magasins, l'un pour la grosse et l'autre pour la petite ferremente.

Le maître des perceurs n'a d'autre soin que de partager dans les ateliers les ouvriers qui sont au-dessous de lui et de donner aux forgerons la mesure des clous et du reste du fer qui s'emploie dans l'ouvrage.

Le maître des scieurs doit visiter trois fois la semaine, avec deux estimateurs, tout le bois qui a été scié, pour le marquer et faire payer les ouvriers suivant le travail.

Le maître des maçons est obligé, pendant la pluie, de marcher par tout l'arsenal pour voir s'il pleut dans les halles, pour y donner ordre en même temps; comme aussi il doit visiter de temps en temps les murailles et les quais, afin de voir s'ils sont en bon ordre.

Le maître de la corderie, ou *proto della fune*, doit prendre garde que le chanvre soit bien peigné, que les gumes et les autres cordages soient bien filés et commis, et que tout ce qui est de sa charge soit en sûreté et bien conservé.

Chacun de ces *proti* ou maîtres susdits, excepté celui des perceurs et des scies, a sous lui un *sotto proto*, ou sous-maître, afin qu'en son absence il y ait toujours quelqu'un qui commande à l'ouvrage; ces sous-maîtres, comme les maîtres des scies, des perceurs, des poulies, sont payés à la journée, et tous les autres maîtres de plus de conséquence sont payés au mois, et presque tous sont logés proche l'arsenal aux dépens de la République.

Il y a quatre maîtres armuriers qu'on appelle *proti alle salle*, auxquels on donne 30 ducats par mois pour avoir soin de faire nettoyer toutes les armes qu'ils doivent tenir en bon état. Ce sont eux aussi qui gardent les clefs desdites salles.

Il y a encore sept *soprastanti* qui sont sept bas officiers qui ont chacun des fonctions différentes : l'un a soin de garder l'étoupe, l'autre la poix, un autre la grosse ferremente, un autre la menue, et aucun d'eux ne peut rien donner sans un billet. Il y en a un qui a soin de dresser les pièces qui soutiennent la quille des galères; un autre a soin d'y mettre les étais pour les soutenir à mesure qu'on les bâtit, et le dernier les bois qui sont nécessaires pour les mettre à la mer ou les en retirer : ces bois s'appellent en Levant vazades.

COMMENT LES OUVRIERS QUI SONT REÇUS A L'ARSENAL Y SONT ENRÔLÉS.

Comme il y a une subordination entre tous les officiers de l'arsenal, et que même les ouvriers ont des soldes différentes, on observe depuis longtemps un ordre par lequel chacun d'eux augmente de paye, à commencer depuis le temps qu'ils sont reçus et enrôlés dans le registre de ceux de la maison jusqu'à ce qu'ils parviennent aux premières charges.

La plupart de ceux qui y travaillent y ont été reçus à l'âge de dix ans, n'y en ayant aucun qui puisse être reçu avant cet âge. Il faut qu'ils soient présentés par un homme du métier qu'ils veulent professer et qu'ils s'attachent à celui que leurs pères ont exercé, ce qui est une régularité qui s'observe depuis peu. Un garçon qui est reçu à dix ans ou quelques années au-dessus, n'a, durant les trois premières années qu'il est reçu, que 4 sols par jour; les trois autres années ensuite, il a 8 sols, et pendant deux ans après, il a 16 sols par jour. Ces huit premières années passées, il prend un certificat de son *appuntator* pour faire voir le temps qu'il a fait, et va se présenter à la *banca*, c'est-à-dire au conseil de l'arsenal, qui, étant informé de sa capacité, lui accorde la permission de faire les preuves; lesquelles étant faites en présence du patron de garde, du chef de son métier et de douze maîtres qu'on choisit à cet effet, ils ballottent ensuite entre eux pour savoir s'il a assez de voix pour être reçu; et lorsqu'ils l'ont jugé capable de l'être, le conseil l'approuve et lui assigne en même temps 24 sols par jour; sa paye peut augmenter ensuite de deux en deux années, suivant sa capacité, de 2, 4, 6, 8, 10, 12 et jusqu'à 16 sols par jour, ce qui se fait en cette manière : tous les deux ans le sénat fait assembler un conseil dans l'arsenal où se trouvent avec les trois patrons et les trois provéditeurs ordinaires, un sage-grand, un conseiller, un sage de terre ferme, un chef de la garantie et un sage des ordres, lesquels tous ensemble font appeler les ouvriers les uns après les autres, et après s'être informés de chacun, leur assignent la solde qu'ils jugent à propos, sur le rapport qui leur en est fait. Mais jamais elle ne passe 2 livres par jour pour les charpentiers et 2 livres 2 sols pour les calfats, ces deux sols leur étant donnés de plus pour les viroles qu'ils peuvent avoir usées à percer les trous des chevilles qu'on met aux galères. Pour le reste des maîtres ouvriers calfats qui n'ont pas atteint la paye de 42 sols, on leur augmente celle qu'ils ont de 8 sols par jour du premier mars jusqu'au premier septembre à cause de la longueur des jours. Quant aux autres ouvriers comme portefaix, ou aux femmes qui cousent les voiles et à celles qui font les étoupes, ils sont payés d'une autre manière; y ayant en premier lieu deux sortes de portefaix, les uns qui travaillent à la journée et les autres à prix fait; ceux qui sont à la journée sont pour le service des charpentiers, pour leur porter le bois qui est nécessaire dans leurs ateliers, leur aider à le placer, et pour leur aller chercher à boire; on donne quelques-uns de ces portefaix à ceux qui font les rames et à quelques autres ouvriers de l'arsenal. Ceux qui travaillent à prix fait ont 22 sols de chaque chêne qu'ils tirent de l'eau pour le mettre sur les chantiers en état de pouvoir être scié; ils sont encore obligés de porter les pièces qui ont été sciées où les maîtres charpentiers leur ordonnent. Quant aux femmes qui cousent les voiles, elles ont 16 sols par jour, celles qui mettent les étoupes en rouleau ont tant pour cent.

L'ORDRE QUE L'ON TIENT DANS L'ARSENAL, SUIVANT LES SAISONS, POUR L'ENTRÉE ET LA SORTIE DES OUVRIERS.

Durant tout le temps de l'année, on a coutume de sonner une cloche au lever du soleil, laquelle sonne pendant une demi-heure seulement; cette demie est donnée aux ouvriers pour se rendre à la porte, y entrer et se faire marquer, n'étant donné à ceux qui restent et qui ne sont pas venus pendant la demi-heure qu'un quart d'heure pour être reçus, après lequel aucun ouvrier n'est admis pour ce jour-là.

L'ordre que l'on garde pour la sortie de l'arsenal est le même depuis le premier jour de novembre jusqu'au premier de mars. Les ouvriers dînent dans l'arsenal et sortent à vingt-trois heures [1], et le samedi à vingt-deux, laquelle heure est prise pour payer les ouvriers de leur semaine. Quant aux ouvriers qui ont soixante ans passés, on leur donne en tout temps la liberté de se retirer une demi-heure avant les autres. Au mois de mars, les ouvriers sortent à dix-sept heures pour dîner, reviennent à dix-neuf et un quart et sortent le soir à vingt-trois

---

1. En Italie, tout le cadran des horloges est divisé en vingt-quatre parties, de sorte que l'aiguille ne fait qu'un seul tour en vingt-quatre heures, et l'on y suppose que le jour commence au coucher du soleil. (*Dictionnaire Littré.*)

heures et demie; la même chose se pratique pour le mois de septembre. Au mois d'avril, ils vont dîner à seize heures, reviennent à dix-huit heures et un quart et sortent à vingt-trois; la même chose se pratique au mois d'août. Au mois de mai, ils sortent pour dîner à quinze heures, rentrent à dix-sept heures et un quart et se retirent à vingt-trois; la même chose se pratique en juin et en juillet. Le mois d'octobre, ils sortent à dix-huit heures pour dîner, rentrent à vingt heures et un quart et se retirent à vingt-quatre heures.

SECONDE PARTIE

DE LA RELATION DE MON VOYAGE EN ITALIE.

Pour suivre la division que j'ai faite sur l'instruction qui m'a été donnée en allant en Italie et venir à la seconde partie de mon voyage qui doit contenir tout ce qui regarde les forces et la politique des différens États par lesquels j'ai passé, je commencerai par leur division générale, en les distinguant par leurs dignités et marquant les maisons qui les possèdent.

L'Italie est divisée en onze principaux États, savoir: l'État du pape, le royaume de Naples, six duchés principaux et trois républiques [1].

[1]. En note : « Il y a encore une petite république enclavée dans les États du pape qui ne mérite pas d'être mise parmi ces trois, n'ayant que l'ombre de liberté : elle se nomme Saint-Marin. »

L'État du pape est celui sur lequel les papes dominent souverainement, qui ne porte titre de royaume, ni de duché, étant simplement appelé l'État de l'Église. Il comprend dans son étendue la campagne de Rome, la Sabine, le duché de Bénévent, qui est dans le royaume de Naples; le patrimoine de Saint-Pierre, le Pérugin, l'Ombrie ou le duché de Spolette, la Marche d'Ancône, le duché d'Urbin et la Romagne, avec le duché de Ferrare. Il y a dans la Romagne la petite république de Saint-Marin.

Naples. — Le royaume de Naples est un royaume considérable possédé par la maison d'Autriche. Il contient douze provinces avec les îles qui en dépendent, outre celles de Sicile et de Sardaigne.

Toscane. — Le duché de Toscane, que possède le grand-duc, de la maison de Médicis, est un des États de l'Europe qui porte le titre de grand-duché, avec ceux de Lithuanie et de Moscovie. Il possède la plus grande partie de la Toscane, trois républiques autrefois fort puissantes, Florence, Pise et Sienne, une partie de la Romagne, qu'on appelle Florentine, au delà de l'Apennin, et quelques lieux en Ombrie, une partie de l'île d'Elbe, et les îles de Capraja, Giglio, Gorgone et Meloria.

Dans la Toscane, il y a le petit État du prince de Massa, celui du marquis de Malespine, du seigneur de Piombino, et celui du comte de Petigliano.

Milan. — Le duché de Milan est encore possédé par la maison d'Autriche, avec le Crémonois et la seigneurie de Pontremoli. Plusieurs seigneurs relèvent de cet État, comme le marquis de Trivulce, le comte Borromée, le marquis de Marignan, de la maison de Médicis; le marquis de Caravaggio, de la maison des Sforce, qui a possédé autrefois l'État de Milan, comme aussi le comte de Visconti, qui est de la même maison que les premiers ducs de cet État.

Mantoue. — Le duc de Mantoue, qui est de la maison de Gonzague, possède les duchés de Mantoue et de Montferrat. Dans ce duché sont : le prince de Bozolo, de la maison de Gonzague, celui de Guastalla, le comte Nuvolare et le marquis de Castiglione. Il y a aussi la principauté de Sabionete, qui est possédée par un prince de la maison des Caraffa.

Parme. — La maison Farnèse possède les duchés de Parme et de Plaisance; dans la Toscane, elle tient encore le duché de Castro.

Modène. — Le duc de Modène, qui est de la maison d'Este, tient les duchés de Modène et de Reggio et la principauté de Carpi. Il a aussi la plus grande partie de la Carfagnana. Dans l'État du duc de Modène, est le duc de la Mirandole et le prince de Corregio.

Savoie. — Le duché de Savoie, dont est duc un prince de la maison de Saxe, comprend le Piémont, l'Astesan, le Vercellois, les comtés de Nice, de Tende et de Bueuil, les marquisats d'Oneglia et de Marro, et le marquisat de Saluces, qu'il a eu en échange des rois de France, pour la province de Bresse.

Venise. — La république de Venise tient le Polesin de Rovigo, le duché de Venise, autrement *il Dogado*, qui contient Venise et toutes les îles qui l'environnent, l'Istrie, le Frioul, Trévisan, Vicentin, Véronois, Bressan, Padouan, Bergamasque et Crémasque.

Gênes. — La seigneurie de la république de Gênes a dans son étendue la Rivière ou rivage du Couchant et du Levant. Elle commande aussi dans la Lombardie, où elle tient quelques lieux. Dans la Toscane, elle a la cité de Sarzane et quelques autres places, comme aussi la Corse. — La côte de Gênes comprend le comté de Nice, la seigneurie de Monaco et le marquisat de Finale.

Lucques. — La république de Lucques comprend le Lucquois et une partie de la Carfagnana.

De tous ces États, il n'y a que celui du pape qui soit purement souverain, et des républiques, il n'y a que celle de Venise qui soit indépendante : tous les autres États relèvent ou de l'Église ou de l'Empire.

Le roi d'Espagne tient à fief de l'Église les royaumes de Naples et de Sicile; pour le reste de ce qu'il possède en Italie, il relève de l'Empereur.

Le duc de Toscane tient le Siennois du roi d'Espagne, mais il prétend que les républiques de Florence et de Pise sont indépendantes, ayant été affranchies par divers empereurs. Il tient comme en vicariat perpétuel de l'Église, Radicofani avec le pays voisin.

Les ducs de Mantoue, de Modène, de la Mirandole et de Sabionete relèvent de l'Empire, et ceux de Parme, Plaisance et Segna, de l'Église.

Les princes de Massa, de Guastalla, de Bozolo et de Corregio relèvent de l'Empire, de même que les marquis de Castiglione, Masseran, Malespine, Torriglia et Mendola, les seigneurs de Monaco et de Piombino.

Les ducs de Savoie relèvent entièrement de l'Empire; le duc prend même en ses titres la qualité de prince et vicaire perpétuel de l'Empire.

Pour ce qui regarde les républiques de Gênes et de Lucques, quoiqu'elles aient été autrefois affranchies, elles sont pourtant toujours de la dépendance de l'Empire. Mais elles ne payent aucun tribut : elles reconnoissent seulement l'empereur pour protecteur.

La petite République de Saint-Marin dépend de l'Église.

De tous les États d'Italie, il n'y a que le royaume de Naples qui paye un tribut en argent au pape : il est de 1,000 ducats et d'une haquenée blanche dont les rois d'Espagne doivent faire tous les ans un tribut au pape. Pour les autres États qui dépendent du Saint-Siége, ils ne sont que reversibles à l'Église quand les mâles des maisons qui les possèdent manquent, comme il est arrivé du duché de Ferrare, lorsque la branche légitime de la maison d'Este a manqué.

Et pour les États qui dépendent de l'Empire, ils ne regardent pas comme une sujétion cette dépendance, parce qu'ils ont droit d'entrer aux diètes et qu'ils sont protégés par l'Empire. Il ne faut que savoir ce que fit le marquis de Pianesse, ambassadeur extraordinaire de Savoie vers l'empereur, en l'année 1631, qui étant allé en Allemagne pour faire hommage à l'empereur des États du duc de Savoie, il y comprit le marquisat de Saluces; ce qu'il pouvoit bien éviter, ce marquisat ayant été donné franc sans dépendance par Henri IV, pour l'échange qui fut fait en ce temps-là avec la province de Bresse.

Cependant quand il arrive quelque contestation entre les États d'Italie, ils sont jugés par la chambre impériale et par l'empereur s'ils dépendent de l'Empire, comme aussi par le pape, quand ils dépendent du Saint-Siége.

DE LA RÉPUBLIQUE DE GÊNES.

Comme je ne pense pas qu'il soit nécessaire de dire autre chose du petit État de Monaco que ce que j'en ai marqué dans mon journal, je commencerai par celui de Gênes.

La république de Gênes, qui a pris son origine dans le xe siècle, s'est tellement accrue en peu de temps par la navigation, qu'elle s'est mise en état de disputer l'empire de la mer avec les Vénitiens et les Pisans, sur lesquels elle a conquis le royaume de Corse.

Sa richesse et l'abondance de ses peuples lui ont donné moyen d'établir des colonies considérables en divers endroits du monde, comme en l'île de Chio dans l'Archipel, à Galata sous Constantinople, à Caffa dans la Chersonèse Taurique et sur les Palus Méotides : la plupart des châteaux de la Bulgarie et de la Thrace portent encore le nom des familles génoises, et c'est Améric Vespuce, l'un des sujets de cette république, qui a le premier découvert et donné le nom à la quatrième partie du monde.

Mais les gentilshommes qui la gouvernoient ne pouvant jouir en repos de leur bonheur et s'étant partagés en deux factions sous les Doria et les Spinola d'une part, les Fiesque et les Grimaldi de l'autre, ils mirent la République en de si horribles désordres par leur ambition particulière, que ne pouvant souffrir leur tyrannie, elle aima mieux se soumettre à la domination étrangère et chercher tantôt la protection des empereurs d'Allemagne, tantôt celle des rois de Naples de la maison d'Anjou, et se donner enfin à Charles VII, roi de France, qui la gouverna assez heureusement jusqu'à ce que, pendant les désordres de l'Etat, par les divisions des maisons d'Orléans et de Bourgogne, les ducs de Milan s'emparèrent de la ville de Gênes, pour laquelle ils ont rendu de temps en temps des hommages à la couronne de France.

Longtemps après, les Génois ayant, sous la conduite de Boccanegra, chassé les Milanois de leur pays, pour assurer la liberté qu'ils avoient recouvrée, ils ôtèrent par une ordonnance authentique à la noblesse, qui avoit été cause de leur malheur, le gouvernement de la République, qui fut déposé entre les mains des familles populaires, lesquelles néanmoins ne purent pas se maintenir fort longtemps dans le repos ; et, par l'adresse des nobles, le feu s'alluma de telle sorte entre elles, que se faisant deux partis sous le nom des Frégose et des Adorne, ils plongèrent derechef dans ses premiers désordres la République, qui se vit déchirer tantôt par les siens, tantôt par les étrangers, sous la domination desquels elle fut réduite.

Il est vrai qu'un des Frégose ayant chassé les François de la ville de Gênes et rasé la citadelle qu'ils y tenoient, eut la pensée de donner à sa patrie des lois qui la pussent tenir en repos à l'avenir. A cet effet, il établit douze des principaux citoyens pour travailler à arracher les semences des divisions passées, et, en abolissant ces noms de nobles et de populaires, il crut réunir les esprits par une appellation commune. Mais ce dessein fut derechef interrompu par les Adorne, jusqu'à ce que André Doria, pour récompense de sa perfidie à l'égard de François Ier, eût obtenu de Charles-Quint la liberté de son pays.

Il reprit pour cet effet ce qu'Octavien Frégose avoit commencé, et jugeant bien que l'exclusion des nobles des dignités de la République étoit la cause la plus constante des maux qui lui étoient arrivés, il fit faire une ordonnance pour les rappeler conjointement avec les familles populaires, voulant, pour ôter le prétexte de cette différence odieuse des nobles et du peuple, que, de toutes les familles de l'un et l'autre ordre, l'on choisît indifféremment celles qui se trouveroient avoir six maisons ou branches différentes du même nom et d'une même tige. Ces familles seroient dorénavant appelées patriciennes, et toutes les autres familles moins amples et moins abondantes en branches et en sujets y seroient insérées par adoption et prendroient le nom et les armes de celles où elles entreroient.

Et comme, dans l'exacte recension qui en fut faite, il ne se trouva pour lors que vingt-huit familles qui eussent cette quantité de maisons ou branches distinctes d'une même tige, tout le gouvernement fut mis entre leurs mains, et les autres n'y eurent aucune part que sous le nom de l'une de ces vingt-huit par qui elles avoient été adoptées.

Entre ces vingt-huit familles il s'en trouva vingt-trois de l'ancienne noblesse et cinq populaires. Voici les noms des nobles : Doria, Spinola, Grimaldi, Fieschi, Cibo, Centurioni, Imperiali, Calvi, Cattanei, Gentilli, Lomellini, Pallavicini, Negro, Lescari, Vivaldi,

Cigala, Negroni, Interiani, Vesodimare, Pinelli, Salvahi, Martini et Grilli; les noms des populaires sont Giustiniani, Sauli, Fornari, Franchi et Promontorii.

Et pour laisser au reste de la populace une porte pour arriver aux dignités de la République, chacune de ces principales familles eut la faculté de choisir tous les ans dans le peuple dix citoyens éminens en vertu et en richesse, et en les adoptant, de les réhabiliter comme les autres nobles à toutes les charges et honneurs de la Seigneurie.

Le gouvernement demeura donc en cette manière entre les mains du Grand Conseil, composé de quatre cents citoyens tirés au sort de toutes ces familles indifféremment, jusqu'à ce que, après que la conspiration des Fiesque fut assoupie, l'on eût établi huit personnes pour la réformation des ordonnances, qui réduisirent le nombre des quatre cents du Grand Conseil, qui se tiroient, comme nous l'avons dit, au sort, à celui de trois cents, auquel ils ajoutèrent cent conseillers élus par les suffrages, afin de favoriser par ce moyen les anciens nobles qui, étant en plus grand nombre de familles, avoient aussi plus de voix et de suffrages dans les assemblées.

De sorte que ces cent conseillers ajoutés ayant la faculté d'en choisir vingt-huit autres à qui l'on donnoit le pouvoir de créer le doge, les sénateurs et les autres principaux officiers de la République, toute l'administration tomba par ce moyen une autre fois entre les mains des anciens nobles, ce qui renouvela les discussions et partagea l'État en factions sous le nom de la vieille et la nouvelle noblesse, et troubla tellement le repos de la République que les princes chrétiens en eurent pitié, particulièrement le pape, l'empereur et le roi d'Espagne, qui firent faire par leurs ambassadeurs assemblés à Casale, pour le gouvernement de la seigneurie de Gênes, des lois nouvelles, sous lesquelles les Génois ont vécu assez paisiblement jusqu'à présent.

Ils abolirent premièrement les noms des factions et ceux de la vieille et de la nouvelle noblesse; ils ôtèrent les adoptions des vingt-huit familles susdites, rendant à celles qui y avoient été insérées leur premier nom et leurs armes. Ils firent faire un livre de toutes les familles qui auroient indifféremment part au gouvernement, laissant au Grand Conseil la faculté d'agréger tous les ans parmi les nobles dix des principaux sujets tirés du peuple et de les anoblir, savoir : sept de la ville et trois de la rivière, pourvu qu'ils eussent, pendant un certain temps, abandonné l'exercice des arts mécaniques et vils, prohibés aux gentilshommes.

Ils établirent deux conseils, l'un appelé le Grand Conseil, composé de quatre cents citoyens, et l'autre appelé le Petit Conseil, de cent citoyens pris entre les quatre cents susdits ; leur élection se fait comme nous dirons ci-dessous.

DES MAGISTRATS DE GÊNES.

Ce sont le doge ou duc, sur la personne duquel réside la majesté de la souveraineté, qui demeure dans le palais et a une garde de cinq cents Allemands; son pouvoir n'est que de deux années, qui se comptent du jour et de l'heure précise de son élection; puis, les douze gouverneurs qui composent le sénat, lequel, avec le doge, s'appelle *la Signoria;* ensuite les procurateurs, dont les uns sont perpétuels, et les autres au nombre de huit, dont deux s'élisent de six en six mois; et leur pouvoir, comme celui des gouverneurs, est de deux années. Les uns et les autres composent ce qui s'appelle les colléges souverains, qui résolvent toutes les affaires ordinaires du gouvernement et disposent les propositions extraordinaires qui se doivent faire aux deux conseils, au grand et au petit.

Les doges sortant de charge, s'ils s'en sont acquittés selon les lois, deviennent procurateurs perpétuels; ils sont aussi bien que tous les autres officiers de la République soumis à la censure d'un tribunal souverain de cinq citoyens, que l'on appelle les souverains syndicateurs et que l'on élit tous les ans, pour censurer les actions particulières des magistrats et rendre compte de leur administration, recevant pour cet effet toutes les plaintes et délations qui se peuvent faire contre eux.

Il y a de plus des conservateurs des lois qui peuvent s'opposer aux élections et délibérations, lorsqu'il s'y trouve quelque chose contraire à la constitution de la République; puis les conservateurs de la paix, qui ont soin d'entrer dans les affaires des personnes et d'accommoder les différends des familles; les préfets de la marine ou du port, ceux de l'annone ou des vivres, ceux de la santé, les officiers de la compagnie de Saint-Georges, et celui de la justice civile et criminelle.

Et ce qui est de plus singulier dans cette République est ce qu'ils appellent le séminaire perpétuel des grands magistrats, qui se remplit à mesure que les places y vaquent par la mort ou par l'exclusion légitime des sujets; ce n'est autre chose qu'un petit coffre de fer fermé de trois différentes serrures dont le doge a une clef, les gouverneurs une autre, et les procurateurs la troisième, lequel est mis dans un coffre de fer qui ne s'ouvre que par des clefs différentes déposées entre les mains des conservateurs des lois et du chancelier. Et dans ce coffre il y a les noms de cent vingt des principaux citoyens sur des billets égaux, roulés et passés chacun dans un petit anneau d'argent. Il s'ouvre de six en six mois, et, en la présence du doge et du Grand Conseil, il se tire au hasard par les mains d'un enfant, cinq billets, dont les trois premiers donnent les noms des gouverneurs ou sénateurs, et les deux suivans ceux des procurateurs électifs. Si deux d'une même famille se rencontrent, le premier est sénateur et le second procurateur, et s'il en vient plus de deux ou même deux, après que le nombre des sénateurs est rempli, on rejette le surplus dans le coffre pour en tirer un autre, ne voulant pas qu'il y ait plus d'un sujet d'une famille dans chacun des colléges.

L'élection du doge se fait en cette manière : en la présence du Grand Conseil des quatre cents, l'on met dans une boîte dix ballottes dorées et marquées chacune d'une lettre différente de l'alphabet, et l'on tire au hasard une d'elles, laquelle n'est vue de personne que des conservateurs des lois, qui font mettre ensuite dans une autre boîte cinquante ballottes dorées et marquées de la lettre que portoit la ballotte qui avoit été précédemment tirée, que l'on accompagne d'un certain nombre de ballottes argentées et sans marque, de la même grosseur, poids et figure des premières; en sorte que le nombre de toutes les ballottes dorées et argentées est égal à celui des conseillers assemblés au conseil. Ceux-ci tirent à leur rang chacun une ballotte hors de la boîte où elles sont premièrement bien mêlées, et les cinquante qui ont tiré les dorées écrivent chacun le nom d'un citoyen sur un billet que les conservateurs des lois et le chancelier font incontinent transcrire dans un livre, afin que tout le monde le voie, et les vingt citoyens nommés par cette manière et qui ont le plus de voix sont réduits par le Grand Conseil au nombre de quinze par les suffrages, et ce sont eux que l'on appelle les proposés à la dignité de doge, dont les noms sont envoyés au Conseil des cent, qui les réduit au nombre de six; et ces derniers sont derechef examinés par le Grand Conseil, qui fait pour doge l'un de ces six, à qui il donne le plus de suffrages. Où il est à remarquer qu'il faut que les six choisis au Petit Conseil n'aient pas moins des trois cinquièmes de toutes les voix, ce qui fait que souvent cette élection dure beaucoup de temps et se fait à plusieurs reprises, pour la difficulté qu'ils ont de s'accorder en si grand nombre sur un si petit nombre de sujets.

Les conseils, grand et petit, se font de cette manière : celui des Cent élit tous les ans, à la pluralité des suffrages, trente citoyens que l'on appelle les électeurs, parce qu'ils ont la faculté de tirer du corps de la noblesse quatre cents sujets qu'ils estiment le plus capables d'administrer la République pour composer le Grand Conseil, dans lequel réside la souveraineté, qui par ce moyen est purement aristocratique. Ces mêmes électeurs font un second choix à la pluralité des suffrages de cent citoyens pris dans les quatre cents susdits qui composent le Petit Conseil, lequel, avec le doge et les colléges, résout la plupart des affaires, dispose avec eux les propositions les plus importantes et extraordinaires qui se doivent résoudre au Grand Conseil. Ces conseils se changent tous les ans; leurs lois ont ordinairement un temps de durée limité.

Les magistratures et les principaux gouvernemens, les généralités et capitaineries des galères et plusieurs autres charges de judicature et de milice ne se confèrent que par le Grand Conseil et à des gentilshommes inscrits dans le livre de la noblesse habile au gouvernement de l'État. Mais les petits gouvernemens et les petites charges de judicature et de milice, les offices des secrétaires et des notaires de la République, ceux des douanes, les seconds offices de la santé, de l'annone, de la marine et plusieurs autres, ne sont conférés qu'aux Génois qui ne sont point de l'ordre aristocratique.

Au reste, quoique l'on dise que la République de Gênes possède la plus grande partie du pays que l'on appeloit autrefois la Ligurie, compris au long de la mer entre les fleuves Magra, du côté de l'Orient, qui la sépare de l'Étrurie, et Var à l'Occident, où elle se joint à la Provence, les termes néanmoins du Génovesat sont au delà du Magra d'un côté, et de l'autre, ils n'arrivent pas jusqu'au Var, parce que les Génois sont les maîtres de Sarzane et Sarzanella dans l'Étrurie, et ils ne s'avancent pas vers l'occident au delà de Vintimiglia, laissant la principauté de Monaco et le comté de Nice jusqu'au Var. Le reste même de leur côté, que l'on appelle la rivière de Gênes, est interrompu par divers petits États, comme par la principauté d'Oneglia qui appartient au duc de Savoie, et par le marquisat de Finale, que les Espagnols ont usurpé sur la maison de Carretto.

Toute sa longueur, qui est d'environ soixante lieues, est le long de la mer divisée en rivière de Levant, depuis Sarzane jusqu'à Gênes, et en celle de Ponant, depuis Gênes jusqu'à Vintimiglia, en sorte que la ville se trouve quasi au milieu de l'une et de l'autre. Sa largeur, du côté des terres, est fort inégale et, dans sa plus grande étendue, n'a pas plus de huit ou neuf lieues.

Cet État, du côté de Vintimiglia, confine à la principauté de Monaco et au comté de Nice vers Albenga; il ferme la principauté d'Oneglia et le marquisat de Finale entre Albenga et Savone; du côté des terres, il touche au Piémont, au Montferrat, à l'État de Milan, à celui de Parme et au prince de Landi. Il se joint, vers la vallée de Magra, aux seigneurs de Pontremoli et de Finizano, à la principauté de Carrara et de Massa, et aux seigneuries de Fosi-di-Novo des marquis de Malespine.

Ses villes principales sont Gênes, Savone, Sarzane, Albenga, Vintimiglia, San-Remo, Noli, Rapallo, la Spezia, Brugneto, Novi, Porto-Maurizio, Voltaggio, Gavi, Resina, etc. Il y a quasi dans toutes ces places des forteresses où ils entretiennent garnison.

Ils ont ruiné le fort de Vado près de Savone, qui étoit bâti à la pointe du cap sur le penchant de la montagne, et ils ont commencé une place assez grande sur le bord de la mer entre le bourg de Vado et le susdit cap. Sa figure est d'un pentagone irrégulier; il y a deux bastions qui regardent la terre, et les trois autres sont bâtis dans la mer ; ce qu'ils ont fait pour se retirer autant qu'ils ont pu du commandement des montagnes voisines, qui les a même obligés de se resserrer de telle sorte que leurs flancs n'ont pas plus de 8 ou 9 toises de feu, et leurs faces n'ont guère plus de 24 ou 25 toises. Quelque soin qu'ils aient pris de piloter dans leurs fondations, ils n'ont pas empêché que leur muraille ne soit creusée en plusieurs endroits, et il a fallu en reprendre la plus grande partie par le pied. Il n'y a point encore de rempart ni de fossé ; la contrescarpe n'est que tracée, dont le contour a quelque chose de bizarre dans la figure de ses angles saillans qui sont arrondis vers les pointes des redans pour empêcher qu'elles ne s'avancent trop loin dans la campagne. Il y apparence qu'ils mettront des demi-lunes vis-à-vis des trois courtines qui regardent la terre et qu'ils esplanaderont au plus loin qu'ils pourront tous les couverts qui sont présentement aux environs de la place.

De toutes les autres forteresses, la plus considérable est celle de Savone, qui est forte, quoique très-irrégulière ; le port est grand et très-assuré. C'est un très-grand dommage que les Génois le laissent gâter et remplir tout exprès comme ils font, afin d'ôter tout commerce à la ville de Savone et de le transférer entièrement à celle de Gênes.

Il y a quantité de fort bons mouillages dans la côte de Gênes, dont les principaux sont sous Alassio, sous l'île d'Albenga, à Vado, à Savone, à Porto-Fino, au golfe de Rapallo, à celui de la Spezia et à Porto-Venere.

Les Génois, outre ce qu'ils tiennent en terre ferme, possèdent encore les îles de Corse et de Capraja; il y a quelques villes assez considérables en Corse dont la capitale est Bastia, résidence du gouverneur, assez grande et bien fortifiée ; les autres sont Ajaccio, Calvi, San-Fiorenzo et Bonifacio ; il y a un beau golfe et une petite forteresse à Porto-Vecchio.

Ils entretiennent ordinairement sept galères dont ils se servent pour le trafic et particulièrement pour celui des soies de Messine, et pour tenir leurs côtes nettes des corsaires. Il y a de plus des galères qui appartiennent à des gentilshommes particuliers qui trafiquent, et d'autres qui sont entretenues par le roi d'Espagne, sous les princes Doria, ainsi que celles que le roi fait subsister sous le commandement du marquis Centurion.

La république de Gênes a depuis peu prétendu d'aller au pair avec les têtes couronnées, à cause du royaume de Corse qu'elle possède, et elle a eu pour ce sujet plusieurs démêlés avec les princes qui ne l'ont pas voulu reconnoître en cette qualité; et c'est pour cet effet qu'elle n'entretient plus d'ambassadeurs dans les cours étrangères, mais seulement des résidens sous le nom de gentilshommes envoyés.

Les Génois eurent, il y a environ trois ans, une grande querelle avec le Saint-Siége au sujet de l'inquisiteur qu'ils avoient chassé de leur ville pour s'être mêlé d'ordonner diverses choses contre le bien et la sûreté publiques, et pour avoir même procédé de fait contre quelques-uns des magistrats principaux de la République; mais cette affaire ayant été accommodée au temps du mariage de don... Rospigliosi, neveu du pape Clément IX, avec la fille de don... Giustiniani, gentilhomme de la République, elle s'est rompue derechef après la mort de ce pape, sur ce que l'inquisiteur a voulu se servir d'un dominicain, religieux de son ordre, pour secrétaire ou greffier, quoique par l'accommodement il dût en recevoir un de la main du sénat. Cet inquisiteur ayant été derechef obligé de se retirer, la cour de Rome a pris assez vigoureusement l'affirmative pour lui contre la Seigneurie, qui de son côté s'est roidie contre l'inquisition à laquelle elle prétend donner les mêmes bornes que celles que Venise a établies pour elle; et elle ne veut plus souffrir que ce tribunal, qui va assez vite, fasse aucune procédure sans la présence de deux gentilshommes commissaires nommés par la République, afin qu'elle puisse être informée de tout ce qui s'y passe.

C'est pour ce sujet que l'envoyé de Gênes s'est retiré il y a un mois de la ville de Rome par l'ordre de ses supérieurs, parce qu'on ne lui a rien accordé sur ses demandes; et ce qui reste d'espérance d'ajustement ne roule que sur les avis que l'on a de l'armement du Grand Seigneur et la crainte qu'il n'ait dessein d'entreprendre sur l'Italie, qui pourroient peut-être obliger les ministres de Sa Sainteté de se relâcher et donner satisfaction à la République, qui, de son côté, pourroit assister l'Église par des secours considérables.

Ils ont aussi eu un démêlé assez important avec M. le duc de Savoie au sujet de certains villages contentieux entre eux pour les limites, qui ont été réglées à la satisfaction des deux parties par les ministres du roi entre les mains duquel ils avoient remis leurs intérêts.

Ils sont encore sur le point d'avoir différend avec le grand-duc de Toscane, au sujet du fief impérial de Fosi-di-Novo qui appartenoit aux marquis de Malespine. Les deux frères qui restaient de cette maison moururent au commencement du carême dernier, le cadet ayant fait assassiner son aîné et ayant été tué en même temps par un des gens de son frère, en regardant par une fenêtre l'action de ses meurtriers. La veuve de l'aîné s'étant trouvée grosse, le grand duc a envoyé des soldats se saisir du château pour le garder jusqu'à l'accouchement de la dame. Les Génois ont peine à souffrir cette invasion, prétendant que cette protection leur appartient plutôt qu'au grand duc, à cause du voisinage de Sarzane.

Les autres intérêts de la République sont ceux-ci. Elle est toujours en garde :

Avec l'empereur, qui lui dispute la souveraineté indépendante, et qui par ses anciens droits prétend avoir toujours sur elle une supériorité qui a même été renouvelée dans ce siècle, au sujet de l'affaire de la maison de Carretto et de Finale;

Avec les rois de France, à qui elle s'étoit autrefois donnée sans réserve, qui l'ont si longtemps possédée et qui, par le voisinage de ses côtes et particulièrement de Monaco, qui est maintenant sous leur protection, la tiennent continuellement en bride et l'obligent de vivre honnêtement avec eux.

La même chose est à l'égard des rois d'Espagne, à cause des prétentions des rois de Naples et des ducs de Milan, et du voisinage de Finale et du Milanois, que les Espagnols possèdent, et qui donnent beaucoup de jalousie à la République, laquelle est d'ailleurs entièrement plongée dans les intérêts des Espagnols, qui tiennent dans leurs mains les fortunes des familles les plus accréditées de Gênes par les grandes sommes qu'elles ont prêtées aux rois d'Espagne depuis Charles-Quint, lesquels leur ont affecté la plus grande partie des revenus tant des royaumes de l'Europe que des Indes, et même les plus beaux fiefs du royaume de Naples, ce qui tient les Génois dans une espèce de servitude sous les Espagnols, qui de temps en temps font des banqueroutes, sous prétexte de modérer les intérêts excessifs ou de faire de nouvelles supputations de leurs dettes.

Le grand-duc a des prétentions contre la République au sujet des places de Sarzane et Sarzanella, qu'elle possède au delà du Magra, dans l'Étrurie, et qui étoient autrefois du domaine des Florentins, et au sujet de l'île de Corse, que les Génois ont reprise sur les Pisans, qui la leur avoient ôtée peu de temps après qu'ils eurent chassé les Sarrazins.

La paix que la République a avec tout le monde la dispense de l'entretien de beaucoup de troupes; quoiqu'elle ait un très-grand nombre de places à garder, elle n'a pourtant pas plus de 10 ou 12 mille hommes de gens de solde; il est vrai que, dans le besoin, elle pourroit mettre sur pied une armée de 30,000 hommes; mais il lui seroit difficile de les faire subsister longtemps parce que ses revenus et la plupart des fonds de son domaine sont engagés à la compagnie de Saint-Georges, de qui, dans ses besoins, elle a emprunté de grandes sommes; et l'on dit de Gênes un proverbe : « Pauvre public, riches sujets; » au contraire de Venise où l'on dit : « Pauvres sujets, riche public. »

Il y a dans Gênes une puissance considérable et d'un si grand crédit par ses richesses qu'elle donne indirectement le branle à toutes les affaires du gouvernement. C'est la compagnie de Saint-Georges, dont voici l'origine. La République, se trouvant autrefois dans la nécessité, fut obligée d'emprunter de ses citoyens, moitié de gré, moitié de force, des sommes considérables, et, ne se trouvant pas en état de les rembourser, elle leur assigna certains revenus en forme d'aliénation pour la sûreté de leurs créances et le payement des intérêts, dont il se fit diverses sociétés de créanciers, qui prirent le nom des fermes qui leur étoient affectées. Mais comme, pour être plus facilement régies, elles furent toutes réduites en une, sous le nom de compagnie de Saint-Georges, les créances furent réglées de sorte que celui qui avoit prêté 100 livres à la République eut un *lieu* qu'ils appellent *compera* dans la compagnie, et celui qui étoit créancier de 200 livres deux *lieux*, ainsi des autres. L'on choisit tous les ans certain nombre de créanciers pour administrer tous les fonds et revenus, à proportion desquels ils payent pour intérêt à chacun des intéressés ce qui lui peut revenir, selon la quantité de *lieux* qu'il possède. Et ces fonds se sont tellement augmentés par le bon ménage, qu'ils ont absorbé quasi tous les revenus de la République, la plupart de ses domaines de terre ferme et ceux mêmes de l'île de Corse. Leurs priviléges sont si grands que la République même ne sauroit rien changer ni altérer dans leur administration, et ils manient leurs affaires avec tant d'adresse et de secret qu'il n'a jamais été possible à personne, non pas même aux princes qui ont été maîtres de Gênes, de leur donner aucune atteinte; de sorte que c'est comme une république dans la république de Gênes, avec cette différence que celle-ci est sujette aux charges et est souvent tombée sous des tyrans et sous des étrangers, au lieu que celle de Saint-Georges est éternelle, et ne s'est jamais démentie de sa première manière de gouverner. Elle a ses magistrats et sa juridiction séparée de toutes les autres, par qui toutes les matières qui la concernent, tant entre les créanciers qu'avec les autres, sont souverainement décidées [1].

JOURNAL DE MON VOYAGE

DEPUIS ATH JUSQU'A LONDRES, DU 7 JUILLET AU 10 AOUT [2].

(Minute autographe.)

Amsterdam, 26 juillet 1671.

Après que le roi fut parti d'Ath, je m'en allai dîner à Enghien, le mardi 7 de ce mois. C'est la première ville des Espagnols de ce côté-là, qui n'est point fortifiée et qui n'a rien de considérable que le jardin du duc d'Arscot, que tout le monde a vu. J'allai coucher le même jour à Bruxelles, qui est la capitale des provinces qui ont demeuré sous l'obéissance du roi d'Espagne; le gouverneur des Pays-Bas y fait son séjour ordinaire; et c'étoit celui des anciens ducs de Bourgogne.

La ville est bâtie sur une éminence d'une pente assez douce, s'étend même dans la plaine et forme

---

[1]. Le marquis de Seignelay avait sans doute le projet de faire un travail analogue sur les autres États italiens les plus importants; il ne se trouve pas parmi ses manuscrits.

[2]. Bibl. imp., Mss.; *Mélanges Colbert*, vol. 84.

un objet très-agréable à ceux qui viennent du côté d'Ath. Les maisons y sont assez belles, quoique d'une manière bizarre. Elles sont toutes bâties de la même manière. Le palais qu'ils appellent la Cour occupe le haut de l'éminence, et le parc a quelque chose de champêtre qui plaît assez. La place la plus considérable après celle de la Cour est celle de l'hôtel de ville; il est bâti d'une architecture gothique et vis-à-vis la maison où l'on rend la justice, bâtie du même ordre que l'hôtel de ville.

Le comte de Monterey[1] n'étoit pas à Bruxelles quand j'y passai, en étant parti pour aller à Bruges; il est fort aimé de tous les peuples, parce qu'il a rétabli l'ordre et la discipline de ces provinces, dont les gouverneurs précédens avoient entièrement abandonné le soin. Il paye les gens de guerre et empêche par ce moyen les vols, qui étoient si ordinaires, et, au lieu que les autres gouverneurs tournoient tout à leur profit, il fait voir l'emploi de tout l'argent qui lui revient entre les mains et des nouvelles levées qu'il fait sur les peuples. Pour subvenir aux dépenses extraordinaires qu'il est obligé de faire pour le rétablissement de toutes les places et le payement des troupes, il vend publiquement les charges de police et de justice, qui est un revenu fort considérable.

Après avoir demeuré un jour à Bruxelles, j'en

---

1. Gouverneur général des Pays-Bas pour l'Espagne.

partis le 9 pour aller à Anvers; je vis Malines en passant, qui est une assez belle ville. Elle compose seule une des dix-sept provinces; c'est le séjour des conseils souverains pour la justice et pour la police. Il n'y a rien de remarquable en cette ville que le Béguinage, qui est un des plus grands de toute la Flandre : c'est un grand enclos de maisons avec une église au milieu; il y a mille religieuses, qui ne gardent point la clôture et qui sortent quand elles veulent.

De cette ville, j'allai coucher à Anvers. C'est une fort grande et fort belle ville, qui prétend être impériale quoiqu'elle obéisse aux Espagnols; elle a de fort grands priviléges et se gouverne tout par elle-même. Les Espagnols ne peuvent y mettre de garnison qu'en cas de guerre, et ce sont les bourgeois qui gardent ordinairement la ville. Elle est bâtie sur l'Escaut, et c'étoit la ville d'Europe la plus avantageusement située pour le commerce et qui profitoit le mieux de sa situation; mais, depuis que le duc d'Albe y voulut établir une inquisition et y fit bâtir une citadelle[1], les marchands en abandonnèrent le séjour pour en aller chercher un où ils eussent plus de liberté pour leur conscience, et où ils fussent moins exposés à la violence des soldats espagnols. Le débris du commerce de cette ville a beaucoup contribué à l'établissement de celui de Londres et d'Ams-

[1]. En 1567.

terdam. Ce qui se voit de plus considérable à Anvers, c'est la citadelle, que l'on a fait extrêmement bien rétablir depuis peu; elle a cinq beaux bastions à oreillons et elle passe pour une des meilleures de l'Europe. Il y a un endroit, du côté du Brabant, qu'ils ne laissent pas voir volontiers, par lequel on peut ouvrir la tranchée à couvert, fort près de la contrescarpe. Le gouverneur de cette citadelle est mort. C'est d'ordinaire un grand d'Espagne. Il est indépendant du gouverneur général des Pays-Bas, quoiqu'il reçoive ses ordres en temps de guerre. Les remparts de la ville sont plantés de deux rangs d'allées de forts grands arbres, et c'est la plus belle promenade qui se puisse voir. L'église des Jésuites est de marbre blanc, assez mal entendue. La grande église est fort obscure; on y montre un tableau d'un maréchal que l'amour fit devenir peintre : c'est une *Descente de croix* assez belle. Il y a une place fort belle et fort longue qui s'appelle *la Mer*, et qui est le plus bel endroit de la ville.

Je partis le 10 d'Anvers pour aller à Berg-op-Zoom. Le long de l'Escaut, on trouve deux forts aux Espagnols, appelés Sainte-Marie et Lieskenshock (?); ce sont des carrés à quatre bastions de terre que leur situation sur la rivière rend considérables. On trouve après Lillo qui est le premier fort des Hollandois, après quoi on arrive à Berg. Un canal qu'on a tiré de la rivière jusqu'à la ville fait une manière de port propre pour les barques. C'est une place située dans le Brabant, d'une médiocre grandeur et assez bien fortifiée ; elle n'est pourtant que de terre, comme la plupart des fortifications des Hollandois. La duchesse d'Oxoldres, mère de la comtesse d'Auvergne, en est marquise, et cette terre lui vaut 100,000 livres de rente.

De Berg-op-Zoom j'allai coucher à Breda, dont le prince d'Orange est seigneur. Ses fortifications, quoiqu'elles ne soient que de terre, ne laissent pas d'être fort considérables par les dehors, qui sont fort grands.

Le 13 j'allai dîner à Mœrdyk, qui est un méchant village où le Brabant finit.

Après avoir passé la rivière qui s'appelle *Holands Diep*, nous allâmes coucher à Rotterdam. C'est une des plus considérables villes de Hollande, tant pour sa grandeur que pour sa situation avantageuse. Elle est située presque à l'embouchure de la Meuse, qui, étant fort large et fort profonde en cet endroit, fait un port pour les vaisseaux de guerre fort bon et fort assuré.

La ville est coupée de plusieurs canaux pour la facilité du commerce. Le plus grand, dans lequel la Meuse entre, sert de port aux vaisseaux marchands; ceux de guerre sont à l'ancre le long d'un grand quai qui borde la rivière. Ils sont enfermés dans une double enceinte de pieux, afin d'empêcher qu'on n'en approche. La ville est fort grande et est la première amirauté de Hollande. Je ne dirai rien ici des magasins de cette ville, ni du nombre des vaisseaux qu'elle entretient, parce que j'en ai parlé dans mon traité de la marine de Hollande[1]. Étant à Rotterdam, on m'assura que la flotte étoit à Hellevoëtsluis, petit bourg qui en est à cinq ou six lieues. Je m'embarquai pour y aller et je passai par Brielle, petite ville sur la Meuse. A Hellevoëtsluis, il y a deux vaisseaux de guerre et *le Royal-Charles*, qu'ils prirent sur les Anglois quand ils entrèrent dans la Tamise. Ils font faire un canal fort large et fort grand pour servir de port à leurs vaisseaux de guerre, et, comme ils n'ont pas assez d'eau pour les grands vaisseaux, ils ont fait faire à l'entrée du canal, à l'endroit où il communique avec la mer, une grande et belle écluse par où leurs plus grands vaisseaux de guerre passeront.

Je voulois m'embarquer à Hellevoëtsluis pour aller voir la flotte que Ruyter commande, mais je sus qu'elle s'étoit séparée pour aller reprendre des vivres, une partie au Texel et l'autre à Flessingue. Il ne restoit plus que quatre ou cinq vaisseaux de l'escadre de la Meuse qui étoient à cinq ou six lieues de là, et le vent, qui nous fut contraire, nous empêcha d'y pouvoir aller. Nous fûmes donc obligés de nous en retourner à Rotterdam, d'où nous partîmes pour aller coucher le même jour à la Haye.

Nous vîmes Delfthaven, qui est une petite ville

---

1. Voir *Lettres de Colbert*, t. III, 2ᵉ partie, p. 381.

assez agréable; elle est entrecoupée de canaux bordés d'arbres de chaque côté. Les maisons, comme celles de toutes les autres villes de la Hollande, se ressemblent toutes et ne sont distinguées que par leur grandeur. Dans l'église de cette ville, sont les tombeaux des princes d'Orange, qui sont assez beaux. Vis-à-vis cette église, est l'hôtel de ville, qui est d'assez bon goût et qui est le plus joli bâtiment que j'aie vu en Hollande. Leur grand magasin de canons est en cette ville, et ils en ont bien 2,000 de fer et 1,000 de fonte, de toute sorte de calibres, depuis 48 jusqu'à 4, quoiqu'ils n'en aient guère de 48.

Ce même jour j'allai coucher à la Haye. Quoique ce ne soit qu'un village, la Haye égale néanmoins la grandeur des villes et les surpasse toutes en beauté. Elle est bâtie à un quart de lieue de la mer, où un cours, planté depuis peu de fort beaux arbres, mène par un chemin très-agréable à un village qui s'appelle Scheveningen. Les lieux les plus considérables de la Haye sont : la Cour, où loge le prince d'Orange et où s'assemblent les députés des États Généraux et l'assemblée de Hollande; le Vivier, qui est une grande terrasse plantée d'arbres, qui est bâtie au long d'un grand carré d'eau. Il y a une grande rue où sont les plus belles maisons de la ville; au bout de cette rue est une fort belle place; mais ce qu'il y a de plus extraordinaire, c'est qu'en sortant de ces maisons on trouve un fort grand parc plein de bêtes fauves, qui a tous les agrémens que l'on peut souhaiter dans les plus belles promenades.

Je séjournai le 17 à la Haye, et le 18 je partis er. bateau pour aller à Amsterdam.

Je vis Leyde, en passant, qui est une des plus belles et une des plus grandes villes de Hollande. Il y a une université fort considérable. On montre une salle où il y a les squelettes de toute sorte d'animaux, et de grandes armoires où il y a des momies fort entières.

De Leyde, je vis Harlem, qui est une fort grande ville, aussi bâtie auprès d'un grand lac qui s'appelle la mer de Harlem.

J'arrivai le 19 à Amsterdam, qui est présentement la ville du monde du plus grand commerce. Elle est bâtie à l'extrémité du golfe qui s'appelle la mer du Sud et fait comme un demi-cercle autour de son port. Elle est environnée, du côté de la terre, de 27 bastions revêtus de briques, qui ont coûté des sommes immenses, parce qu'il a fallu les bâtir sur pilotis. Ils ne servent pourtant que d'ornement à la ville, parce que le pays des environs étant fort bas, on le peut inonder, en lâchant les écluses, jusqu'à la hauteur de 10 pieds. On a augmenté la ville d'un tiers depuis dix à douze ans; elle peut être grande comme ce qu'on appelle Paris, sans les faubourgs, mais les maisons ne sont pas si élevées, n'y ayant guère qu'une famille qui loge dans chacune. D'ailleurs, les canaux qui passent au milieu des plus grandes rues occupent un fort grand espace et en laissent moins aux lieux habités. Le port, où il y a fort peu d'eau et où à peine les grands vaisseaux peuvent venir avec leur lest, sans canons ni munitions, est entouré d'un double rang de pieux à 10 pieds de distance les uns des autres. Il y a plusieurs séparations, dont les unes servent pour les aisseaux de guerre, les autres pour les vaisseaux marchands. Il y en a bien présentement [1]... et on dit qu'en hiver il y en a davantage, parce que tous ceux qui sont au commerce du Nord sont obligés de demeurer dans le port pendant ce temps.

Après avoir été jusqu'au 24 à Amsterdam, je partis pour aller faire un tour en Nord-Hollande ; je passai par Sardam, qui est ce village qui s'oblige, en lui donnant deux mois d'avance, de fournir tous les jours un vaisseau de guerre. J'y examinai la manière de leurs constructions. Il y avoit environ trente ou quarante bâtimens sur les chantiers, en frégates, flûtes, pinasses, pataches et autres petits bâtimens.

De Sardam, je passai à Purmerend et j'allai coucher à Hoorn, qui est une fort petite ville où il y a quatre ou cinq vaisseaux de guerre.

De Hoorn, je partis pour voir Medenblik et Enkhuizen, qui sont à peu près la même chose que Hoorn et dont je parlerai plus au long dans mon traité. Ces trois villes font comme un triangle à l'ex-

---

1. Chiffre laissé en blanc dans le manuscrit.

trémité de Nord-Hollande. Le pays est extraordinairement beau, mais les villes sont très-peu de chose.

Après avoir vu ces villes, je revins coucher à Amsterdam, où j'ai été obligé de demeurer encore deux jours, n'ayant pas pu prendre en moins de temps les éclaircissemens qui m'étoient nécessaires.

Je partis d'Amsterdam le 28 du mois de juillet, à huit heures du soir, pour aller en Zélande visiter les ports de cette province. J'arrivai le lendemain matin à Utrecht, qui est la ville capitale de la province de ce nom. Je n'y arrêtai que deux heures pour voir la ville, qui n'a rien de remarquable qu'une assez grande église.

D'Utrecht, je m'embarquai pour continuer mon chemin jusqu'à Dordrecht. On voit en passant une petite ville nommée Vianen, qui appartient à la maison de Brederode[1]. Cette ville est située sur les bords de la rivière du Leck.

De Vianen, je passai à Gorcum, qui est une petite ville dont les fortifications sont de terre ; elle est située sur la Meuse et on s'y embarque pour Dordrecht. Cette ville est bâtie dans une île que les eaux du Rhin, de la Meuse et du Linghe font. C'est une ville fort grande et fort ancienne, elle n'a point de

---

1. Cette famille, qui possédait Vianen depuis 1566, tirait son nom du château de Brederode, près de Harlem.

fortifications. Après avoir vu la ville, je m'embarquai pour aller à Veere, qui est la première ville qu'on rencontre dans l'île de Walcheren. Cette ville appartient en propre au prince d'Orange; il y a un port assez petit, où ils ne laissent pas de mettre quelques vaisseaux de guerre.

De Veere, je passai à Middelbourg, qui est la capitale de Zélande et qui est un des plus beaux ports et des plus commodes qu'il y ait dans les sept provinces. Les grands vaisseaux y peuvent entrer tout chargés et passent dans un canal de cinq lieues de long qui est fort creux et qui laisse jusqu'à 18 pieds d'eau à marée basse. Cette ville est fort belle et fort marchande, bâtie comme sont toutes les villes de Hollande.

De Middelbourg, je fus à Flessingue où je demeurai trois ou quatre heures. Flessingue est une assez belle ville, mais surtout c'est le port le plus considérable de la Hollande; sa rade est aussi fort bonne, les plus grands vaisseaux y peuvent demeurer à l'ancre, sous le canon de la ville, avec tout leur équipage. La mer en bat les remparts et laisse jusqu'auprès du pied de la muraille quatorze ou quinze pieds d'eau, lorsqu'elle est même le plus basse. Les Hollandois, pour empêcher la mer d'endommager la muraille de la ville qui est de ce côté-là, ont fait plusieurs chaussées en éperon dans la mer pour la défendre. Ces chaussées sont faites avec double rang de pieux, entre lesquels ils ont jeté de forts gros quartiers de pierre qui rompent la mer et l'empêchent de venir jusqu'à la muraille. Tout le rempart, du côté de la mer, est garni de fort belles pièces de canon. L'hôtel de ville de Flessingue est assez beau ; c'est un fort grand bâtiment gothique, qui paroît même fort ancien. Les princes d'Orange sont les seigneurs particuliers de cette ville, qui porte le titre de marquisat.

De Flessingue, j'allai coucher au Sas de Gand, qui est une petite ville que les Hollandois prirent dans la Flandre, pendant que les Espagnols assiégeoient Ostende. Elle est assez bien fortifiée, et ils y tiennent une bonne garnison. Elle a des écluses qui inondent toute la campagne jusques assez proche de Gand.

Le lendemain 31, je m'embarquai sur le canal pour aller à Gand. C'est une très-grande ville, capitale de la province de Flandre, célèbre par la naissance de Charles-Quint. Il y a un assez beau château, de fort belles églises. Le comte de Monterey fait bâtir une citadelle qui sera assez petite et qui, selon ce qui est déjà bâti, ne doit pas être grand'chose.

De Gand, j'arrivai le 1er août à Bruges. C'est une ville fort belle, située dans une grande plaine, bien fortifiée et bien bâtie. Les églises y sont belles. Il y a, dans celle de Notre-Dame, le tombeau de Charles le Hardi, dernier duc de Bourgogne, qui fut tué devant Nancy. Auprès de son tombeau est celui de sa fille, Marie de Bourgogne, qui épousa Maximilien et lui apporta les Pays-Bas en mariage. Il y a, dans la même église, une Vierge qu'on dit être de Michel-Ange, mais je la crois copiée de celle qui est à Rome, dans la chapelle du Saint-Sacrement de Saint-Pierre; elle ne laisse pas d'être fort belle et elle est fort estimée. Ils ont fait faire à Bruges un fort grand bassin, où ils prétendent faire venir des vaisseaux qu'ils tireront d'Ostende par un canal.

De Bruges, j'allai coucher le 2 de ce mois à Ostende, qui est une assez petite ville. Le port en est fort grand, mais il n'y a presque point de fond. Je ne pus voir les fortifications parce qu'ils ne voulurent point me le permettre.

D'Ostende à Nieuport, qui est une fort vilaine petite ville.

De là, j'allai coucher à Dunkerque, en passant par Furnes. J'y arrivai le 2 au soir et j'y demeurai tout le 4 et le 5, pendant lequel temps je vis toutes les fortifications de la ville et de la citadelle, le port, les constructions, l'arsenal, les vaisseaux qui sont bâtis, que j'ai trouvés fort beaux, le bassin et tout ce qui se fait et se doit faire pour l'établissement de la marine, dont je me suis fait instruire par le sieur Gravier [1].

De Dunkerque, j'allai prendre le petit vaisseau que mon oncle [2] m'avoit envoyé à Calais, d'où je passai en Angleterre par la rivière, qui est une fort belle chose

---

1. Commissaire de marine à Dunkerque.
2. Colbert de Croissy, ambassadeur à Londres.

à voir. Je débarquai à Greenwich, qui est à 5 milles de Londres, où je suis présentement depuis trois jours [1].

[1]. Nous avons publié dans les *Lettres de Colbert*, t. III, 2° partie, la relation du voyage de Seignelay en Angleterre; nous ne la donnons pas ici parce qu'elle est exclusivement relative à la marine.

LETTRES

INÉDITES

DU MARQUIS DE SEIGNELAY

LETTRES INÉDITES

1. — AU DUC DE VIVONNE [1].

Saint-Germain, 5 mars 1675.

Je ne vous assurerai point, Monsieur, de la joie que j'ai eue, quand j'ai appris la nouvelle de la défaite des Espagnols [2]; trop de raisons m'y doivent porter, mais je vous assure que la principale a été de voir que c'est sur votre commandement que les vaisseaux du roi ont remporté un avantage aussi considérable. Vous pouvez bien compter que vous avez commencé et que les forces navales du roi n'avoient point encore rien fait d'aussi glorieux, ni d'aussi éclatant que ce qu'elles viennent de faire. C'est un plaisir bien complet pour moi qui joins à la qualité de votre serviteur particulier une amitié et une tendresse que vous avez avouées (sic), et que vous trouverez toujours égales dans mon cœur. Continuez, Monsieur, par des actions aussi glorieuses, à mériter, autant que vous faites, les bonnes grâces de notre maître, et soyez bien persuadé que jamais personne ne s'intéressera si véritablement que moi à tout ce qui vous arrivera d'avantageux. Surtout, je vous conjure de n'être pas si fort occupé de la gloire que vous avez acquise et de celle que vous allez encore acquérir, que vous oubliiez un

---

1. Bibl., imp.; Mss. *Fonds Français*, 8,031, pièce n° 69.—Lettre autographe.

2. Le duc de Vivonne et du Quesne avaient défait les Espagnols devant Messine, le 9 février précédent.

serviteur aussi assuré et aussi véritable que vous en aurez jamais.

J'ai parlé au roi pour une gratification pour vous donner moyen de fournir aux dépenses extraordinaires que vous êtes obligé de faire. Sa Majesté m'a ordonné de vous faire payer 12,000 francs d'extraordinaire, en sorte que le trésorier vous devant encore 24,000 livres, vous pouvez compter que je vous ferai tenir incessamment 12,000 écus à Messine. J'aurai soin d'obliger le trésorier à s'en charger.

Nous parlons souvent, madame de Thianges [1] et moi, de ce qui vous regarde, et nous y trouvons notre compte par la conformité de nos sentimens, car je suis persuadé que vous auriez de la peine à trouver un tiers qui vous aimât autant que nous vous aimons tous deux.

Adieu, Monsieur, continuez-moi l'honneur de vos bonnes grâces, et soyez persuadé que personne au monde n'est plus véritablement que moi votre très-obéissant serviteur. SEIGNELAY.

*

2. — AU DUC DE VIVONNE [2].

Saint-Germain, 24 février 1676.

Je n'ai jamais été si surpris, Monsieur, que des deux lettres que vous m'avez fait l'honneur de m'écrire. Je me sens la conscience si nette sur tout ce qui vous regarde, et je suis porté par une amitié si véritable à faire tout ce que vous pouvez souhaiter de moi, que je ne croyois pas pouvoir en recevoir aucun reproche; mais je dois cela aux rapports qu'on vous a faits, que je puis vous

---

1. Gabrielle de Rochechouart-Mortemart, mariée en 1655 au marquis de Thianges; morte en 1693.
2. Bibl. imp., Mss.; F.F. 8,032 pièce n° 69.—Lettre autographe.

assurer être très-faux. J'en ai pour caution madame de Thianges; elle me sera témoin que je n'ai jamais agi sur out ce qui vous a regardé que de concert avec elle, et que j'ai présumé ses souhaits sur tout ce qu'il y avoit à faire pour vos avantages et disputé avec elle de l'amitié que nous avons pour vous et de la part que nous prenons à vos intérêts.

L'affaire du major des galères dont vous m'écrivez n'a fait aucune impression sur mon esprit, et je suis bien éloigné de croire que les gens que j'aime et que j'honore comme vous soient capables d'être dans des choses aussi petites que celle-là, auxquelles je vous puis assurer que je n'ai jamais fait un moment de réflexion.

A l'égard des mauvais offices que vous dites que l'on vous a rendus et de ce qu'on écrit contre vous, croyez moi, Monsieur, ceux qui auroient l'insolence de le faire connoissent trop combien je suis votre serviteur pour s'adresser à moi. Ils ne l'ont pas fait, comme je vous en ai assuré, et j'aurois fort bien coupé chemin à cela s'ils avaient osé le faire.

Pour vos appointemens, dès que le sieur Boucheron est venu pour les demander, je les ai fait payer en entier pour toute l'année. Je donne ordre pour qu'on vous paye la moitié de vos gardes, ainsi que vous le souhaitez et je préviendrai toujours en tout ce que vous pourrez désirer de mon service.

Je vous prie donc de ne jamais rien croire de ce qu'on vous dira qui pourroit altérer l'amitié que nous nous sommes promise l'un à l'autre, et qui sera inviolable de ma part, étant avec plus de sincérité que personne du monde votre très-humble et très-obéissant serviteur.

*

3. — AU DUC DE VIVONNE [1].

Au camp de Keuvain, 27 juin 1676.

Si personne vous fait un compliment plus sincère que moi, je veux être déshonoré. La bonne nouvelle qu'on a apportée a toutes les circonstances qui me pouvoient être agréables [2]. Elle est glorieuse, avantageuse pour le roi, et elle est résolue, conduite et exécutée par un homme du monde que j'aime le mieux. Je n'ai jamais vu le roi si touché qu'il l'a été de la beauté de cette action ; je crois que vous en serez persuadé par les puissans secours que Sa Majesté a résolu d'envoyer en Sicile. Il n'y a qu'à souhaiter des occasions de les employer ; nous savons bien, quand ça est, comment vous vous en démêlez.

Il vous falloit pour mettre notre marine au point où nous la souhaitons. Elle y est assurément, et vous ne doutez pas de la joie sensible que j'en ai. Soyez bien persuadé que j'en recevrai toujours de tout ce qui vous arrivera d'avantageux, puisque personne ne vous aime et ne vous honore plus que moi.

1. Bibl. imp., Mss.; F. F. 8,032, pièce n° 118. — Lettre autographe.

2. Le 25 mars 1676, le maréchal de Vivonne avait battu 7,000 Espagnols près de Messine. Le 22 avril suivant, la flotte française, commandée par du Quesne, battit encore les Hollandais dans un combat mémorable où Ruyter perdit la vie. Enfin, le 2 juin, dans un nouveau combat, les flottes espagnole et hollandaise furent détruites. C'est à ces dernières nouvelles que se rapporte la lettre de Seignelay.

*

4. — LOUIS XIV A DU QUESNE[1].

Versailles, 20 octobre 1683.

J'ai appris par vos lettres du 28 et dernier septembre, et 7 de ce mois, qu'après avoir été, avec une partie des vaisseaux que vous commandez, à l'île d'Yvice pour prendre les vivres qui vous avoient été envoyés par le dernier convoi, vous aviez mis à la voile pour retourner à Alger. Et quoique j'aie lieu de croire que, suivant les ordres du 1er septembre dernier, vous aurez mis à la voile pour votre retour en Provence, et que j'attende bientôt la nouvelle de votre arrivée à Toulon, j'estime nécessaire de vous faire savoir mes intentions, en cas que vous fussiez encore en mer, lorsque vous recevrez cette lettre.

J'attends des nouvelles de ce qu'aura produit la permission que vous avez donnée au sieur Dusault d'aller négocier ses affaires à Alger, et comme, pour l'exécution des projets que j'ai formés pour l'emploi de mon armée navale pendant l'année prochaine, il seroit très-utile de terminer bientôt la guerre avec ces corsaires, il faut profiter de toutes les occasions qui s'en présenteront, d'autant plus que le bien du commerce de mes sujets demande plus que jamais la fin de cette guerre ; en sorte que si vous voyez que le séjour de mes vaisseaux, devant leur rade, pût servir à la fin que je me propose, il faudroit, sans difficulté, que vous les y fissiez demeurer tout le temps que vous estimerez à propos, et je vous avoue

---

[1]. Cette lettre, qui figure dans la correspondance administrative de Seignelay, est évidemment de lui, et c'est à ce titre que nous croyons devoir la reproduire ici.

Sauf indication contraire, toutes les lettres qui suivent sont, comme celle-ci, tirées des Archives de la marine.

que j'apprendrai avec grand plaisir la fin de cette guerre aux conditions qui vous ont été expliquées.

Vous connoissez de quelle importance il est de ne tenter l'entreprise contre Gênes, que je vous ai ci-devant expliquée, qu'après avoir pris toutes les mesures nécessaires et avoir examiné à fond tous les moyens d'y pouvoir réussir. Les moyens sont de deux sortes : les premiers dépendent de la disposition du lieu, tant à l'égard du mouillage qu'à l'égard des batteries qui le défendent; les autres dépendent des préparatifs à faire à Toulon et du nombre des vaisseaux et galères que vous estimerez nécessaires pour cette exécution.

A l'égard du premier, je vous ai déjà fait savoir que le nommé Pétrée, ingénieur, avoit levé avec soin le plan de la rade, du môle et des batteries de Gênes; et comme on ne peut être trop éclairci sur une matière aussi importante, je vous ai écrit que mon intention étoit que vous fissiez partir un officier habile et intelligent qui, sous quelque prétexte, pût aller sur les lieux pour examiner et réformer, s'il est nécessaire, la carte faite par le sieur Pétrée. Comme il se pourroit faire que ce premier envoi ne produiroit pas tous les éclaircissemens dont vous aurez besoin, j'estime indispensable que vous restiez à Toulon pour renvoyer à Gênes autant de fois que vous l'estimerez nécessaire, pour parvenir à un entier éclaircissement.

A l'égard des préparatifs qui doivent être faits, ils consistent principalement aux galiotes, aux bombes et mortiers, et dans l'augmentation de la force de la poudre, pour pousser les bombes hors de la portée du canon. Comme je vous ai déjà écrit sur cette matière, et que je vous ai fait savoir les ordres que je vous ai donnés pour la fonte des bombes, je me remets à ce qui a été écrit par mes lettres précédentes, et aux mémoires que vous fournirez à votre retour avec les officiers des galiotes et autres que vous voudrez appeler, pour m'informer de tout ce qui doit être fait pendant cet hiver pour l'exécution de mes intentions.

J'ai vu par votre lettre la pensée que vous avez d'armer quelques bâtimens contre les Espagnols, en cas de déclaration de guerre, et je suis bien aise de vous dire que je vous ferai donner volontiers ceux des petits vaisseaux qui sont à Toulon que vous voudrez choisir, et qu'il sera même important qu'ils soient assez promptement mis en mer pour pouvoir faire des prises considérables sur les Espagnols, aussitôt après la déclaration de la guerre.

Je vois dans vos lettres les ordres que vous avez donnés pour la distribution des vivres qui ont été portés par le dernier convoi, et j'approuve tout ce que vous avez fait à cet égard, me remettant, pour le surplus de la disposition des vaisseaux, aux ordres que je vous ai ci-devant donnés.

Vous avez aussi été informé de mes intentions sur ce qui regarde la construction des vaisseaux, sur les gabarits du *Saint-Esprit* et du *Prudent*. Comme je connois de plus en plus combien il est nécessaire d'avoir des vaisseaux fins de voile dans la Méditerranée et que d'ailleurs les observations qui ont été faites sur la manière de construire les vaisseaux n'ont pas encore été mises en pratique, je regarde comme une chose importante à mon service, que les fonds de ces vaisseaux soient bâtis en votre présence, afin que vous les puissiez conduire suivant ce que votre expérience vous a appris et que cette construction puisse servir de règle à l'avenir.

Je n'estime pas à propos de vous dire de garder un secret inviolable sur ce qui concerne l'affaire de Gênes, et de faire passer tous les préparatifs qui seront faits à Toulon pour la suite de la guerre à faire avec Alger.

5. — AU CHEVALIER DE TOURVILLE.

Versailles, 10 janvier 1684.

Je vous envoie cette lettre par un courrier exprès pour vous dire une chose qui est de la dernière importance pour le service du roi et qu'il faut que vous teniez fort secrète.

Sa Majesté ayant lieu d'être mal satisfaite de la conduite des Génois, a résolu d'envoyer dans la fin d'avril prochain une escadre de vaisseaux et les galiotes pour bombarder Gênes; et quoique j'aie déjà fait sonder toute la rade, et que le sieur Pétrée en ait même levé une carte dont la copie vous pourra être remise par le sieur de Vauvré[1], cependant pour plus grande sûreté, Sa Majesté a approuvé la proposition que M. du Quesne vous a faite de vous faire passer dans ladite rade de Gênes, lorsque vous sortirez de Toulon pour l'exécution des ordres que vous avez reçus. Et comme il n'y a rien de si important que de garder un grand secret sur cela, il seroit bien nécessaire que vous cherchassiez un prétexte pour vous en aller à ladite rade; et le plus naturel qui me paraîtroit, seroit de feindre que vous avez appris qu'il y a des corsaires d'Alger vers Livourne et même d'envoyer chercher le sieur Aubert, consul à Gênes, quand vous serez en rade, pour lui demander s'il n'en a eu aucun avis. Surtout, il ne faut pas que vous demeuriez plus d'un jour ou deux devant ladite ville, afin de ne donner aucun ombrage aux Génois; et il suffira que vous y alliez avec deux vaisseaux au plus, en laissant le reste de ceux qui vous doivent suivre en tel rendez-vous que vous croirez convenable.

Il faudra que vous employiez utilement le temps que

---

1. Jean Louis Girardin de Vauvré, intendant à Toulon, du conseil de marine en 1715. Mort en 1724.

vous serez devant cette ville pour sonder l'étendue de la rade, bien examiner combien il y a de brasses d'eau dans toute cette étendue et les postes que pourroient tenir les vaisseaux pendant qu'ils seront devant ladite ville ; et après que vous en aurez fait lever une espèce de carte des sondes, vous remettrez des lettres en chiffre à M. de Saint-Olon [1], pour lesquelles vous expliquerez le tout, l'une pour M. du Quesne, avec lequel vous devez avoir un chiffre, et l'autre pour moi.

Vous trouverez ci-joint une lettre que j'écris audit sieur de Saint-Olon, avec ordre d'envoyer sûrement la lettre à du Quesne, à Toulon, et de m'envoyer pareillement avec diligence celle que vous m'écrirez.

Vous devez observer à cet égard que j'ai lieu de croire que cette entreprise n'est pas du goût de M. du Quesne, mais qu'il n'y a rien au monde qui tienne tant au cœur du roi et que je souhaite en mon particulier plus ardemment, par les raisons que je vous expliquerai quelque jour. Ainsi, loin d'y chercher des difficultés dans votre rapport, je vous prie de vous appliquer à les lever toutes, en m'écrivant véritablement votre sentiment sur cela.

Vous devez aussi observer que M. du Quesne voudroit bien différer cette entreprise jusqu'au mois de juin ou de juillet, parce qu'il espère qu'elle deviendroit impraticable en ce temps, étant vraisemblable que l'on aura à chercher la flotte d'Espagne pour la combattre, en cas qu'elle se mette en mer. Ainsi, il faut que vous apportiez toute votre application à faire en telle sorte que cette entreprise puisse être tentée au mois d'avril.

Je ne saurois assez vous recommander de tenir cette lettre extrêmement secrète ; et lorsque vous me ferez réponse, prenez la peine de m'écrire une lettre particulière sur ce sujet.

*

---

1. Voir la notice, page 39.

6. — A DU QUESNE.

Versailles, 6 avril 1684.

Pour réponse à toutes les lettres que vous m'avez écrites, dont la dernière est du 26 du mois passé, je suis très-fâché d'apprendre le mauvais temps qu'il a fait en Provence ; cependant j'espère que l'on aura pris de si bonnes mesures que rien ne pourra empêcher le départ des vaisseaux dans le 25 de ce mois. Je compte d'arriver devant à Toulon et de trouver à mon arrivée toutes choses disposées pour mettre à la voile. Le sieur de Bonrepos[1] m'a rendu compte de la manière dont vous vous appliquez à l'avancement de toutes choses, et je vous prie de penser à toutes les précautions qui peuvent assurer le succès de l'affaire de[2]... que vous devez regarder comme une chose que le roi a fort à cœur, et je crois que vous pensez comme moi, qu'il seroit fort fâcheux qu'on ne réussît pas à la punition de[3]...

J'ai envoyé ordre au sieur de Vauvré pour la préparation de neuf vaisseaux, outre ceux qui sont à présent en mer, et lui ai donné ordre de désarmer *le Capable* et *le Cheval marin*, mais de les tenir carénés, afin que si *le Ferme* et les autres vaisseaux qui sont en mer n'arrivoient pas assez tôt à Toulon pour partir en même temps que la flotte, on pût en avoir toujours le nombre nécessaire.

Je suis bien aise de vous donner avis d'une chose dont je n'ai pas voulu écrire au sieur de Vauvré, afin que cela ne diminuât point son application et la diligence qu'il doit faire, qui est que Sa Majesté a fait armer quatre vaisseaux de 50 à 60 pièces de canon en ponant, qui doi-

---

1. Voir lettre 25, page 336, note.
2. Mot en blanc, pour Gênes.
3. Une demi-ligne en blanc.

vent être à présent à Brest et qui arriveront apparemment assez tôt à Toulon pour se joindre à votre pavillon avant votre départ.

J'ai été informé que, parmi les bois de Bourgogne, il en auroit été souvent trouvé qui auroient été sur le retour et qui n'étoient pas propres aux constructions des vaisseaux de Sa Majesté, et pour éviter que pareille chose n'arrive plus à l'avenir; j'ai dessein d'envoyer un des plus habiles charpentiers de Toulon avec un habile commissaire pour marquer les bois qui sont sur le retour, afin que ceux qui les font exploiter en Bourgogne n'en envoyent plus que de bonne qualité.

J'ai été informé par vos lettres de tout le procédé du commissaire Landouillette [1]. Je trouve bien du déréglement dans la tête de cet homme; cependant il faut encore s'en servir cette année; bien entendu que s'il ne devient plus sage, on lui fera comprendre que c'est à lui à obéir à ceux que Sa Majesté ordonne, sans apporter les difficultés dont il a été rempli jusqu'à présent.

Je prétends, dans mon voyage de Provence, régler de telle sorte tout ce qui regarde les radoubs que la plupart des grands vaisseaux qui sont à Toulon puissent être mis en état de servir à la fin de cette année.

Sa Majesté a bien voulu vous accorder votre fils Monros [2] pour troisième capitaine sur le vaisseau que vous commandez.

A l'égard de l'*Ardent*, elle a réglé son équipage à 400 hommes, n'estimant pas qu'il en doive avoir davantage.

*

1. Landouillette de Logevière, né à Nantes. Officier, puis commissaire d'artillerie, et enfin, commissaire général en 1687. Tué dans une épreuve en 1691.

2. Enseigne de vaisseau en 1680, capitaine en 1683; rayé des cadres en 1689. Monros était le nom d'une terre que du Quesne possédait en Bretagne, dans l'évêché de Cornouailles (Bibl. imp.; Mss. Fonds Mortemart, vol. 112, fol. 11).

7. — AU DUC D'ESTRÉES;

AMBASSADEUR A ROME [1].

Rade de Gênes, 28 mai 1684.

Vous aurez appris par le courrier que je vous ai envoyé, que l'armée navale du roi étoit devant Gênes; et comme j'estime très-nécessaire à son service que l'on soit informé en Italie des justes sujets de mécontentement que Sa Majesté a eus de la conduite des Génois et de l'excès de leur insolence et de leur opiniâtreté, je vous envoie le premier mémoire que je remis entre les mains de leurs députés, sur lequel ils ne firent aucune réponse et eurent la témérité de tirer les premiers.

Quelques jours après, ayant vu l'extraordinaire effet des bombes et la désolation entière de leur ville, je crus leur devoir offrir encore le pardon dont ils s'étoient rendus indignes, et je leur envoyai, pour cet effet, par le sieur de Bonrepos, les deux mémoires ci-joints; mais persistant dans leur opiniâtreté, ils se sont enfin attiré la destruction presque entière de leur ville, dont plus des trois quarts sont brûlés ou renversés.

Vous verrez aussi par la relation ci-jointe ce qui s'est passé dans la descente qui a été faite au faubourg de Saint-Pierre; et j'ai été bien aise, en profitant de cette occasion, de vous assurer de mes très-humbles services et de vous donner part de choses aussi glorieuses pour les armes de Sa Majesté.

*

---

[1]. Annibal d'Estrées, ambassadeur à Rome en 1672; mort le 30 janvier 1687.

8. — AU CHEVALIER DE TOURVILLE.

Versailles, 24 juillet 1684.

J'ai été bien aise d'apprendre des nouvelles de la navigation des vaisseaux que vous commandez; mais il me semble que vous vous éloignez trop des côtes de Gênes; il faudroit que vous fussiez plus près de ce port, et il n'y a rien de plus important pour vous que les vaisseaux de votre escadre fassent un grand nombre de prises, afin que le roi entende souvent parler de vous.

Puisque les Espagnols ont fait mettre aux galères, à Naples, les François qui ont été pris sur un vaisseau malouin, en cas que vous fassiez quelques prises sur lesquelles vous trouviez des Espagnols, Sa Majesté veut que vous les envoyiez à Toulon, afin qu'ils soient mis à la chaîne.

A l'égard du poudrier génois, qui demeure à Massa, si vous pouvez enlever cet homme, il faudra l'envoyer à Toulon, afin que le sieur de Vauvré examine s'il a quelque secret pour faire de la poudre meilleure que celle que l'on a accoutumé de faire; et en ce cas Sa Majesté se servira de lui.

*

9. — A DU QUESNE.

Versailles, 25 août 1684.

La trêve ayant été acceptée par les Espagnols, et les Génois n'y étant point compris, le roi est en toute liberté de faire agir ses armées contre eux, pour poursuivre la juste satisfaction que Sa Majesté leur a demandée.

Les choses étant dans cet état, il n'y a rien de plus important que de paroître incessamment devant Gênes avec tous les vaisseaux et les galères que vous commandez, pour leur faire connoître qu'il n'y a de parti pour eux que de se soumettre aux volontés de Sa Majesté. Pour cet effet, son intention est que vous preniez promptement les vivres que le sieur de Vauvré a eu ordre de vous faire fournir jusqu'à la fin d'octobre, et qu'ensuite vous mettiez à la voile pour l'exécution des ordres que vous avez reçus.

J'ai vu ce que vous m'écrivez sur le sujet de l'eau que vous estimez nécessaire d'envoyer à la suite des galères. Sur quoi je vous dirai que quand Sa Majesté ne destine point de bâtimens à cet usage, c'est qu'elle ne l'estime pas nécessaire, et ne prévoit pas que vous entreprendrez un voyage aussi inutile que celui que vous venez de faire à Barcelone [1].

1. Une autre lettre de Seignelay à Du Quesne, du 14 septembre suivant, contient ce qui suit :

« Le roi a eu nouvelle certaine que les galères d'Espagne et de Gênes sont encore en ce port ; ainsi il seroit très-fâcheux, par les raisons que je vous ai expliquées, que le retardement que vous apporterez aux îles d'Hyères vous empêchât de les trouver jointes. Sa Majesté veut que vous fassiez toutes les diligences nécessaires pour vous rendre devant Gênes, et si vous y paroissiez avant que toutes les galères ne fussent rentrées, elle désire que vous fassiez les détachemens nécessaires pour tâcher de les surprendre à leur retour.

« La résolution que vous avez prise de faire donner demi-carène aux vaisseaux que vous commandez est fort contraire aux intentions de Sa Majesté dont vous avez connoissance, puisqu'il n'est pas question de rester longtemps en mer, mais seulement de profiter du temps que les Espagnols et les Génois demeureront joints ensemble pour faire paroître l'armée devant Gênes.

✱

10. — AU CHEVALIER DE TOURVILLE.

Versailles, 20 septembre 1684.

Sa Majesté m'ordonne de vous répéter que si vous rencontrez en mer l'escadre de Papachin [1], elle ne doute point que vous ne profitiez de cette occasion de la combattre, à moins que vous ne fussiez bien certainement informé de la publication de la paix ; auquel cas il faudra que vous l'obligiez de saluer le premier ; et vous devez observer que Sa Majesté veut que vous désarboriez toute sorte de marque de commandement, si vous rencontrez lesdits vaisseaux, afin de les faire saluer en cet état ou les combattre en cas de refus.

*

11. — A L'ÉVÊQUE DE SAINTES [2].

Versailles, 11 décembre 1685.

M. de Fénelon est parti depuis quelques jours de Paris, et doit arriver incessamment à Saintes. Comme il mène avec lui un assez grand nombre de prédicateurs pour fournir aux missions nécessaires dans votre diocèse, nous n'avons pas jugé à propos, M. l'archevêque de Paris et

---

1. Vice-amiral d'Espagne. Quatre ans après, le 2 juin 1688, Tourville, accompagné de d'Estrées et de Château-Renault, obligeait, après un combat de trois heures, Papachin à saluer de neuf coups de canon le pavillon du roi.

2. Guillaume de la Brunetière, évêque de Saintes du 30 novembre 1677 au 2 mai 1702.

moi, ayant agi de concert en cela, qu'il fût nécessaire de vous en envoyer davantage [1].

*

12. — AU SIEUR ARNOUL,
INTENDANT DE MARINE A ROCHEFORT.

Versailles, 11 décembre 1685.

Le roi a vu l'ordonnance que vous avez rendue pour obliger les nouveaux convertis d'assister au service divin et aux prédications qui leur sont faites pour leur instruction. Sa Majesté l'a approuvée et elle veut que vous la fassiez exécuter. J'écris même à M. Millet [2] que l'intention de Sa Majesté est qu'il emploie l'autorité qui lui est commise, pour les obliger de s'y trouver, s'ils refusent de le faire.

M. l'abbé de Fénelon est parti il y a quelques jours de Paris, avec les autres ecclésiastiques que Sa Majesté a choisis pour travailler à l'instruction des nouveaux convertis, et à la conversion de ce qui reste encore de religionnaires; ainsi, il doit arriver incessamment en Saintonge. Ne manquez pas d'exécuter ponctuellement les ordres que vous avez reçus à cet égard.

1. Le 4 décembre, Seignelay avait annoncé à Fénelon que le trésorier général de la marine avait ordre de lui remettre une somme de 1,500 livres; il le priait en même temps de partir le plus tôt qu'il pourrait pour aller travailler à l'instruction des nouveaux convertis. — Il y a, à la Bibliothèque impériale, une quittance de Fénelon, datée du 14 avril 1687, constatant qu'il a reçu 3,000 livres « pour subvenir aux dépenses qu'il est obligé de faire, tant pour lui que pour les autres missionnaires envoyés à La Rochelle et lieux circonvoisins, pour l'instruction des nouveaux convertis. » (*Correspondance de Fénelon*, t. I, p. 16.)

2. Guillaume Millet de Jeurs, sous-gouverneur de Monsieur, puis du Dauphin, envoyé extraordinaire, lieutenant-général du Brouage et du pays d'Aunis, en mai 1685; mort le 24 février 1690.

Sa Majesté a approuvé que vous ayez fait publier un ordre pour enjoindre à ceux qui reçoivent des lettres séditieuses, de les remettre, à peine de 300 livres d'amende, et elle veut que vous y teniez exactement la main.

Sa Majesté a aussi approuvé que vous ayez fait arrêter le sieur de Voultron, gentilhomme de la religion prétendue réformée, qui vous a parlé insolemment, et que vous ayez fait mettre dans un couvent les deux filles de Jacques Godefroy; et sur ce que M. Millet m'écrit qu'elles l'ont forcé et qu'elles se sont évadées, j'envoie un ordre pour les faire mettre en prison. Sa Majesté veut que vous empêchiez soigneusement que ceux qui sont encore de la religion, ne fassent aucun mauvais traitement aux nouveaux convertis.

Vous trouverez ci-joint les ordres que vous avez jugé à propos d'expédier, pour éloigner les sieurs de Loire, de Fargot, de Chaboissière et de Périgny. Il faut que vous fassiez encore une tentative pour les convertir, avant de mettre ces ordres à exécution.

A l'égard des sieurs de La Laigne et Dolbrauze, Sa Majesté veut que vous leur parliez fortement de sa part, et que vous leur déclariez, à l'un et à l'autre, que s'ils donnent retraite à des gentilshommes ou s'ils se mêlent d'empêcher les conversions en aucune manière, Sa Majesté enverra des troupes chez eux.

L'expédient que vous proposez de raser la maison de quelqu'un de ceux qui resteront plus opiniâtres, peut être bon, mais Sa Majesté n'est pas d'avis de se presser à cet égard.

Sa Majesté a été bien aise d'apprendre la conversion des trois chefs de famille étrangers, demeurant à la Rochelle, et elle veut que vous vous appliquiez fortement à convertir les quatorze autres qui restent encore de la religion prétendue réformée.

Elle a approuvé que vous n'ayez pas fait revenir les dragons en cette ville, et il ne faut vous servir de ce moyen que quand tous les autres vous manqueront, pour achever la conversion de ce qui reste encore de religionnaires dans votre département.

J'écris à M. Millet d'examiner s'il est nécessaire de faire garder la côte par les milices, mais de ne leur donner cette fatigue qu'en cas qu'il l'estime absolument nécessaire. Cependant vous avez bien fait de rendre une ordonnance, pour promettre 10 écus pour chaque religionnaire ou nouveau converti qui sera arrêté en voulant s'embarquer sans permission.

Vous pouvez faire savoir aux habitans de la Tremblade, que Sa Majesté leur a accordé la maison qu'ils demandent, appartenant à un huguenot qui s'est absenté, pour servir au logement du vicaire de ce bourg. Elle n'estime pas à propos d'accorder aucune gratification aux matelots des équipages, revenus de la mer, qui se sont convertis. Cela tireroit à une trop grande conséquence.

J'ai vu l'état que vous m'avez envoyé des biens délaissés par les religionnaires de la Rochelle et de l'île de Ré qui sont sortis du royaume. J'en ai rendu compte à Sa Majesté, mais elle ne prendra aucune résolution à cet égard, qu'après que les quatre mois qu'elle leur a donnés pour revenir seront expirés. Elle veut que vous parliez fortement au lieutenant criminel et au procureur du roi de la Rochelle, et que vous leur déclariez que s'ils ne font mieux leur devoir que par le passé, dans l'exécution des édits et ordonnances, elle les obligera à se défaire de leurs charges.

Puisque vous estimez que le nombre de six traversières n'est pas tout à fait suffisant pour bien garder la côte, vous pouvez encore armer les deux que vous demandez. Mais je suis bien aise de vous avertir que Sa Majesté a été informée que ceux qui font la visite des bâtimens où les nouveaux convertis et les religionnaires sont embarqués, les laissent passer librement, moyennant de l'argent. Il est très-important que vous avertissiez les gardes-côtes, que Sa Majesté les en rendra responsables et qu'elle fera faire le procès de ceux qui se trouveront coupables d'une pareille désobéissance.

*

15. — A M. DE VILLETTE-MURSAY [1].

Versailles, 27 décembre 1685.

J'ai été bien aise d'apprendre votre conversion par la lettre que vous avez pris la peine de m'écrire le 13 de ce mois. Je crois que vous ne doutez pas de la joie que j'en ai eue, non plus que de l'intérêt que je prends à tout ce qui vous regarde. Je souhaite fort, à présent que l'obstacle de la religion est ôté, que le roi veuille faire quelque chose pour vous dont vous puissiez être satisfait, et je puis vous assurer que je m'y emploierai volontiers dans toutes les occasions.

---

1. Oncle de madame de Maintenon. Après sa conversion, il se mêla de convertir à son tour, et avec tant de zèle, que madame de Maintenon lui écrivit le 4 septembre 1687 : « Prenez garde à toutes les affaires dont vous vous chargez, car il seroit désagréable qu'elles ne se trouvassent pas comme vous les avez proposées... Je vous avoue que je n'aime pas à me charger envers Dieu ni devant le roi de tous ces retardemens de conversion, et que j'aurois aussi du chagrin de vous voir déplaire quand vos intentions sont bonnes... » (*Correspondance générale de M*me *de Maintenon*, par M. Lavallée, t. III, p. 91.)

*

14. — FÉNELON AU MARQUIS DE SEIGNELAY [1].

A la Tremblade, ce 7 février 1686.

Je crois devoir me hâter de vous rendre compte de la mauvaise disposition où j'ai trouvé les peuples de ce lieu. Les lettres qu'on leur écrit de Hollande leur assurent qu'on les y attend pour leur donner des établissemens avantageux, et qu'ils seront au moins sept ans en ce pays-là sans payer aucun impôt. En même temps, quelques petits droits nouveaux qu'on a établis sur cette côte, coup sur coup, les ont fort aigris. La plupart disent hautement qu'ils s'en iront dès que le temps sera plus assuré pour la navigation. Je prends la liberté, Monsieur, de vous représenter qu'il me semble que la garde des lieux où ils peuvent passer a besoin d'être augmentée. On assure que la rivière de Bordeaux fait encore plus de mal que les passages de cette côte, puisque tous ceux qui veulent s'enfuir vont passer par là, sous le prétexte de quelque procès. Il me semble aussi que l'autorité du roi ne doit se relâcher en rien, car notre arrivée en ce pays, jointe aux bruits de guerre qui viennent sans cesse de Hollande, font croire à ces peuples qu'on les craint et qu'on les ménage. Ils se persuadent qu'on verra bientôt quelque grande révolution, et que le grand armement des Hollandois est destiné à venir les délivrer. Mais en même temps que l'autorité doit être inflexible pour contenir ces esprits que la moindre mollesse rend insolens,

---

1. *Correspondance de Fénelon*, t. I, p. 1. — Nous publions *exceptionnellement* cette lettre de Fénelon, ainsi que celles des 14 et 18 juillet 1690, écrites pendant la maladie qui emporta Seignelay. Il y a encore, dans la *Correspondance*, six autres lettres, de Fénelon à Seignelay, purement de direction. Nous nous sommes borné à reproduire les plus intéressantes.

je croirois, Monsieur, qu'il seroit important de leur faire trouver en France quelque douceur de vie qui leur ôtât la fantaisie d'en sortir. Il est à craindre qu'il en partira un grand nombre dans les vaisseaux hollandois qui commencent à venir, pour la foire de mars, à Bordeaux. On assure que les officiers nouveaux convertis font ici mollement leur devoir. Pour M. de Blénac[1], il me paroît faire le sien fort exactement. Pendant que nous employons la charité et la douceur des instructions, il est important, si je ne me trompe, que les gens qui ont l'autorité la soutiennent, pour faire mieux sentir aux peuples le bonheur d'être instruits doucement. Je crois que M. l'intendant[2] sera ici dans peu de jours; cela sera très-utile, car il sait se faire craindre et aimer tout ensemble. Une petite visite, qu'il vint nous rendre à Marennes, fit des merveilles; il acheva d'entraîner les esprits les plus difficiles. Depuis ce temps-là, nous avons trouvé les gens plus assidus et plus dociles. Il leur reste encore des peines sur la religion ; mais, d'ailleurs, ils avouent presque tous que nous leur avons montré avec une pleine évidence qu'il faut, selon l'Écriture, se soumettre à l'Église, et qu'ils n'ont aucune objection à faire contre la doctrine catholique que nous n'ayons détruite très-clairement. Quand nous sommes partis de Marennes, nous avons reconnu de plus en plus qu'ils sont plus touchés qu'ils n'osent le témoigner; car alors ils n'ont pu s'empêcher de montrer beaucoup d'affliction. Cela a été si fort que je n'ai pu leur refuser de leur laisser une partie de nos messieurs, et de leur promettre que nous retournerions tous chez eux. Pourvu que ces bons commencemens soient soutenus par des prédicateurs doux,

---

1. Le comte de Blénac, capitaine de vaisseau en 1670; mort en 1696.

2. Colbert de Terron, oncle de Seignelay.

et qui joignent au talent d'instruire celui de s'attirer la confiance des peuples, ils seront bientôt véritablement catholiques. Je ne vois, Monsieur, que les pères jésuites qui puissent faire cet ouvrage, car ils sont respectés pour leur science et pour leur vertu. Il faudra seulement choisir parmi eux ceux qui sont les plus propres à se faire aimer. Nous en avons un ici, nommé le père Aimar, qui travaille avec nous, et qui est un ouvrier admirable : je le dis sans exagération. Au reste, Monsieur, j'ai reçu une lettre du père de la Chaise, qui me donne des avis fort honnêtes et fort obligeans sur ce qu'il faut, dès les premiers jours, accoutumer les nouveaux convertis aux pratiques de l'Église, pour l'invocation des saints et pour le culte des images. Je lui avois écrit, dès les commencemens, q' nous avions cru devoir différer de quelques jours l'*Ave Maria* dans nos sermons, et les autres invocations des saints dans les prières publiques que nous faisions en chaire. Je lui avois rendu ce compte par précaution, quoique nous ne fissions en cela que ce que font tous les jours les curés dans leurs prônes, et les missionnaires dans leurs instructions familières. Depuis ce temps-là, je lui ai rendu le même compte de notre conduite, que j'ai déjà eu l'honneur de vous rendre. J'espère que cela, joint au témoignage de M. l'évêque, de M. l'intendant, et des pères jésuites, nous justifiera pleinement [1].

*

15. — SEIGNELAY A L'ABBÉ DE FÉNELON.

Versailles, 14 février 1686.

J'ai rendu compte au roi de tout ce que vous m'avez écrit au sujet des instructions que vous donnez aux nou-

---

[1]. Voir l'étude historique, p.   , et la lettre suivante du 28 février 1686.

veaux convertis. Sa Majesté est persuadée de vos bonnes intentions et de votre zèle, elle connoît aussi les gens auxquels vous avez à faire et combien il est important de les ramener avec douceur, et il n'y a rien à ajouter à la conduite que vous tenez et dont vous rendez compte par votre lettre du 28 du mois passé.

Je vois clairement par le peu de progrès que l'on fait dans les esprits de ces nouveaux convertis, qu'il sera très-nécessaire que vous demeuriez longtemps sur les lieux. Sa Majesté m'a ordonné de vous expliquer que vous lui ferez plaisir en cela, et qu'elle est persuadée que vous ne sauriez être employé à rien qui puisse être plus utile pour le service de Dieu et celui de l'État.

Le Père de la Chaise est convenu d'envoyer dix jésuites à Marennes et d'observer que ce soient des gens doux et capables de ramener avec patience et charité les esprits des nouveaux convertis. On emploiera à autre chose les trois qui sont à présent sur les lieux, puisque leur caractère n'y convient pas.

Vous ferez grand plaisir en ce pays-ci de faire en sorte de convertir M. de Sainte-Hermine. Je vous prie de me faire savoir ce qui se passera à cet égard [1].

---

1. On a la réponse de Fénelon au sujet de M. de Sainte-Hermine qui était parent de madame de Maintenon. Voici ce qu'il écrivait, le 8 mars 1686, à Seignelay :

« J'ai eu sept ou huit longues conversations avec M. de Sainte-Hermine, à Rochefort, où j'ai été le chercher. Il entend bien ce qu'on lui dit, il n'a rien à y répondre; mais il ne prend aucun parti. M. l'abbé de Langeron et moi, nous avons fait devant lui des conférences assez fortes l'un contre l'autre. Je faisois le protestant, et je disois tout ce que les ministres peuvent dire de plus spécieux. M. de Sainte-Hermine sentoit fort bien la foiblesse de mes raisons, quelque tour que je leur donnasse : celles de M. l'abbé de Langeron lui paroissoient décisives, et quelquefois il répondoit de lui-même ce qu'il falloit répondre contre moi. Après cela, j'at-

16. — A L'ABBÉ DE FÉNELON.

Versailles, 20 février 1686.

J'ai rendu compte au roi du contenu en votre lettre du 7 de ce mois, et de la continuation de votre application. Tout le monde connoît assez qu'il n'y a rien à ajouter au zèle, à la prudence et à la douceur avec laquelle vous avez agi dans le pays où vous êtes, et que c'est le meilleur moyen pour parvenir à faire goûter à ces peuples les instructions qu'on veut leur donner, qui sont seules capables de leur faire perdre l'envie de quitter le royaume. Ainsi il est d'une extrême importance que vous restiez parmi eux tout le temps nécessaire pour les mettre dans ces dispositions.

A l'égard des moyens pour empêcher les invasions qui pourroient arriver pendant la foire de Bordeaux, j'ai écrit aux sieurs Arnoul et Lombard, d'établir sur tous les vaisseaux étrangers, des personnes de confiance jusqu'à

tendois qu'il seroit ébranlé, mais rien ne s'est remué en lui, du moins au dehors. Je ne sais s'il ne tient point à sa religion par quelque raison secrète de famille. Je serois retourné encore à Rochefort pour lui parler encore selon vos ordres, si M. Arnoul ne m'avoit mandé qu'il est allé en Poitou. Dès qu'il en sera revenu, j'irai à Rochefort et je vous rendrai compte, Monsieur, de ce que j'aurai fait... »

Madame de Maintenon écrivit de son côté, le 4 septembre 1687, à M. de Villette, au sujet de M. de Sainte-Hermine : « Madame de Sainte-Hermine n'a point communié, et c'est son mari qui l'en empêche ; je suis indignée contre de pareilles conversions. L'état du chevalier de Sainte-Hermine est déplorable, mais il n'a rien de honteux, et celui de ceux qui abjurent sans être véritablement catholiques est infâme. Toutes ces raisons-là ne me convient pas à mettre M. de Sainte-Hermine en liberté... » (*Correspondance générale de M*^{me} *de Maintenon*, t. III, p. 90.)

leur entière cargaison, lesquelles donneront avis de tout ce qui s'y passera, et empêcheront qu'il n'y soit embarqué aucun religionnaire, ni nouveau converti; cet expédient m'ayant paru le plus sûr et le plus praticable.

Sa Majesté envoie aussi des officiers dans toutes les paroisses maritimes, avec ordre d'y veiller de leur côté, à peine d'en demeurer responsables, et elle a donné ordre au sieur Forant, qu'elle a fait chef d'escadre de ses armées navales, de se rendre incessamment à la Tremblade. Comme il est nouveau converti et de bonne foi, et que les gens de ce pays ont beaucoup de confiance en lui, Sa Majesté espère qu'il travaillera avec succès à les retenir et à leur faire recevoir les instructions qui leur seront données.

J'ai rendu compte à Sa Majesté de la misère des peuples du pays où vous êtes, et j'ai envoyé au contrôleur général un mémoire des moyens qu'il y auroit de les soulager. Je suivrai cette affaire avec plaisir et je serai bien aise de leur procurer quelque soulagement. J'ai commencé à donner les ordres nécessaires pour leur faire avoir du blé à bon marché, ayant été informé qu'ils en manquoient. Vous pouvez assurer les principaux qu'en obéissant aux volontés de Sa Majesté et profitant des instructions qu'elle veut bien leur faire donner, ils recevront des marques de sa protection.

*

17. — A L'ÉVÊQUE DE SAINTES.

Versailles, 28 février 1686.

J'ai rendu compte au roi du contenu en la lettre que vous avez pris la peine de m'écrire le 14 de ce mois.

Quoique Sa Majesté soit persuadée de la pureté de la doctrine de M. l'abbé de Fénelon et des missionnaires qui l'accompagnent, elle a été bien aise d'en être encore assurée par vous du bon effet que cette mission a produit dans les lieux maritimes.

Je vous avois déjà fait savoir que M. Arnoul avoit ordre de fournir ce qui sera nécessaire pour l'entretien des vicaires et maîtres d'école, en attendant qu'on ait pourvu d'ailleurs à leur subsistance.

*

18. — A L'ABBÉ DE FÉNELON.

Versailles, 15 mars 1686.

J'ai rendu compte au roi de ce que vous avez pris la peine de m'écrire par votre lettre du 26 du mois passé, et Sa Majesté a tout à fait approuvé la conduite que vous avez tenue, en faisant espérer aux peuples dont Sa Majesté vous a commis l'instruction, toute sorte de douceur et de consolation des Jésuites auxquels vous devez laisser ce soin, à mesure que vous changerez de lieu.

Il est très-important de donner aux nouveaux convertis les dispositions nécessaires pour se confesser et communier, et il seroit très-avantageux qu'ils le fissent. Cependant, je suis persuadé qu'il est à propos d'attendre que ceux qui connoissent l'état où ils sont se croient assez bien instruits pour recevoir ces sacremens.

*

19. — A L'ÉVÊQUE DE SAINTES.

Versailles, 4 mai 1686.

Sa Majesté n'entend pas que l'on tourmente les nouveaux convertis par des garnisons et par des amendes, comme vous me marquez qu'il se pratique dans votre diocèse, et surtout pour les obliger de se confesser et de communier. Il faut, s'il vous plaît, que vous avertissiez les intendans de ce qui se passe sur cela, afin qu'ils y donnent ordre; il m'a toujours paru, par ce que M. Arnoul m'a écrit, qu'il a pris le parti de la douceur, autant qu'il lui a été possible. Je ne laisse pas de lui en écrire encore, afin qu'il y prenne garde de plus près, et je suis encore bien aise de vous dire à cette occasion que dans la disposition dans laquelle je connois que sont les esprits de ces quartiers, je crois qu'il est nécessaire de ne point les irriter.

J'écris encore à M. Arnoul que l'intention de Sa Majesté n'est pas de contraindre, par des garnisons, les parens de ceux qui sont dans les pays étrangers à les faire revenir, quand ils justifieront avoir fait toutes les diligences nécessaires; et si cela se pratique dans la partie de votre diocèse qui est du département de Bordeaux, il faudra que vous écriviez à l'intendant ce que je vous marque là-dessus de la volonté de Sa Majesté.

A l'égard des endroits où les nouveaux convertis doivent assister au service divin, c'est à vous à régler cela, et si les intendans et commandans faisoient plus qu'ils ne doivent, Sa Majesté leur en feroit de fortes réprimandes.

*

20. — A L'ABBÉ DE FÉNELON.

Versailles, 4 mai 1686.

Vous avez vu, Monsieur, par la lettre que je vous ai écrite le 22 du mois passé, que j'avois déjà prévu ce que vous me marquez nécessaire par votre lettre du 21 dudit mois, en envoyant à M. Arnoul des ordres pour faire mettre dans des prisons éloignées six des plus opiniâtres habitans de la Tremblade et de Marenne, et de ceux qui, à ce que j'ai appris, détournent les autres de leur devoir, et je lui marque en même temps qu'il ne doit se servir de ces ordres qu'à l'extrémité et en cas qu'il ne voie en ces gens aucune apparence de changement.

Il n'y a rien à ajouter au zèle et à la bonne conduite que vous avez tenue dans votre mission [1], et je ne doute point que la Rochelle ne donne la même satisfaction que la Tremblade et Arvert. Et je puis vous assurer que Sa Majesté est très-satisfaite du bon succès que vos soins ont eu en ce pays-là.

*

21. — A L'ÉVÊQUE DE SAINTES.

Versailles, 23 juillet 1686.

J'ai rendu compte au roi de la dernière lettre que j'ai reçue de vous sans date. Sa Majesté a été surprise de la

---

1. Une lettre du 26 mai contient ce qui suit :

« J'ai rendu compte au roi de ce que vous m'avez écrit par vos lettres des 9 et 11 de ce mois. Je puis vous assurer que Sa Majesté est satisfaite de la conduite que vous avez tenue dans vos missions, et elle se remet à vous de les finir, si vous l'estimez à propos. »

mauvaise disposition dans laquelle vous avez trouvé les nouveaux convertis de votre diocèse, dans la visite que vous venez de faire. J'ai fait savoir à M. Arnoul les intentions de Sa Majesté, et lui ai marqué qu'elle ne vouloit pas qu'on condamnât à l'amende ces gens pour ne pas assister à la messe, mais qu'il devoit avoir une application continuelle à connoître et à suivre les dispositions de leurs esprits, les exciter à faire leur devoir, et surtout chercher à procurer des avantages à ceux qui le feront et à punir, dans les occasions qui se peuvent présenter à un intendant ou à un commandant dans une province, ceux qui s'éloignent du devoir de catholique, et faire cela d'une manière que, sans prononcer des amendes contre eux pour n'avoir pas été à la messe ou au sermon, ils sentent bien qu'ils ne sont traités durem— dans les occasions, que parce qu'ils ne font pas ce que l'on devroit attendre de gens rentrés de bonne foi dans l'église catholique; Sa Majesté espérant que ce moyen, joint aux instructions que MM. les Évêques donneront aux nouveaux convertis, sera capable de les attirer.

Je suis persuadé que, de votre côté, vous contribuerez, en tout ce qui dépendra de vous, pour faire rentrer ces gens dans leur devoir.

*

22. — AU MÊME.

Versailles, 8 décembre 1686.

J'ai appris par le sieur Mauclerc[1] que vous avez donné les ordres nécessaires pour empêcher que les prédicateurs ne menacent dans leurs sermons les nouveaux convertis de faire venir les dragons; et si, après cela, il s'en trouvoit encore quelqu'un qui, par un zèle indiscret,

---

1. Antoine Mauclerc, contrôleur de marine, puis commissaire général à Rochefort; mort le 10 juillet 1703.

tienne de semblables discours, l'intention du roi est que vous lui interdisiez la chaire, pour éviter le mal qu'une pareille conduite est capable de causer.

Le sieur Mauclerc m'écrit sur un procès que les Récollets de Marennes ont intenté à la veuve d'un nouveau converti, dont il me marque que vous avez une fois sursis les poursuites, et il me mande qu'il a appris que ces religieux ont fait demander sous main 500 écus à cette veuve, pour ne pas la tourmenter.

Ce procédé a paru si extraordinaire à Sa Majesté, qu'elle m'a ordonné de vous dire qu'elle désire que vous vous en informiez avec soin, étant bien aise d'être instruite de la vérité par vous-même.

*

123. — A L'ÉVÊQUE DE SAINTES.

Versailles, 16 décembre 1686.

A l'égard des nouveaux convertis qui meurent sans recevoir les sacremens, Sa Majesté estime que l'attention trop grande qu'on apporteroit à tourmenter les parens de ceux qui meurent sans confession et les médecins et chirurgiens qui les approchent, seroit beaucoup plus préjudiciable que profitable à la religion; et il n'est pas à propos, quand il n'y a aucun scandale, d'être si exact là-dessus, ni de relever tout ce qui provient de la mauvaise disposition dans laquelle les nouveaux convertis se trouvent.

Je puis même vous dire en secret que Sa Majesté n'est pas d'avis qu'il faille exécuter la déclaration du 24 mai dernier, qui a été donnée pour faire le procès à la mémoire de ceux qui n'auront pas reçu les sacremens à la mort, et qu'il suffit de la mettre à exécution contre ceux qui sont tombés dans cette faute avec un scandale public [1].

*

?. — A VAUBAN [2].

Versailles, 28 mars 1688.

M. Arnoul s'étant trouvé en Provence, a visité les embouchures du Rhône et m'a envoyé une carte avec un mémoire de ce qu'il estimeroit à propos de faire, pour rendre la navigation de cette rivière meilleure qu'elle n'est.

Je vous les envoie et j'y joins un autre plan et un mémoire, faits par le sieur Riquet, sur le même sujet. Je vous prie de l'examiner et de me faire savoir votre avis sur l'une et sur l'autre, et à laquelle vous estimerez à propos de donner la préférence, afin que, sur le compte que j'en rendrai au roi, Sa Majesté puisse prendre sa résolution là-dessus.

A l'égard de la pensée que vous avez eue de couper le Rhône au-dessus d'Arles, et de conduire de là un canal jusqu'au port de Bouc, je conviens que ce seroit le plus sûr et le plus utile, mais il ne faut pas y penser, attendu la dépense de 1,810,000 livres que vous me marquez par votre mémoire du 18 mars 1686, qu'il faudroit pour faire cet ouvrage.

---

1. En rappelant, six jours après, à l'évêque de Saintes la présente lettre, Seignelay lui écrivait encore : « A l'égard de ceux qui empêchent les autres de faire leur devoir et qui tiennent des discours séditieux, il faut que vous en avertissiez l'intendant de la province, qui aura soin de les faire châtier suivant les intentions de Sa Majesté. »

2. Sébastien Le Prestre de Vauban, né à Saint-Léger (Bourgogne), en 1633; mort en 1707. Il était, en 1688, commissaire général des guerres ; maréch de France en 1703.

25. — À M. DE BONREPOS[1].

Versailles, 8 septembre 1688.

J'ai reçu par le retour de mon courrier la lettre que vous m'avez écrite du 4 de ce mois, et je l'ai lue ce matin tout entière au roi. Sa Majesté a été fort satisfaite de la manière dont vous avez parlé au roi d'Angleterre, et elle voit clairement qu'il étoit bien nécessaire d'exciter son attention dans une conjoncture si importante. Par tout ce qui nous revient de Hollande, il n'y a pas apparence que le prince d'Orange tente rien contre l'Angleterre cette année. Les vaisseaux d'Amsterdam ne sont pas encore tous au Texel; il ne leur sera fourni que pour un mois de vivres et ils n'auront aussi que la moitié ou les deux tiers de leurs équipages, et les vaisseaux qui se préparent à Hellevoëtsluis n'ont pas encore un matelot, en sorte que le roi est persuadé que le prince d'Orange n'a d'autre intention que de tirer des amirautés les vaisseaux qu'il a dessein de faire armer au printemps et de ne dépendre plus de la ville d'Amsterdam, dont il n'est pas aussi sûr que des autres pour les armemens de mer

---

1. François d'Usson de Bonrepos, commissaire général de la marine en 1676, intendant général des classes en 1683, envoyé en mission à Londres en 1685, ambassadeur en Danemark en 1692. Mort le 12 avril 1719. — « C'étoit, dit le marquis de Sourches, un homme de Languedoc qui avoit fait sa fortune dans les affaires, et qui depuis s'étoit attaché à M. de Seignelay, duquel il n'étoit pas tout à fait commis, mais il s'en falloit peu de chose. Et quoiqu'il eût été refusé de la charge de secrétaire du roi, il ne se rebuta point et il obtint à la fin (en novembre 1685) l'agrément de la charge de lecteur, qui n'étoit pas si bonne que l'autre, mais qui étoit agréable pour les entrées de la chambre qu'elle donnoit. » (*Mémoires*, t. I, p. 352.)

qu'il voudra faire. Cependant il ne faut pas tellement se confier à cette apparence qu'on néglige les précautions capables d'empêcher le service de ces entreprises, et c'est à quoi il faut que vous portiez le roi d'Angleterre.

Sa Majesté a été étonnée de ne pas apprendre par votre lettre, que ledit roi ait pris la résolution de faire marcher les troupes qu'il a en Irlande. Comme ce sont celles dont il doit être le plus assuré ; il paroît que rien ne seroit plus capable d'empêcher la suite des projets du prince d'Orange que le bruit seul de la marche de ces troupes en Angleterre. Vous devez appuyer fortement sur ce point dans les conversations que vous aurez avec lui, m'informer de ce qu'il pense et des résolutions qu'il aura prises à cet égard.

Je vous envoie cette lettre par un courrier. Sur tout ce qui m'a paru, par le tissu de la vôtre, que vous pouviez faire entendre que le roi seroit, dès cette année, dans la résolution d'envoyer des vaisseaux pour joindre la flotte angloise, comme ce n'est point du tout l'intention de Sa Majesté, qu'on n'est pas même en état de faire venir assez tôt les vaisseaux de la Méditerranée pour former une escadre considérable, et que la jonction ne s'en pourroit faire que dans un temps où elle seroit inutile, il faut que vous fassiez en sorte que le roi d'Angleterre, entrant lui-même dans ces raisons, ne demande au roi un secours de vaisseaux que pour l'année prochaine ; et je crois que vous n'aurez pas de peine à y parvenir, puisque ledit roi s'est expliqué en termes formels à M. de Barillon qu'il n'aura pas besoin de ces vaisseaux cette année.

En cas que le roi d'Angleterre vous demandât quel nombre de vaisseaux Sa Majesté pourra lui donner, il faut que vous lui marquiez que vous n'en êtes pas bien informé, mais que c'est une chose à régler entre Sa Majesté et lui.

La résolution qu'a prise le roi d'Angleterre, de convoquer son parlement, a paru bien hardie dans la conjoncture présente. Il est à souhaiter que ce roi soit bien informé par ses ministres de l'esprit de ses sujets à son égard, et qu'il ne s'engage pas témérairement dans une chose qui lui deviendroit funeste, s'il n'étoit pas assuré d'être maître de ce parlement.

Il est bon que vous tâchiez de vous informer de la situation de l'esprit du roi d'Angleterre à l'égard de la religion, pour savoir si, dans cette conjoncture, il veut poursuivre avec la même vivacité qu'il a fait par le passé la révocation du *Test*[1] et les autres points qui ont jusqu'à présent si fort excité l'esprit anglois.

J'espère que vous pourrez avoir fini bientôt ce que vous avez à faire en Angleterre, et aussitôt que vous aurez achevé, il faudra que, sans attendre d'autre lettre de ma part, vous repassiez en France pour rendre compte au roi de votre commission.

*

26. — A M. DE BARILLON,
AMBASSADEUR A LONDRES[2].

Versailles, 24 novembre 1688.

J'ai rendu compte au roi de la proposition que le roi d'Angleterre vous a faite de demander à Sa Majesté l'armement à Brest d'un nombre considérable de vaisseaux qu'il croiroit très-utile au maintien de ses affaires dans l'état où elles se trouvent à présent ; elle m'a ordonné de vous écrire pour vous expliquer ce que vous avez à dire au roi d'Angleterre sur ce sujet.

1. Le serment du *Test* consistait à nier la transubstantiation et à renoncer au culte de la vierge et des saints.
2. Paul Barillon d'Armoncourt, marquis de Branges, ambassadeur extraordinaire d'Angleterre en 1677, mort le 23 juillet 1691.

Il ne paroît pas que le nombre de vaisseaux que Sa Majesté pourroit rassembler à Brest fût suffisant pour entreprendre d'attaquer la flotte hollandoise, ou de passer la Manche pour s'aller joindre à celle d'Angleterre. Ainsi il seroit difficile de tirer aucun service de ces vaisseaux. Il seroit même très-inutile de les mettre à présent en mer, dans la résolution où vous m'écrivez qu'est le roi d'Angleterre de faire retirer sa flotte, et le seul avantage qu'on pourroit trouver dans cet armement considérable seroit d'avoir des vaisseaux à Brest sans pouvoir les faire sortir que lorsque l'armée de Hollande se seroit retirée, et que le roi d'Angleterre auroit résolu de faire sortir la sienne de la Tamise pour venir au-devant des vaisseaux du roi, auquel cas il deviendroit infailliblement supérieur aux Hollandois par mer; mais ce cas n'arrivera vraisemblablement que dans la fin de mars ou au commencement d'avril prochain, si les affaires dudit roi d'Angleterre se maintiennent jusqu'à ce temps-là. La dépense que le roi feroit pour l'entretien d'une flotte pendant tout l'hiver seroit très-considérable et deviendroit absolument inutile ; les secours d'argent que Sa Majesté continuera à donner au roi d'Angleterre seront beaucoup plus avantageux pour son service dans l'état présent des choses. C'est ce que Sa Majesté veut que vous lui disiez et que vous entriez avec lui dans un détail de ce raisonnement, afin que s'il avoit quelque bonne raison à vous opposer qui pût déterminer le roi à prendre un autre parti, Sa Majesté l'examinât de nouveau et donnât en ce cas ses ordres pour la préparation de ses vaisseaux.

Mais il faut que vous observiez qu'il y a beaucoup à craindre, par tout ce que la flotte angloise a fait en dernier lieu, que la plupart de ceux qui la composent n'étoient pas bien intentionnés pour leur maître, auquel cas il seroit très-dangereux d'engager Sa Majesté à joindre ses vaisseaux, et il est très-important pour son service que vous ayez une grande attention à tout ce qui se passera sur cette flotte, pour être exactement informé de la situation des esprits, et que vous regardiez ce point comme celui qui doit servir davantage à déterminer Sa Majesté aux résolutions qu'elle aura à prendre pour ses armemens de mer.

Nous avons des avis certains de Hollande que les États-Généraux ont résolu de faire un nouvel armement de quinze vaisseaux ou frégates, et il y a apparence qu'ils les destinent pour y embarquer les neuf régimens que le prince d'Orange a demandé qu'ils fussent prêts de passer en Angleterre pour porter des vivres à son armée navale, qui n'en a que jusqu'au 15 décembre. Comme la flotte du roi d'Angleterre sera fort supérieure à ce convoi, Sa Majesté ne doute pas qu'il ne donne les ordres pour l'attaquer à son passage, et il est impossible que cette entreprise ne réussisse, si ceux qui commandent les vaisseaux anglois font leur devoir. Elle veut que vous en pressiez le roi d'Angleterre de sa part et que vous lui fassiez remarquer en même temps qu'un officier françois embarqué sur la flotte angloise, qui est revenu depuis peu ici, a dit que deux frégates angloises ayant rencontré un vaisseau de guerre hollandois qui escortoit quatorze bâtimens de la même nation qui suivoient le reste de la flotte du prince d'Orange, se sont contentées du salut que le Hollandois leur a rendu, et ont dit pour raison que la guerre n'étant point déclarée entre les États-Généraux et n'ayant ordre que d'empêcher le débarquement du prince d'Orange, ils n'avoient pas osé l'attaquer.

Vous connoissez par là de quelle extrême importance il seroit au roi d'Angleterre qu'il donnât des ordres si précis à ses vaisseaux pour l'avenir que ceux qui les commandent n'eussent pas de pareils prétextes pour s'empêcher d'attaquer les Hollandois.

Vous savez que le roi a envoyé des bâtimens à Portsmouth pour prendre vos lettres et les passer en France. Comme il se pourroit faire qu'il seroit plus commode ou plus sûr que ces bâtimens passassent dans quelque autre port d'Angleterre, ceux qui les commandent ont ordre de suivre ce que vous leur marquerez être du service de S^a Majesté et de se rendre en tel port que vous leur ordonnerez.

*

27. — A LAUZUN[1].

Versailles, 30 décembre 1688.

J'ai lu au roi la lettre que vous avez pris la peine de m'écrire tant par le major de Boulogne, que celle que j'ai reçue hier au soir par l'ordinaire.

J'ai bien peur que la nouvelle que nous avons sue par Dunkerque ne soit que trop véritable; et les circonstances que vous en marquez dans votre lettre ne permettent pas d'en douter. Il y a lieu de croire, suivant ce que vous m'écrivez, que la reine d'Angleterre sera partie de Boulogne; mais si elle ne l'étoit pas encore, le roi m'ordonne de vous dire que vous fassiez tout ce que vous pourrez pour l'y déterminer.

Sa Majesté est persuadée de l'empressement avec lequel vous désirez vous trouver auprès d'elle, mais elle vous recommande de le modérer et de demeurer auprès de la reine, pendant que vous lui serez nécessaire.

*

---

1. Antonin Nompar de Caumont, marquis de Puyguilhem, duc de Lauzun, né en 1632, mort le 19 novembre 1723. Après avoir commandé un corps expéditionnaire en Irlande, il rentrait en France accompagnant la reine d'Angleterre.

28. — AU COMTE D'AVAUX

EN IRLANDE [1].

Versailles, 5 avril 1689.

J'ai reçu la lettre que vous avez pris la peine de m'écrire le 24 du mois passé, et j'ai appris avec beaucoup de plaisir votre heureuse arrivée en Irlande. J'espère que les affaires iront vite en ce pays-là, et que nous verrons bientôt le roi d'Angleterre en état d'agir utilement pour les affaires d'Écosse.

Je vous supplie de penser à l'établissement du commerce entre la France et l'Irlande, principalement pour ce qui regarde l'extraction des laines, à quoi il est bien important que les marchands françois trouvent toute sorte de facilités, tant pour l'avantage de nos manufactures, que pour procurer aux Irlandois un débit qui leur apportera de l'argent.

Vous me ferez un extrême plaisir de m'informer exactement de tout ce qui regarde ce détail.

J'ai établi, par ordre du roi, qu'à l'avenir il y aura toujours deux bâtimens qui iront et deux qui reviendront d'Irlande en France. Il faudra, s'il vous plaît, que vous ayez un homme sûr à Kinsal, à qui vous puissiez adresser vos lettres, étant important que ce soit en ce lieu qu'abordent les bâtimens, sans qu'ils soient obligés de passer plus loin.

Je vous supplie aussi de faciliter, autant que vous pour-

---

1. Jean-Antoine de Mesmes, seigneur d'Irval et cadet d'Avaux. D'abord maître des requêtes et successivement ambassadeur à Venise, à Nimègue, en Hollande. Conseiller d'État et grand-maître des cérémonies du Saint-Esprit. Mort en 1709, à l'âge de soixante-neuf ans. Un de ses oncles avait été le plénipotentiaire de la France au congrès de Munster.

rez, au sieur de Pointis[1], l'exécution de tout ce qui pourra regarder le service du roi; et s'il a fait quelques fautes dans ces commencemens, je vous supplie de vouloir bien les oublier à ma considération. Je lui explique la manière pleine de déférence et de respect dont il se doit conduire à votre égard, et je suis persuadé qu'il ne s'en écartera pas à l'avenir.

*

29. — AU CHEVALIER DE POINTIS.

Versailles, 4 juin 1689.

J'ai reçu vos lettres des 20 et 27 avril.

Je suis fort satisfait du compte que vous me rendez de tout ce qui se passe en Irlande, et je suis persuadé que vous servez bien et utilement le roi dans ce qui regarde vos fonctions; mais, en vérité, vous avez pris un bien mauvais parti pour votre conduite dans le reste, et si je n'espérois que la lettre que je vous ai écrite le 5 du mois d'avril dernier vous aura redressé l'esprit et appris la conduite que vous devez tenir à l'égard de M. d'Avaux et de M. Rosen[2], je ne pourrois m'empêcher de craindre avec raison le préjudice que des manières si incompatibles que celles qu'il paroît que vous avez eues pourroient apporter au service du roi.

Je vous répète encore que vous êtes dans un pays et parmi des gens qui n'ont rien de si fortement dans le cœur que leur opinion et leur jalousie naturelle contre

1. Enseigne de vaisseau en 1672, capitaine en 1685, commissaire général d'artillerie en 1687, chef d'escadre en 1693; mort en 1707. — Voir, au sujet du rôle que joua Pointis dans l'expédition d'Irlande, l'*Histoire de Louvois* par M. Camille Rousset, t. IV.

2. Conrad, marquis de Rosen, commandant les troupes envoyées en Angleterre; lieutenant-général en 1688, maréchal de France en 1703; mort le 8 août 1715, âgé de 87 ans.

les François, qu'il n'y a rien de si important que l'union et l'intelligence qui doivent être entre tous ceux qui sont chargés des ordres du roi dans le pays où vous êtes, et qu'il paroît, par toutes vos lettres, que non-seulement vous n'avez pas suivi cette conduite, mais que vous êtes entré avec les Anglois à désapprouver ce qui vient de la part de ceux qui ont la principale confiance du roi, et que, contre vos propres intérêts et contre ce qu'il y a de plus important au service de Sa Majesté, vous les avez obligés à se plaindre de vous en plusieurs choses dans lesquelles on ne sauroit s'empêcher de vous donner le tort.

Vous savez que je vous ai expliqué que vous étiez subordonné à M. Rosen, et que vous ne deviez rien faire ni rien proposer que de son consentement et par ses ordres. Vous savez aussi que le caractère de M. d'Avaux, ambassadeur du roi, lui donne la confiance entière de Sa Majesté pour toutes les affaires qui regardent l'Irlande, et que votre intérêt vous porte à le ménager, de sorte qu'il rende un bon témoignage de vos services; mais outre votre intérêt, le service du roi le demande de telle manière que si votre mésintelligence continuoit, non-seulement on seroit obligé de vous faire revenir, mais on ne pourroit vous regarder, à votre retour en France, que comme un homme qui, par son incompatibilité, seroit absolument inutile au service de Sa Majesté. Il faut donc que, pour réparer le tort que vous avez eu jusqu'à présent,[a] vous évitiez avec un grand soin tout ce dont ils se sont plaints, que vous agissiez de concert en tout avec eux et que vous receviez et exécutiez exactement les ordres de M. Rosen; que vous communiquiez fidèlement toutes vos pensées à M. d'Avaux, avant que d'en parler au roi d'Angleterre, et que vous lui rendiez compte de tout ce qui regarde les munitions et autres choses qui sont sous votre charge; qu'en un mot vous les obligiez, par le changement tout entier de votre conduite à leur égard, à rendre de bons témoignages des services utiles que je suis persuadé que vous rendrez au roi ; qu'il ne paroisse ni dans votre conduite, ni dans vos lettres que vous vous joignez aux plaintes que les Anglois font d'eux, et que vous vous serviez au contraire de la confiance que milord Tirconel et les autres Anglois qui approchent du roi d'Angleterre ont en vous pour faire valoir tout ce qui viendra de leur part.

La proposition que vous aviez faite de bombarder Londonderry par mer n'a pas paru raisonnable, et je ne sais comment, vous qui avez connoissance de l'effet des bombes sur des vaisseaux, avez préféré cette manière à celle de bombarder par terre, où on le peut faire beaucoup plus sûrement et avec plus de succès. Je ne vous parle de ce fait en particulier que pour vous faire connoître que M. Rosen et M. d'Avaux n'ont pas eu tort de rejeter cette proposition, et pour vous dire en même temps que celles que vous pourriez faire, qui seroient les plus raisonnables et les plus utiles, n'auront aucun succès quand vous ne vous serez pas concerté avec eux.

La pensée que vous avez eue d'aller brûler les villes qui sont sur la côte d'Angleterre qui regardent l'Irlande et la demande que vous avez faite de deux vaisseaux de guerre, deux brûlots et quelques frégates et barques longues, est un effet de votre imagination vive, et qui se porte souvent à des choses dont l'exécution seroit très-incertaine, et je vous demanderois volontiers comment vous pensez que le roi puisse faire un pareil détachement de sa flotte, dans un temps où vous savez que les ennemis seront apparemment plus forts en mer, et pourroient faire aisément un détachement d'un nombre de vaisseaux supérieur, avec lesquels ils iroient enlever cette petite escadre.

Je vous envoie un état des gages qu'on a accoutumé

de donner, sur les vaisseaux du roi, aux charpentiers et canonniers, sur lequel vous réglerez la solde de ceux qui ont passé avec vous en Irlande. Ces gages doivent être payés sur le fonds que Sa Majesté y fait remettre, et vous devez pour cela vous adresser à M. d'Avaux, à qui j'en écris.

J'ai appris par la dernière lettre que j'ai reçue de vous, du 11 du mois passé, la blessure que vous avez reçue devant Londonderry. Le roi vous a accordé une gratification de 1,500 livres et Sa Majesté m'a paru satisfaite de la manière dont vous la servez; mais souvenez-vous de bien profiter de ce que je vous écris par cette lettre, et de régler votre conduite de sorte que vos services puissent vous être utiles pour la suite.

*

30. — A M. DE CHATEAU-RENAULT [1].

Versailles, 8 juin 1689.

J'ai reçu les deux lettres que vous avez pris la peine de m'écrire les 31 mai et 2 de ce mois, et j'ai rendu compte au roi de ce qu'elles contiennent.

Sa Majesté n'a pas estimé qu'il fût de son service de vous permettre de passer sur le vaisseau *le Souverain*, que vous devez commander, l'équipage entier de *l'Ardent*. Il n'est pas à propos que vous insistiez davantage sur cela, et je suis bien aise de vous dire qu'un homme comme vous, qui êtes à la tête de la marine, doit penser à la nécessité qu'il y a que tous les vaisseaux soient également armés, et que le véritable devoir d'un officier général est de ne pas regarder davantage le vaisseau qu'il

---

1. Louis-François Rousselet, comte de Château-Renault, né le 22 septembre 1637, chef d'escadre en 1674, maréchal de France en 1703; mort le 15 novembre 1716.

doit monter que les autres, vu que l'action de toute une flotte le regarde également.

A l'égard du combat que vous avez donné contre Herbert[1], je vous avoue que j'ai vu avec déplaisir ce que les Anglois mêmes en disent, et je vous envoie copie de ce que l'on m'écrit sur ce sujet. Mon intention n'est pas de blâmer votre action, mais je ne puis m'empêcher de vous dire qu'il a paru à tout le monde qu'elle auroit pu être poussée plus loin; et cela est d'autant plus fâcheux que les ennemis n'auroient pas osé paroître de la campagne, si vous aviez fait périr cette flotte. J'envoie aussi à MM. Gabaret[2] et Forant[3] les nouvelles d'Angleterre, desquelles j'ai fait retrancher ce qui vous regarde en particulier, afin que, dans une autre occasion, ils concourent avec plus de chaleur à rendre complètes et décisives les actions dans lesquelles ils se trouveront.

Vous verrez par la dépêche du roi ci-jointe, que l'intention de Sa Majesté est que vous teniez la mer jusqu'à la fin de ce mois avec les dix vaisseaux avec lesquels vous avez eu ordre de croiser à l'entrée de la Manche.

*

31. — A M. DE LOUVIGNY[4].

Versailles, 26 juin 1689.

J'ai reçu vos lettres des 9 et 21 de ce mois, et je vous avoue que j'ai été surpris d'apprendre par la dernière

1. Amiral de la flotte anglaise.
2. Jean Gabaret, capitaine de vaisseau en 1653, chef d'escadre en 1673, lieutenant-général en 1689; mort en 1697.
3. Né à La Tremblade; chef d'escadre en 1686; mort à Brest le 20 août 1692, à 80 ans.
4. Antoine-Charles de Gramont, fils du maréchal de Gramont, colonel du régiment d'infanterie de Louvigny en 1655, gouverneur du Béarn et de la basse Navarre en 1673; aide de camp du roi en 1684. Mort le 25 octobre 1720.

qu'il ne fût encore parti le 21 que 740 matelots. Je vous ai marqué par ma dernière du 22, que je vous ai envoyée par un courrier, qu'il ne falloit pas hésiter dans une occasion comme celle-ci de prendre les matelots des autres classes et même les équipages des vaisseaux marchands; et je vous ai écrit aussi par celle du 23, que je vous ai envoyée par un autre courrier, d'en faire partir jusqu'à 16 ou 1700 si vous pouviez, et de faire rechercher tous les bons matelots qu'on assure avoir été exempts du service. Ainsi, j'ai prévenu toutes vos demandes à cet égard. M Bonrepos, qui doit être à présent au Havre, doit vous avoir encore expliqué par mes ordres de qu'elle importance il est que la diligence se fasse en cette occasion; et si elle n'étoit pas extrême, et telle qu'elle n'apportât aucun retardement, je vous avoue que je n'aurois pas sujet d'être satisfait de votre application.

Vous pouvez acheter les chanvres qui se présenteront, pourvu qu'ils soient de bonne qualité; je vous en ferai remettre le fonds. Il faudra aussi que vous les fassiez convertir en fil de caret, et en cas que vous n'ayez pas de goudron, que vous le fassiez passer à Brest sans être goudronné, par toutes les occasions que vous en aurez. J'écris cependant au sieur Patoulet[1] de vous envoyer les 400 barils que vous demandez et de profiter des premières occasions qu'il aura de les faire passer au Havre.

A l'égard des toiles, il faut aussi que vous en fassiez venir, et vous en trouverez aisément en Normandie plus qu'il ne vous en faut.

Pour ce qui est des mâts j'ai donné ordre au sieur Girier de vous envoyer promptement les 80 qu'il a fait abattre, et je lui écris de se servir du reste de la saison pour en abattre un plus grand nombre. Il doit vous envoyer en même temps six milliers de planches.

Ledit sieur Patoulet me marque qu'il auroit besoin

---

1. Intendant de marine à Dunkerque; mort le 8 avril 1695.

d'un nombre considérable de grenades. Vous en devez avoir 3 à 4,000 au Havre, dont il faut que vous lui envoyiez une partie, en attendant que vous en puissiez faire faire en Normandie le nombre qu'il vous demandera ; et il est nécessaire que vous teniez correspondance avec lui sur ce sujet.

J'ai envoyé aux officiers de l'amirauté du Havre l'arrêt pour faire vendre le petit bâtiment anglois qu'ils ont fait arrêter, lors de la déclaration de la guerre. Vous pouvez le garder si vous trouvez qu'il soit propre à la voiture des bois, et j'écris au sieur Patoulet que si les frégates du roi prenoient quelque bâtiment qui fût propre au transport des bois, il ait à vous l'envoyer.

Comme le vent est venu au nord-est depuis quelques jours, je ne doute pas que les bâtimens qui portent les câbles à Brest ne soient à présent partis, et j'en attends la nouvelle avec impatience.

Je suis bien mal satisfait de celui qui commande le bâtiment que vous avez armé pour aller à la découverte des ennemis, n'ayant eu encore aucun avis par lui. Il faut que ce bâtiment tienne la mer jusqu'à ce que les flottes de Hollande et d'Angleterre soient parties de l'île de Wight ; mais il faut que vous y mettiez quelque autre homme plus capable d'exécuter les ordres que vous devez lui avoir donnés.

Il faut que vous m'envoyiez une liste des matelots de votre département qui ont été blessés au combat du sieur Bart[1], aussi bien que de ceux qui y ont été tués, et que vous y marquiez ceux qui laissent des veuves et des enfans, Sa Majesté étant bien aise de leur faire donner quelques récompenses.

*

---

1. Jean Bart, né à Dunkerque le 20 octobre 1650 ; mort le 27 avril 1702.

32. — FÉNELON A SEIGNELAY[1].

Vendredi, 14 juillet 1690.

J'apprends, Monsieur, que vous souffrez et que Dieu vous met à une très-rude épreuve par la longueur de vos maux. Si je me laissois aller à mon cœur, j'en serois véritablement affligé; mais je conçois que Dieu vous aime en vous frappant, et je suis persuadé que vos maux seront dans la suite de très-grands biens. Il vous impose une pénitence que vous n'auriez jamais pu vous résoudre à faire, et qui est pourtant ce que vous devez à sa justice pour l'expiation de vos péchés. Il vous arrache ce que vous auriez eu bien de la peine à lui donner. En vous l'arrachant, il vous ôte la gloire de le lui sacrifier, en sorte que vous ne pouvez vous faire honneur de ce sacrifice. Ainsi, il vous humilie en vous instruisant. D'ailleurs, il vous tient dans un état d'impuissance qui renverse tous les projets de votre ambition. Toutes ces hautes pensées dont vous aviez nourri votre cœur depuis si longtemps s'évanouissent. Votre sagesse est confondue. Par là, Dieu vous force de vous tourner entièrement vers lui. Il étoit jaloux d'un voyage où la gloire mondaine auroit occupé tous vos désirs, et où vous auriez été en proie aux plus violentes passions[2]. En vérité, Monsieur, je crois qu'en rompant ce voyage, non-seulement il préserve votre âme d'un grand danger, mais encore il épargne à votre corps une agitation mortelle. Il veut que vous viviez et que vous viviez à lui seul. Pour vous faire entrer dans cette vie, il vous fait passer par une lan-

---

1. Cette lettre et la suivante sont extraites, comme celle du 7 février 1686, de la *Correspondance de Fénelon*, t. I, p. 47 et 52.
2. La cour venait de partir pour Fontainebleau. La santé de Seignelay l'avait empêché d'y aller.

gueur accablante où vous mourrez à tout appui humain. Après vous avoir affligé, il vous consolera en bon père, lorsque l'affliction aura purifié et détaché votre cœur. Je le prie de vous donner une patience sans borne dans des maux aussi longs et aussi douloureux que les vôtres. Que ne puis-je, Monsieur, les partager avec vous et être votre garde-malade ! Vous n'en sauriez avoir de plus zélé que moi.

*

33. — DU MÊME AU MÊME.

Mercredi, 26 juillet 1690.

Je vous envoie, Monsieur, sept différens sujets [de méditation] : il y en a un qui est traité deux fois, à cause de son importance. Quand vous aurez fait l'essai, vous verrez si cette manière vous convient et si vous avez quelque changement à y désirer. Plus je pense à vous, Monsieur (ce qui m'arrive très-souvent), plus je suis convaincu que ce n'est pas sans un grand dessein que Dieu vous presse d'avancer vers lui. Vous n'aurez ni repos, ni consolation, jusqu'à ce que vous ne teniez plus à rien, et que vous soyez tout entier sans réserve à celui pour qui tout n'est pas trop. Alors viendront la paix et la joie du Saint-Esprit avec la santé et les forces pour accomplir les desseins de Dieu. Vous pouvez le glorifier beaucoup ; c'est pour cela qu'il vous comble de miséricordes, mais il veut un cœur grand et généreux, qui mette toute sa consolation à réparer ses péchés et ses scandales par une conduite forte et abandonnée à la grâce [1]. Je prie notre Sei-

---

1. Le 18 juillet, Fénelon avait écrit à Seignelay : « Un autre pourroit s'imaginer que sa régularité de mœurs lui auroit attiré quelque grâce. Mais vous, Monsieur, qu'avez-vous fait à Dieu, sinon l'offenser, et l'offenser par des rechutes scandaleuses ? Que vous

gneur qu'il s'empare de vous malgré vous, qu'il mette le feu aux quatre coins et au milieu de votre cœur.

*

34. — AU CHEVALIER DE TOURVILLE [1].

Versailles, 3 juillet 1690.

Vous verrez par la lettre du roi ci-jointe l'impatience avec laquelle Sa Majesté attend la nouvelle d'un succès considérable sur mer. Je vous avoue qu'il seroit bien fâcheux que vous ne trouvassiez pas le moyen de profiter de la supériorité de la flotte de Sa Majesté que vous commandez, puisqu'il paroît, par la démarche que les ennemis ont faite de mouiller à Spithead [2], qu'ils viennent au-devant de vous pour faciliter leur défaite, dans une rade où vous pouvez les attaquer facilement et avec tout l'avantage que l'armée du roi aura sur celle des ennemis qu'elle trouvera mouillée le long de leurs côtes et qui, par les nouvelles assurances que nous avons de tous côtés, n'a pas la moitié des matelots nécessaires pour rendre complets les équipages des vaisseaux. C'est dans cette occasion où un homme de courage et qui a une véritable

---

doit-il ? rien que l'enfer, mais l'enfer bien plus rigoureux qu'à un autre. Vous êtes donc celui à qui il se plait de donner; car il vous doit moins qu'à tout autre. Sa grâce paroît plus pure grâce en vous, et c'est à la louange de sa grâce qu'il comble de miséricordes cet abîme de misère et de corruption... »

1. Nous n'avons pas suivi exactement l'ordre des dates, à partir des deux lettres de Fénelon qui précèdent, afin de ne pas interrompre la série de celles, si remarquables, adressées à Tourville par Seignelay, déjà très-malade à cette époque.

2. Rade de Portsmouth, entre l'île de Wight et la côte méridionale de l'Angleterre.

gloire doit tout hasarder, et c'est avec une impatience que je ne puis vous exprimer que j'attendrai des nouvelles de ce que vous aurez fait, ne doutant pas du succès, dès que vous aurez occasion d'attaquer les ennemis.

Vous savez que toute l'Europe a les yeux tournés sur vous à présent; vous savez le succès que peut avoir le gain d'un combat naval, et pour le service du roi et pour vos propres avantages; vous savez aussi qu'on n'osoit presque pas espérer que les armées de terre fissent autre chose cette année que de se tenir sur la défensive, que tous les succès étoient attendus du côté de la mer, et que ce seroit une espèce de honte si la flotte ne remplissoit l'attente du roi et de tout le public. Ce sont des raisons qui doivent vous exciter si fortement qu'il est impossible d'y rien ajouter. La conjoncture n'a jamais été plus favorable; les ennemis viennent au-devant de vous pour se faire battre, et le prince d'Orange, qui se voit accablé de tous côtés, ne se soucie plus de tout hasarder, voyant qu'un succès est capable de rétablir ses affaires presque perdues en Angleterre et que la perte d'un nouveau combat ne les gâtera pas davantage qu'elles ne le sont.

C'est à vous à profiter d'une si favorable conjoncture; c'est à vous à vous montrer digne du choix que le roi a fait de vous pour commander la plus forte armée navale qui ait jamais été en France, et à me donner occasion de faire valoir le service signalé que vous lui rendrez si vous battez les ennemis. C'est ce que je désire avec ardeur, et que vous vouliez bien oublier en cette occasion l'excès des précautions qui peuvent être souvent des marques de prudence, et qui, dans cette conjoncture, vous feroient perdre des avantages presque certains.

Je le souhaite passionnément pour la gloire du roi, pour l'intérêt de son service, pour votre réputation et pour vos propres avantages, que je me ferai un plaisir sensible de vous procurer quand vous voudrez m'en ouvrir les voies par le service important que vous êtes en état de rendre.

*

35. — AU CHEVALIER DE TOURVILLE

Versailles, 4 juillet 1690.

Je vous avoue à regret que le peu de volonté qui paroît en vous pour l'exécution des ordres qui vous ont été donnés me cause l'inquiétude la plus grande que j'aie eue de ma vie, et je ne puis m'empêcher de remarquer que je n'ai pas encore reçu un mot de vous qui ne soit d'un homme qui veut éviter l'exécution des ordres de Sa Majesté et se préparer des excuses. Dieu veuille que je me trompe, et que nous n'ayons pas, vous et moi, la honte d'avoir passé la campagne entière sans tirer aucun avantage de la foiblesse des ennemis dans le temps que le roi a de si heureux succès du côté de terre !

Bien que la nouvelle que j'ai reçue que les ennemis devoient aller vers les Sorlingues[1] pour s'y assembler ne mérite aucune réflexion et qu'elle ne soit pas vraisemblable, ne venant pas même d'un lieu fort sûr, je ne laisse pas de vous en donner avis, afin que, en rangeant les côtes d'Angleterre, vous fassiez la manœuvre nécessaire pour découvrir s'ils ne font pas route de ce côté, de quoi vous serez suffisamment éclairé lorsque vous serez vers l'île de Wight.

---

1. Iles appelées par les Anglais *Scilly*, situées à la pointe sud-ouest de l'Angleterre, près le cap Finistère.

36. — AU MÊME.

Versailles, 6 juillet 1690.

J'ai rendu compte au roi de la lettre que vous m'avez écrite sur l'état où vous avez trouvé les ennemis le 3 de ce mois, et Sa Majesté m'en a paru satisfaite à un point que je ne puis vous l'exprimer, étant persuadée que vous n'avez point manqué de profiter de cette occasion pour ruiner la flotte ennemie; et l'espérance certaine que j'ai du gain de la bataille que, selon les apparences, les ennemis n'auront pu éviter, me donne lieu de vous féliciter par avance de la gloire que vous avez acquise dans cette occasion.

Mais, comme il ne faut pas en demeurer là, je serois bien aise que, aussitôt après le combat, vous me fassiez savoir ce que vous pensez sur l'emploi de la flotte pendant le reste de la campagne, et que vous fassiez un projet de ce qui pourroit être exécuté, en cas que nous ayons tout l'avantage qu'il y a lieu d'espérer.

*

37. — AU MÊME.

Versailles, 7 juillet 1690.

Je viens de recevoir la lettre que vous m'avez écrite du 5 de ce mois, et je vois avec regret que le vent vous a empêché de profiter de l'avantage que les ennemis vous avoient donné en s'enfermant dans la rade de Sainte-Hélène [1], et qu'il est à craindre qu'ils ne profitent des vents

---

1. Sur la partie est de l'île de Wight, au large de Portsmouth.

favorables pour repasser devant vous le Pas-de-Calais et se sauver dans leurs bancs.

Je vous avoue que si, après l'espérance presque certaine que vous avez eue d'un combat, on étoit assez malheureux pour en perdre l'occasion, je ne sais comment on pourroit excuser auprès du roi une pareille chose, et ce seroit le plus grand malheur du monde pour la marine, pour vous et pour moi. Cependant la connoissance certaine que j'ai que les ennemis ne peuvent mettre ensemble plus de soixante vaisseaux et que, par conséquent, il n'y a rien à attendre pour eux ni d'Angleterre, ni de Hollande, qui les mette en état de combattre à force égale avec la flotte du roi, me fait craindre avec raison qu'ils ne mettent toute leur industrie à profiter des vents favorables pour éviter le combat [1] et pour se retirer dans la Tamise ou dans les bancs de Hollande ; et ce malheur extrême feroit échapper une occasion qui paroît presque certaine et feroit perdre toute la considération que le roi a pour sa marine, quand il verroit, du côté de terre, des succès aussi grands que ceux dont je vous ai fait part, et qu'il ne verroit, du côté de la mer, qu'une dépense immense, sans aucun fruit, dans un temps auquel personne n'a cru qu'il fût possible aux ennemis d'éviter un combat inégal.

Vous jugez aisément avec quelle impatience j'attends

---

1. Le 11, Seignelay lui écrivait à ce sujet : « Je suis bien aise de vous dire, sur ce que vous me marquez que vous appréhendez que les ennemis ne vous canonnent de loin et qu'ils ne vous fassent consommer vos munitions inutilement, que c'est ce que vous devez éviter. Cela ne convient nullement aux affaires du roi, et Sa Majesté m'ordonne de vous recommander de prendre vos mesures de manière que, lorsque vous combattrez, vous puissiez engager les ennemis dans une affaire décisive, ne doutant point qu'avec la supériorité que son armée a sur la leur vous ne puissiez

de vos nouvelles, mais vous ne pouvez comprendre à quel point va celle du roi, qui ne croit pas qu'il soit possible que les ennemis puissent échapper sans combattre. Vous devez être informé que le prince d'Orange a envoyé ordre à Killegrew[1], qui commande dix vaisseaux qui étoient destinés pour la Méditerranée, et les États généraux à Allemonde, qui en commande huit des leurs, de revenir incessamment en ces mers pour joindre leur flotte.

Ainsi, en cas que, contre toute sorte d'apparences, le malheur voulût que vous ne battissiez pas la flotte ennemie, il faudra que vous vous opposiez à cette jonction.

*

38. — AU CHEVALIER DE TOURVILLE

Versailles, 12 juillet 1690.

Je vous fais compliment de bon cœur du succès que vous venez d'avoir dans le combat que vous avez donné[2].

---

remporter un avantage tel que les ennemis soient hors d'état de paroître à la mer de cette campagne...»

1. Amiral anglais.

2. Deux jours après, Seignelay annonçait dans les termes suivants cette victoire au comte de Lauzun :

« Vous serez bien aise d'apprendre la nouvelle de la victoire que l'armée navale du roi vient de remporter sur les flottes d'Angleterre et de Hollande. Les ennemis ont perdu en cette occasion trois de leurs vaisseaux, qui ont été brûlés et coulés bas. Ils en ont eu quatorze ou quinze autres de démâtés de tous mâts et qui

Il n'est pas aussi complet que si vous aviez eu le vent, mais, de la manière dont Pimont,[1] m'a parlé, j'ai lieu d'espérer que la persévérance avec laquelle vous poursuivez les ennemis vous donnera un avantage plus grand que celui de la première journée. Dieu le veuille, et pour vous et pour le bien de l'État !

Vous savez depuis longtemps combien je m'intéresse à tout ce qui vous regarde et combien vous devez compter sur ma solide amitié; je me remets pour le reste aux ordres du roi que vous verrez dans sa lettre, à quoi je ne puis ajouter que la même chose sur ce qui regarde la nécessité de tenir la mer, et vous dire que, si vous ne pouviez la tenir qu'en vous exposant à perdre quelques vaisseaux, il vaudroit mieux le faire que de vous retirer.

Je compte que vous suivrez exactement les intentions du roi sur ce sujet, et que vous nous donnerez encore dans cette campagne des occasions de joie et de faire valoir vos services.

Vous savez combien je désire ardemment tout ce qui peut être de votre satisfaction et combien je suis véritablement à vous.

auroient été pris sans le jusant, qui a empêché les vaisseaux du roi de les aborder...

« Nous avons encore appris que les Hollandois se sont très-bien battus et qu'ils se sont comportés en braves gens en cette occasion, mais que la plupart des Anglois n'ont pas fait de même, ayant tenu le vent, et surtout Herbert, qui ne s'est jamais présenté que devant les plus petits vaisseaux du roi... »

1. Enseigne de vaisseau en 1690, lieutenant en 1692. Mort sur *le Fidèle*, le 18 janvier 1792.

*

39. — AU CHEVALIER DE TOURVILLE

Sceaux, 22 juillet 1690.

J'ai rendu compte au roi de la lettre que vous m'avez écrite le 17 de ce mois, et Sa Majesté continue d'approuver toute la conduite que vous avez eue depuis le combat qui a été donné le 10, n'y ayant rien à ajouter à la fermeté avec laquelle vous avez continué de poursuivre les ennemis. C'est cette fermeté et cette envie de profiter de l'avantage que vous avez remporté sur eux qui leur ont fait perdre le nombre considérable de vaisseaux qu'ils auroient sauvés autrement, et qui ont rendu tous les peuples de la côte témoins de la victoire de l'armée du roi.

Et c'est aussi de la conduite que vous avez tenue en cette occasion si importante et glorieuse que je vous fais un compliment d'autant plus véritable que, outre la part que j'y prends par la place où je suis, on ne peut être plus sensible que je le serai toujours à vos avantages et à votre gloire; mais, pour pousser à bout cette gloire et ces avantages, il ne faut pas croire que tout soit fait à présent; vous ne faites que commencer, et c'est à cette heure qu'il faut recueillir le fruit de la victoire que vous avez remportée sur les deux nations qui se prétendoient maîtresses de la mer.

Pour y parvenir, il faut que vous vous mettiez au-dessus de la manière de penser naturelle à un homme qui commande une armée navale, qui, voyant plusieurs de ses vaisseaux incommodés, veut les avoir tous en état avant de se mettre en mer, et se laisse même quelquefois un peu tenter par la commodité plus grande qu'il trouveroit dans les rades du royaume, tant pour lui que pour ceux qui sont sous son commandement....

40. — AU CHEVALIER DE TOURVILLE

Versailles, 1er août 1690.

J'ai rendu compte au roi du contenu en votre lettre du 29 du mois passé et du mémoire que vous avez apostillé des différentes entreprises que Sa Majesté a estimé pouvoir être tentées par son armée navale après le gain de la bataille du 10 juillet; et comme les apostilles de ce mémoire méritent une réponse précise sur tous les points qui y sont contenus, Sa Majesté m'ordonne d'entrer avec vous dans un détail exact sur ce sujet, afin de ne vous laisser rien à douter de ses intentions sur l'emploi de son armée navale pendant le reste de la campagne.

Par toutes les lettres qui me viennent de Hollande et par tous les avis sûrs que nous avons d'Angleterre de l'état auquel sont tous les vaisseaux tant anglois que hollandois depuis le combat, vous pouvez être certain que les ennemis ne pourront remettre ensemble une armée capable de se présenter devant celle de Sa Majesté que vous commandez, avant le 8 ou le 10 septembre; et comme vous savez qu'il ne sera plus question de les aller chercher ni de demeurer même dans la Manche dans cette saison, vous aurez tout le temps d'exécuter pendant le reste de ce mois les entreprises auxquelles l'armée peut être occupée, Sa Majesté consentant que vous ne retourniez plus vers le Pas-de-Calais pour y rien entreprendre, tant parce que la contrariété des vents et de la navigation pourroit consommer inutilement la meilleure partie de ce mois, que parce qu'on n'auroit plus le temps de rien entreprendre sur les côtes de Hollande, et qu'ainsi tout se réduiroit à se présenter inutilement devant la Tamise pendant que les vaisseaux ennemis sont retirés si avant qu'il n'y a pas lieu de pouvoir rien tenter contre eux dans le peu de temps qu'on auroit pour le faire. Ainsi toutes vos vues doivent aller à l'exécution de l'entreprise de Plymouth.

Je vous dirai franchement que le roi n'a point été satisfait de la manière dont vous en écrivez. Vous savez que cette entreprise a été discutée en présence de Sa Majesté pendant cet hiver; vous-même n'y avez trouvé aucune difficulté, par tous les plans qui ont été levés de ce port et par les rapports qui ont été faits par les pilotes. On a toujours jugé que l'entreprise de brûler les vaisseaux dans le Catwater[1] étoit très-facile; que celle de brûler les vaisseaux qui se trouveroient dans le port de Plymouth étoit plus difficile, mais qu'elle se pouvoit aisément faire avec des galères. Aussi Sa Majesté n'a jamais pu prévoir les difficultés que vous apportez à présent pour l'exécution de ce projet, et elles sont d'autant plus fâcheuses que jamais on n'a pu espérer rien de plus favorable que ce qui arrive à l'heure qu'il est. Killegrew est avec neuf ou dix vaisseaux de guerre dans un des côtés du port; 150 ou 200 bâtimens marchands sont retirés dans le Catwater, et vous pourrez, après avoir battu l'armée ennemie, aller brûler ces vaisseaux de guerre, si vous trouvez l'entreprise possible, ou au moins vous rendre maître des vaisseaux marchands et terminer par là et par la descente que vous proposez une campagne dont les commencemens ont été si glorieux, et dans laquelle Sa Majesté ne pourroit s'empêcher de voir qu'on a manqué de faire une partie de ce qui étoit praticable. Je me remets à ce que j'écris sur cela par ordre du roi à M. de Bonre-

---

1. Partie orientale du port de Plymouth, destinée à la marine marchande.

pos ¹, et vous conjure d'apporter à cette entreprise toutes les facilités que vous trouverez possibles.

Sa Majesté a approuvé les raisons que vous avez eues pour ne point tenter de descente à l'île de Wight, et cette résolution est d'autant plus convenable que les autres descentes que vous proposez peuvent se faire avec plus de réputation pour les armes de Sa Majesté et plus de perte pour les ennemis.

*

41. — AU CHEVALIER DE TOURVILLE

Versailles, 2 août 1690.

J'ai appris avec grand plaisir la jonction des galères à l'armée navale; je vois que vous convenez à présent que vous êtes beaucoup plus fort que vous n'étiez quand vous avez attaqué les ennemis, et que vous vous ferez un point d'honneur et de nécessité d'entreprendre quelque chose qui convienne à la puissance formidable de l'armée que vous commandez.

Je n'ai rien à ajouter à ce que je vous écrivis hier par ordre du roi sur les différens projets de descente dont vous m'avez écrit. Je dois seulement vous dire que Sa Majesté ayant pris la résolution de ne rien tenter au delà du Pas-de-Calais et de renfermer dans la Manche toutes les entreprises qui se peuvent faire par son armée navale, son attente ne pourra être remplie que par l'entre-

1. Dans cette lettre à M. de Bonrepos, Seignelay se plaignait beaucoup de Tourville, de qui il disait : « Je vous avoue que le personnage que je suis obligé de faire à son égard est le personnage du monde le plus lassant et le plus capable de me faire perdre l'espérance de tout succès... »

prise de Plymouth et que ce seroit un malheur si, par des raisons que je ne puis prévoir, vous cherchiez à éviter l'exécution d'une telle entreprise.

Vous savez qu'elle peut être regardée par deux endroits différens, ainsi que je vous l'ai déjà expliqué, savoir : d'attaquer les vaisseaux de guerre dans le port de Hamoaze [1], ou d'entrer dans le Catwater pour y attaquer et brûler les vaisseaux marchands. La première partie de cette expédition est beaucoup plus difficile que l'autre, et je conviens avec vous qu'il faudroit, par le moyen des galères, se rendre maître des batteries qui défendent l'entrée, et que la possibilité ou la difficulté de l'entreprise doit être par vous examinée sur les lieux, pourvu que vous y apportiez une véritable envie de faire quelque chose d'extraordinaire et que votre esprit soit un peu moins fertile en raisons lorsqu'il s'agit de trouver des difficultés. Mais, pour la seconde partie du projet, tout le monde convient, et le roi d'Angleterre comme les autres, que rien n'est plus aisé que de brûler tous les vaisseaux dans le Catwater, et je vous déclare que vous ne persuaderez point au roi que rien puisse vous en empêcher que le peu d'envie que vous avez eu d'exécuter une entreprise que Sa Majesté regarde comme la seule glorieuse qui puisse être faite le long de la côte d'Angleterre. C'est dans les occasions d'un aussi grand éclat qu'il faut bien prendre ses mesures pour le succès; mais quand elles sont une fois prises, vous pouvez vous assurer que Sa Majesté ne vous saura point mauvais gré d'avoir hasardé quelques-uns de ses vaisseaux.

Vous pouvez juger avec quelle impatience j'attendrai de vos nouvelles, et quelle crainte j'aurai en les attendant

1. La copie porte Amos; il s'agit évidemment de la partie ouest du port de Plymouth, nommée *Hamoaze*, où se retiraient les vaisseaux de guerre.

que vous n'ayez pris le parti de vous contenter d'une simple descente, et de négliger l'entreprise de Plymouth.

42. — AU CHEVALIER DE TOURVILLE

Versailles, 13 août 1690.

J'ai rendu compte au roi de ce que vous m'avisez par votre lettre du 9 de ce mois, et Sa Majesté a vu avec douleur le peu d'espérance que vous lui donnez de faire aucune entreprise sur Plymouth. Elle comptoit cependant sur cette entreprise, et elle ne peut voir que tous ses projets se réduisent à la descente de Tingmouth.

Sa Majesté a vu le plan de Plymouth que M. de Bonrepos m'a envoyé. Il lui a paru sur ce plan qu'il étoit à la vérité difficile d'entreprendre quelque chose dans le Westcounty, mais, en même temps, qu'il n'y avoit rien de si aisé que de brûler les vaisseaux qui sont du côté de Catwater, d'autant plus qu'il n'y a que des marchands, et qu'on pourroit remorquer des chaloupes pleines d'artifices et même des brûlots avec des galères. Je vous prie de ne vous point laisser prévenir sur ce sujet, et de considérer que vous rendriez par le succès de cette entreprise le service le plus important dans cette conjoncture, et le plus agréable à Sa Majesté que vous puissiez jamais lui rendre. J'espère que vous goûterez ces raisons et que vous ne perdrez pas cette occasion de donner à Sa Majesté des marques aussi sensibles de votre zèle pour sa gloire et son service.

Pour ce qui regarde la retraite de l'armée navale et ce qu'elle aura à faire après l'entreprise de Plymouth, faite ou manquée, il vous a été suffisamment expliqué par les lettres qui vous ont été écrites, et je ne crois pas qu'il soit nécessaire de vous le répéter.

*

43. — AU MÊME

Versailles, 23 août 1690.

Le roi n'a jamais été plus surpris que lorsqu'il a vu, par la lettre de M. Desclouzeaux[1] du 19, que vous étiez, avec toute l'armée navale, dans la rade de Berthaume, sous le prétexte des malades qui sont sur les vaisseaux, en même temps que j'ai reçu la lettre par laquelle vous me prépariez à cette belle expédition.

L'affaire de Plymouth manquée sans vous être donné le loisir de la tenter, votre impatience de revenir à Brest, nonobstant les ordres précis et réitérés que vous aviez reçus du roi, me feront clairement connoître que rien ne peut vous obliger à rester en mer quand une fois l'impatience du retour vous a saisi. Mais ce que Sa Majesté m'ordonne de vous écrire en cette occasion vous fera connoître combien mal à propos vous avez pris une si étrange résolution; et, pour vous l'expliquer, je vous dirai que Sa Majesté n'a rien de plus à cœur que de retirer ses troupes d'Irlande, que c'est en vue de ce service important qu'elle a détaché M. le marquis de Nesmond[2]

---

1. Scubert-Champy Desclouzeaux, intendant de marine à Brest; mort le 6 mai 1701.

2. André de Nesmond, chef d'escadre en 1688, lieutenant-général en 1693, mort en 1702.

par les ordres du 13 de ce mois que vous devez lui avoir remis, que Sa Majesté est informée de la diligence que les ennemis ont faite pour rassembler un grand nombre de leurs vaisseaux, qu'elle a un juste sujet de craindre qu'ils ne soient assez promptement en mer pour venir avec quarante-cinq ou cinquante vaisseaux entre l'Irlande et Brest, y attendre MM. d'Amfreville[1] et de Nesmond, et réparer par l'avantage qu'ils remporteroient sur eux tout ce qu'ils ont perdu dans le combat de la Manche.

Pour empêcher cet inconvénient, qui ne peut être plus grand, il n'y a de parti à prendre que de tenir l'armée navale ensemble pour s'opposer au passage de la flotte des ennemis, s'ils tentoient de venir vers les Sorlingues. C'est pour cet effet que Sa Majesté vous a ordonné par sa lettre du 19 de ce mois[2] de demeurer en mer jusqu'au

---

[1]. Le marquis d'Amfreville, né à Honfleur, lieutenant-généra en 1688, mort en 1692.

[2]. Voici cette lettre : « La saison étant à présent trop avancée pour pouvoir espérer quelque succès de l'escadre de M. de Relingues[*], je lui écris de vous aller rejoindre. Il a ordre de ranger la côte d'Angleterre depuis Torbay jusqu'au cap Lézard, et il faut que vous détachiez quelque petite frégate pour aller au-devant de lui et lui faire savoir l'endroit où il pourra vous trouver. Comme cette escadre remplacera à peu de choses près celle que vous avez eu ordre d'envoyer en Irlande sous le commandement de M. de Nesmond[**], vous serez aussi fort que vous étiez avant le détachement de cette dernière escadre. Ainsi, Sa Majesté a résolu de vous faire tenir la

---

[*] Ferdinand, comte de Relingues, chef d'escadre en 1689, lieutenant-général en 1697; mort en 1704, à Malaga. Le 26 juillet, de Relingues avait reçu ordre d'aller avec huit vaisseaux au-devant des bâtiments hollandais qui revenaient des Indes, pour s'en emparer. Il devait en même temps passer devant Yarmouth et détruire tous les ouvrages que les Hollandais pourraient y avoir construits pour se livrer à la pêche.

[**] Le 13 août, dix vaisseaux avaient été détachés de l'escadre pour aller embarquer les troupes et les Irlandais qui voudraient passer en France.

8 du prochain, et c'est contre cet ordre si positif que, suivant les mouvemens de votre impatience, vous venez pour désarmer à Brest! Cette conduite auroit pu obliger Sa Majesté de donner le commandement de son armée navale à un autre, mais elle veut bien vous donner le temps de réparer une faute aussi grande, et elle m'ordonne de vous expliquer qu'elle veut, aussitôt que vous aurez reçu cette lettre, que vous mettiez à la voile pour demeurer dans les parages que vous estimerez convenables pour vous opposer au passage de l'armée navale ennemie, si elle vouloit aller en Irlande, et pour protéger les vaisseaux que MM. d'Amfreville et de Nesmond doivent ramener avec les troupes.

Mais, en cas que deux jours après que vous aurez reçu cette lettre vous ne soyez pas en état de retourner à la mer, Sa Majesté veut que vous remettiez à M. le comte d'Estrées[1] la lettre que Sa Majesté lui écrit pour lui donner le commandement de l'armée navale.

Ainsi, c'est à vous à prendre votre parti, Sa Majesté voulant absolument que son armée navale se remette sur-le-champ en mer et qu'elle y demeure jusqu'à nouvel ordre. Et comme il pourroit se faire qu'il y ait quelques vaisseaux hors d'état de pouvoir ressortir, ou que le

---

mer jusqu'au 8 du mois de septembre prochain, se réservant à vous faire savoir par des ordres nouveaux les résolutions qu'elle prendra, entre ci et ce temps, sur ce qui regarde son armée navale. Elle attend avec beaucoup d'impatience des nouvelles de ce que vous avez fait à Plymouth, et elle veut que, après cette entreprise faite ou manquée, vous vous rendiez à l'entrée de la Manche et que vous croisiez entre Ouessant et les Sorlingues jusqu'au 7 ou 8 septembre... »

1. Victor-Marie, comte d'Estrées, vice-amiral en 1684, maréchal de France en 1703. Mort le 28 décembre 1737, à l'âge de soixante-dix-sept ans.

grand nombre de matelots malades vous pourroit obliger d'en désarmer quelques-uns pour rendre les équipages des autres complets, Sa Majesté vous permet de faire sur cela ce que vous jugerez de plus convenable, estimant qu'il suffira que vous soyez à l'entrée de la Manche avec quarante-trois vaisseaux de guerre, qui se pourront joindre, en cas de besoin, avec les quinze de M. d'Amfreville et former une flotte plus que suffisante pour s'opposer aux ennemis[1].

1. L'intérêt de cette correspondance s'arrête là. Tourville, ayant assuré le retour de l'expédition d'Irlande, rentra à Brest. Seignelay mourut à Versailles deux mois et demi après.

F N.

APPENDICE

TRADUCTION DE L'INSCRIPTION LATINE

SUR L'ÉRUPTION DU VÉSUVE DE 1631. (*Voir page* 198.)

Postérité, postérité,
C'est de ton intérêt qu'il s'agit.
Le jour sert d'exemple au jour, la veille au lendemain.
Attention !
Vingt fois, depuis que le soleil existe, si l'histoire ne ment,
Le Vésuve s'est enflammé,
Toujours fatal aux irrésolus.
Maintenant, qu'il ne vous surprenne pas, vous voilà avertis.
La montagne est grosse
De bitume, d'alun, de fer, de soufre, d'or et d'argent,
De nitre et de masses liquides.
Tôt ou tard, elle s'embrasera, et, sous l'influence de la mer,
Mais auparavant,   [enfantera
Elle s'ébranle et ébranle le sol,
Elle fume, étincelle, jette des flammes,
Déchire l'air,
Mugit horriblement, beugle, tonne et chasse au loin les
Fuyez, tandis qu'il est temps ;   [habitants.

Déjà le Vésuve est en travail; il s'ouvre violemment et
[vomit un lac mêlé de feu.
Il se répand en torrent rapide, il est trop tard pour fuir.
S'il vous atteint, c'en est fait, vous êtes mort.

L'an 1631 de notre salut, aux calendes de janvier,
Philippe IV régnant,
Emmanuel Fonseca et Zunica, comte de Montréal,
Pour le roi,
Les anciens désastres ayant recommencé et les secours
Ayant été prodigués
Avec autant d'humanité que de munificence.
Le Vésuve a épargné ceux qui le redoutaient, frappant
[dans leur insouciance les imprudents et les avares,
Plus attachés à leurs foyers et à leurs biens qu'à la vie même.
Si donc tu es sage, écoute ce que te crie cette pierre :
Abandonne maison et bagages; pas de retard, fuis.

Antoine Suarès Messia, marquis de ce bourg (Portici),
Etant Préfet des routes.

TABLE DES MATIÈRES

	Pages.
Préface..	1
Étude historique sur le marquis de Seignelay.....	3
Instruction de Colbert à Seignelay pour le voyage d'Italie...	95

Relation du voyage du marquis de Seignelay.

Première partie.

De Toulon à Rome...........................	106
Séjour à Rome................................	128
Voyage de Rome à Naples	172
Séjour à Naples...............................	182
Séjour à Florence.............................	199
Bologne et Modène...........................	209
Séjour à Venise...............................	213
Description de l'arsenal de Venise...........	228
De la manière dont il est gouverné	247
Comment les ouvriers y sont enrôlés.......	261
Ordre pour l'entrée et la sortie des ouvriers..	264

TABLE DES MATIÈRES.

Deuxième partie.

	Pages.
Les États italiens................................	265
La république de Gênes.	270
Les magistrats de Gênes...	276
JOURNAL DU VOYAGE DE HOLLANDE.	289

LETTRES INÉDITES DU MARQUIS DE SEIGNELAY :

Nos 1 — Au duc de Vivonne, du 5 mars 1675............	305
2 — Au même, du 24 février 1676.................	306
3 — Au même, du 27 juin 1675....................	308
4 — Louis XIV à du Quesne, du 20 octobre 1683......	309
5 — Au chevalier de Tourville, du 10 janvier 1684.....	312
6 — A du Quesne, du 6 avril 1684.................	314
7 — Au duc d'Estrées, du 28 mai 1684.............	316
8 — Au chevalier de Tourville, du 24 juillet 1684.....	317
9 — A du Quesne, du 25 août 1684................	317
10 — Au chevalier de Tourville, du 20 septembre 1684..	319
11 — A l'évêque de Saintes, du 11 décembre 1685......	319
12 — Au sieur Arnoul, du 11 décembre 1685.........	320
13 — A M. de Villette-Mursay, du 27 décembre 1685....	323
14 — Fénelon à Seignelay, du 7 février 1686..........	324
15 — A Fénelon, du 14 février 1686.................	326
16 — Au même, du 20 février 1686.................	328
17 — A l'évêque de Saintes, du 28 février 1686.......	329
18 — A Fénelon, du 15 mars 1686..................	330
19 — A l'évêque de Saintes, du 14 mai 1686.........	331
20 — A Fénelon, du 4 mai 1686....................	332
21 — A l'évêque de Saintes, du 2e juillet 1686.......	332
22 — Au même, du 8 décembre 1686................	333
23 — Au même, du 16 décembre 1686...............	334
24 — A Vauban, du 28 mars 1688..................	335
25 — A M. de Bonrepos, du 8 septembre 1688.......	336
26 — A M. de Barillon, du 24 novembre 1688.......	338

	Pages.
Nos 27 — A Lauzun, du 30 décembre 1688...............	341
28 — Au comte d'Avaux, du 5 avril 1689.............	342
29 — Au chévalier de Pointis, du 4 juin 1689.........	343
30 — A M. de Château-Renault, du 8 juin 1689........	346
31 — A M. de Louvigny, du 26 juin 1689.............	347
32 — Fénelon à Seignelay, du 14 juillet 1690........	350
33 — Du même au même, du 26 juillet 1690.........	351
34 — Au chevalier de Tourville, du 3 juillet 1690......	352
35 — Au même, du 4 juillet 1690....................	354
36 — Au même, du 6 juillet 1690....................	355
37 — Au même, du 7 juillet 1690....................	355
38 — Au même, du 12 juillet 1690...................	357
39 — Au même, du 29 juillet 1690...................	359
40 — Au même, du 1er août 1690....................	360
41 — Au même, du 2 août 1690.....................	362
42 — Au même, du 13 août 1690....................	364
43 — Au même, du 23 août 1690....................	365
Traduction de l'inscription latine sur l'éruption du Vésuve de 1631..	369

FIN DE LA TABLE.

Paris. — Imprimerie de PILLET fils aîné, rue des Grands-Augustins, 5.

LIBRAIRIE ACADÉMIQUE

DIDIER ET CIE

Éditions in-8	1
Éditions in-12. Bibliothèque Académique	12
Ouvrages d'Allan Kardec et divers	21
Bibliothèque d'Éducation morale	21
Ouvrages illustrés	23
Ouvrages de Napoléon Landais	26
Collection de Mémoires sur l'histoire de France	27
Trésor de Numismatique	28
Œuvres de Borghesi, etc.	29
Journal des Savants	30
Revue archéologique	30

PARIS
35, QUAI DES AUGUSTINS, 35

1867

EN VENTE

Conférences littéraires de la salle Barthélemy, au profit des blessés polonais. *Première série*, par MM. Saint-Marc Girardin, Legouvé, Laboulaye, Henri Martin, Wolowski, Foucher de Careil, F. de Lesseps, Lachambeaudie. 1 volume in-12 . . . . 2 fr. 50

—— *Deuxième série*, par MM. Albert Gigot, Henri Martin, Viennet, Legouvé, Lefèvre-Pontalis, Yung, Jules Simon, A. Barbier, Odilon Barrot. 1 volume in-12 . . . . 2 fr. 50

OUVRAGES SOUS PRESSE

LITTRÉ. Études sur le moyen âge. 1 vol. in-8.

E. GANDAR. Vingt sermons de Bossuet. Édition critique. 2 vol. in-8.

Mᵐᵉ MENNESSIER-NODIER. Charles Nodier. Souvenirs. 1 vol. in-12.

PIERRE CLÉMENT. Le Marquis de Seignelay ou l'Italie en 1671.

AMÉDÉE THIERRY. Saint Jérôme et saint Augustin. 2 vol. in-8.

AD. FRANCK. Religion et Philosophie. 1 vol. in-8.

AUG. VITU. Histoire civile de l'armée. 1 vol. in-8.

PHILARÈTE CHASLES. Voyages d'un critique à travers la vie et les livres. Italie. 1 vol.

J. J. AMPÈRE. Formation de la Langue française. Nouvelle édit. revue. 1 vol. in-8.

—— Histoire littéraire de la France avant Charlemagne. 2 vol.

Vicomte de MEAUX. La France moderne. 1 vol. in-8.

Le général CREULY et ALEX. BERTRAND. Commentaires de César. Guerre des Gaules. Deuxième volume.

FLAMMARION. Dieu dans la Nature. 1 vol.

AD. JOBEZ. La France sous Louis XV. Tome IV et suiv.

BUNSEN. Dieu dans l'Histoire, trad. par M. Dietz, avec une Introduction par M. Henri Martin. 1 vol. in-8.

ÉDÉL. DUMÉRIL. Histoire de la Comédie. Période littéraire. 1 vol.

ÉDOUARD FOURNIER. Molière au théâtre et chez lui. 1 vol.

LIBRAIRIE ACADÉMIQUE DIDIER ET Cie

35, Quai des Augustins, A PARIS

HISTOIRE — LITTÉRATURE — PHILOSOPHIE

ÉDITIONS IN-8

AMPÈRE (J. J.)

La Philosophie des deux Ampère, publiée par M. J. Barthélemy Saint-Hilaire. 1 vol. in-8............ 7 fr. 50

La Grèce, Rome et Dante, études littéraires d'après nature. 3ᵉ édition. 1 vol. in-8............ 7 fr. 50

La Science et les Lettres en Orient. 1 vol. in-8............ 7 fr. 50

D'ASSAILLY

Les Chevaliers poëtes de l'Allemagne. — *Minnesinger.* 1 vol. in-8. . 5 fr.

BABOU (H.)

Les Amoureux de madame de Sévigné. 1 vol. in-8............ 6 fr.

BADER (CLARISSE)

La Femme biblique. Sa vie morale et sociale, sa participation au développement de l'idée religieuse. 1 vol. in-8............ 7 fr. 50

La Femme dans l'Inde antique. (*Ouvrage couronné par l'Académie française*). 1 vol. in-8............ 7 fr.

BAGUENAULT DE PUCHESSE.

L'Immortalité — la Mort et la Vie. — Etude sur la destinée de l'homme, précédée d'une lettre de Mgr l'évêque d'Orléans. 1 vol. in-8............ 7 fr.

BARANTE

Vie politique de M. Royer-Collard.—*Ses discours et ses écrits.* 2 v. in-8. 14 fr.

Vie de Mathieu Molé. — *Le Parlement et la Fronde.* 1 vol. in-8..... 7 fr.

Histoire du Directoire de la République française, *complément de l'Histoire de la Convention.* 3 forts volumes grand in-8 cavalier............ 21 fr.

Études historiques et biographiques. 2 vol. in-8............ 14 fr.

Études littéraires et historiques. 2 vol. in-8............ 14 fr.

Pensées et réflexions morales et politiques du comte de Ficquelmont, précédées d'une notice par M. de Barante. 1 vol. in-8............ 6 fr.

Œuvres dramatiques de Schiller, trad. de M. de Barante. Nouvelle édition revue. 3 vol. in-8............ 15 fr.

BARET (E.)

Les Troubadours et leur influence sur les littératures du Midi de l'Europe. 1 vol. in-8............ 7 fr.

BARTHÉLEMY (ED. DE)

La Galerie des Portraits de mademoiselle de Montpensier : recueil des Portraits et Éloges des seigneurs et dames les plus illustres de France, la plupart composés par eux-mêmes. Nouvelle édition, avec notes. 1 vol. in-8. 6 fr.

BASTARD D'ESTANG

Les Parlements de France. Essai historique sur leurs usages, leur organisation et leur autorité. 2 forts volumes in-8............ 15 fr.

BAUDRILLART

Publicistes modernes. 1 fort vol. in-8............ 7 fr.

Jean Bodin et son temps. Tableau des théories politiques et des idées économiques au XVIᵉ siècle. 1 vol. in-8............ 7 fr.

BAUTAIN (L'ABBÉ)

La **Conscience**, ou la Règle des actions humaines. 1 vol. in-8. . . . . . 6 fr.

BERSOT (ERN.).

Essais de philosophie et de morale. 2 vol. in-8. . . . . . . 12 fr.

BERTAULD

Philosophie politique de l'histoire de France. 1 vol. in-8. . . . . . 6 fr.
La Liberté civile. Nouv. études sur les publicistes contemporains. 1 v. in-8. 7 fr.

BERTRAND (ALEX.) ET GÉNÉRAL CREULY

Guerre des Gaules. Commentaires de J. César. Trad. nouv. avec texte, accompagnée de notes topographiques et militaires, suivie d'un index biographique et géographique. 2 vol. in-8 (la 1" est en vente). . . . . 14 fr.

BIAL

Chemins, habitations et Oppidum de la Gaule au temps de César. I" partie. **Chemins celtiques.** 1 vol. in-8 avec planches. . . . . 8 fr.

BLAMPIGNON

Étude sur Malebranche d'après les documents inédits. (*Ouvrage couronné par l'Académie française.*) 1 volume in-8. . . . . 4 fr.

J. F. BOISSONADE

Critique littéraire sous le I" empire, avec une notice par M. Naudet, de l'Institut, et une étude de M. F. Colincamp, etc. 2 forts vol. in-8 avec portrait. 15 fr.

BONNECHOSE (ÉMILE DE)

Histoire d'Angleterre, depuis les temps les plus reculés jusqu'à l'époque de la Révolution française, avec un résumé chronologique des événements jusqu'à nos jours. (*Ouvrage couronné par l'Académie française.*) 2° édit. 4 vol in-8. . 28 fr.

BROGLIE (DUC DE)

Écrits et Discours. Philosophie, littérature, politique. 3 vol in-8. . . . 18 fr.

BROGLIE (A. DE)

L'Église et l'Empire romain au IV° siècle. — 3 parties en 6 vol. in-8. 42 fr.
I" partie : RÈGNE DE CONSTANTIN. 3° édition revue et corrigée. 2 vol. in-8. 14 fr.
II° partie : CONSTANCE ET JULIEN L'APOSTAT. 3° édit. 2 vol. in-8. . . 14 fr.
III° partie : VALENTINIEN ET THÉODOSE. 2 vol. in-8. . . . . 14 fr.
Le Prince de Broglie et dom Guéranger, par l'abbé Marty, in-8. . . 1 fr.

CARNÉ (L. DE)

Les Fondateurs de l'Unité française. Suger, saint Louis, Du Guesclin, Jeanne d'Arc, Louis XI, Henri IV, Richelieu, Mazarin. 2 vol. in-8. . . . . . 14 fr.
La Monarchie française au XVIII° siècle. Études historiques sur les règnes de Louis XIV et de Louis XV. Nouv. édit. 1 vol. in-8. . . . . 7 fr.
L'Histoire du Gouvernement représentatif en France (ÉTUDES SUR), de 1789 à 1848. (*Ouvrage couronné par l'Académie française.*) 2 vol. in-8. . . . 14 fr.

CASELLI (D')

La Réalité ou Accord du spiritualisme avec les faits, etc. 1 vol. in-8. . 6 fr.

CHASLES (PHIL.)

Voyages d'un critique à travers la vie et les livres. — Orient. 1 volume in-8. . . . . fr.

CHASLES (ÉMILE)

Michel de Cervantes, sa vie, son temps, etc. 1 vol. in-8. . . . . . . 7 fr. 50
La Comédie au XVI⁰ siècle. 1 vol. in-8. . . . . 5 fr.

CHAMPAGNY (C¹⁰ FRANZ DE)

Les Césars et les Antonins. 6 vol. in-8. . . . . 36 fr.

CHASSANG

Apollonius de Tyane, sa vie, ses voyages, ses prodiges, par Philostrate, et ses Lettres ; ouv. trad. du grec, avec notes, etc. 1 vol. in-8. . . . . . 7 fr.
Histoire du Roman dans l'antiquité grecque et latine, et de ses rapports avec l'histoire. (*Ouvrage couronné par l'Académie des inscriptions.*) 1 vol. in-8. 7 fr.

CLÉMENT (PIERRE)

La Police sous Louis XIV. 1 vol. in-8. . . . . 7 fr. 50
Jacques Cœur et Charles VII, ou la France au xv⁰ siècle. Nouv. édition revue 1 fort vol. in-8. Portrait et grav. . . . . 8 fr.
Enguerrand de Marigny, Beaune de Semblançay, le chevalier de Rohan. Épisode de l'histoire de France. 2⁰ édition. 1 vol. in-8. . . . . 8 fr.

COMBES (F.)

La Princesse des Ursins. Essai sur sa vie et son caractère politique. 1 v. in-8. 6 fr.

COURCY (MARQUIS DE)

L'Empire du Milieu. État et description de la Chine. 1 fort vol. in-8. . . 9 fr.

COURDAVEAUX

Entretiens d'Épictète, trad. nouvelle et complète. 1 vol. in-8. . . . 7 fr.

COUSIN (V.)

La Jeunesse de Mazarin. 1 fort vol. in-8. . . . . 7 fr. 50
La Société française au XVII⁰ siècle, d'après le *Grand Cyrus*, roman de mademoiselle de Scudéry. 2 beaux vol. in-8. . . . . 14 fr.
Madame de Chevreuse. 2⁰ édit. 1 vol. in-8, orné d'un joli portrait. . . 7 fr.
Madame de Hautefort. 1 vol. in-8, avec un joli portrait. . . . . . 7 fr.
Jacqueline Pascal. 4⁰ édition. 1 vol. in-8, *fac-simile*. . . . . . . 7 fr.
La Jeunesse de madame de Longueville. 4⁰ édition, revue et augmentée. 1 vol. in-8, 2 portraits. . . . . 7 fr.
Madame de Longueville pendant la Fronde (1651-1653) 1 vol. in-8. . 7 fr.
Madame de Sablé. 2⁰ édition. 1 vol. in-8, avec portrait. . . . . . 7 fr.
Études sur Pascal. 1 vol. in-8. . . . . 7 fr.
Fragments et Souvenirs littéraires. 1 vol. in-8. . . . . 7 fr.
Premiers Essais de Philosophie. Nouv. édit. 1 vol. in-8. . . . . . 6 fr.
Philosophie sensualiste du XVIII⁰ siècle. Nouvelle édit. 1 vol. in-8. 6 fr.
Introduction à l'Histoire de la Philosophie. Nouv. édition. 1 vol. in-8. 6 fr.
Histoire générale de la Philosophie depuis les temps les plus anciens jusqu'au xix⁰ siècle. Nouv. édit. 1 vol. in-8. . . . . 7 fr. 50
Philosophie de Locke. Nouvelle édition entièrement revue. 1 vol. in-8. 6 fr.
Du Vrai, du Beau et du Bien, 10⁰ édit. 1 vol. in-8 avec portrait. . . 7 fr.
Fragments pour servir à l'histoire de la philosophie. 5 vol. in-8. 40 fr.
  Séparément : **Philosophie ancienne et du moyen âge.** 2 vol. in-8. 16 fr.
  — **Philosophie moderne.** 2 vol. in-8. . . . . 16 fr.
  — **Philosophie contemporaine** 1 vol. in-8. . . . . 8 fr.

CRAVEN (Mme AUG.), NÉE LA FERRONNAYS
Récit d'une Sœur. Souvenirs de famille. 7ᵉ édition. 2 vol. in-8. . . . 15 fr.

DANTE
La Divine Comédie, traduct. de F. LAMENNAIS, avec introduction, notes et le texte italien, publ. par M. E. D. FORGUES. 2 vol. in-8. . . . . 14 fr.

DANTIER (ALPH.)
Les Monastères bénédictins d'Italie. Souvenirs d'un voyage littéraire au delà des Alpes. (*Ouvrage couronné par l'Académie française.*) 2 beaux v. in-8. 15 fr.

DAREMBERG
La Médecine dans Homère. Gr. in-8. . . . . 5 fr.

M. D'AZEGLIO.
L'Italie de 1847 à 1865. Correspondance politique publiée par M. E. RENDU. 1 vol. in-8. . . . . 7 fr.

DE BROSSES
Le Président de Brosses en Italie. Lettres familières écrites d'Italie en 1739 et 1740. 2ᵉ édit. revue et accomp. d'une Etude par R. COLOMB. 2 vol. in-8. 12 fr.

DELÉCLUZE (E. J.)
Louis David, son école et son temps. Souvenirs. 1 vol. in-8. . . . . . . 6 fr.

DESJARDINS (ERNEST)
Le grand Corneille historien. 1 vol. in-8. . . . . 5 fr.
Alésia (7ᵉ CAMPAGNE DE JULES CÉSAR). Résumé du débat, etc., suivi de notes inédites de Napoléon Iᵉʳ sur les COMMENTAIRES DE JULES CÉSAR. In-8, avec *fac-simile*. 3 fr.

CH. DESMAZE
Le Châtelet de Paris, son organisation, ses privilèges, etc. 1 vol. in-8. . 6 fr.

DREYSS (CH.)
Mémoires de Louis XIV POUR L'INSTRUCTION DU DAUPHIN. 1ʳᵉ édit. complète, avec une étude sur la composition des Mémoires et des notes. 2 vol. in-8. . 12 fr.

DUBOIS D'AMIENS (FRÉD.)
Éloges prononcés à l'Académie de médecine. PARISET, BROUSSAIS, ANT. DUBOIS, RICHERAND, BOYER, ORFILA, CAPURON, DENEUX, RÉCAMIER, ROUX, MAGENDIE, GUENEAU DE MUSSY, G. SAINT-HILAIRE, A. RICHARD, CHOMEL, THÉNARD, etc., etc. 2 vol. in-8. . . . . 14 fr.

DUBOIS-GUCHAN
Tacite et son siècle, ou la société romaine impériale, d'Auguste aux Antonins, dans ses rapports avec la société moderne. 2 beaux volumes in-8. . . . 14 fr.

DU CELLIER
Histoire des Classes laborieuses en France, depuis la conquête de la Gaule par Jules César jusqu'à nos jours. 1 vol. in-8. . . . . 6 fr.

DU MÉRIL (ÉDEL.)
Histoire de la Comédie, période primitive. (*Ouvrage couronné par l'Académie française.*) 1 vol. in-8. . . . . 8 fr.

EICHHOFF (F. G.)
Tableau de la Littérature du Nord, AU MOYEN AGE, en Allemagne, en Angleterre, en Scandinavie et en Slavonie. Nouv. édit. revue et augmentée. 1 vol. in-8. 6 fr.

FALLOUX (Cᵗᵉ DE)
Correspondance du P. Lacordaire avec madame Swetchine, publiée par M. DE FALLOUX. 1 vol. in-8. 7 fr. 50

Madame Swetchine. Journal de sa conversion, méditations et prières publiées par M. DE FALLOUX. 1 vol. in-8. . . . . 7 fr. 50

Madame Swetchine. Sa vie et ses pensées, publiées par M. DE FALLOUX. 8ᵉ édit. 2 vol. in-8. 15 fr.

Lettres de madame Swetchine, publiées par M. DE FALLOUX 2 vol. in-8. 15 fr.

Lettres inédites de madame Swetchine, publiées par M. DE FALLOUX. 1 vol. in-8. . . . . 7 fr. 50

Étude sur madame Swetchine, par Ern. Naville. In-8. . . . . . 1 fr. 50

FEILLET

La Misère au temps de la Fronde et saint Vincent de Paul. (Mention très-honorable de l'Acad. des sciences morales.) 2ᵉ édit. revue. 1 vol. in-8.. 7 fr.

FERRARI (J.)

Histoire des Révolutions d'Italie, ou Guelfes et Gibelins. 4 vol. in-8. . 24 fr.

FEUGÈRE (LÉON)

Les Femmes poëtes au XVIᵉ siècle, étude suivie de notices sur Mˡˡᵉ de Gournay, d'Urfé, Montluc, etc. 1 vol. in-8. . . . . 6 fr.

FLAMMARION

La Pluralité des mondes habités. Étude où l'on expose les conditions d'habitabilité des terres célestes, etc. 4ᵉ édit. 1 fort vol. in-8 avec figures. . . . 7 fr.

Les Mondes imaginaires et les Mondes réels, voyage astronomique pittoresque, et revue critique des théories humaines sur les habitants des astres. 1 fort vol. in-8, fig. . . . . 7 fr.

GANDAR

Bossuet orateur. Études critiques sur les sermons de la jeunesse de Bossuet. 1 fort vol. in-8. 7 fr. 50

GEFFROY (A.)

Gustave III et la Cour de France, suivi d'une Étude sur Louis XVI et Marie-Antoinette apocryphes. 2 beaux vol. in-8 avec photographie, 2 beaux portraits gravés sur acier et fac-similé. . . . . 16 fr.

Lettres inédites de Mᵐᵉ des Ursins, avec une introd. et des notes. 1 v. in-8. 6 fr.

GERMOND DE LAVIGNE

Le Don Quichotte de FERNANDEZ AVELLANEDA, traduit de l'espagnol et annoté. 1 beau vol. in-8. 6 fr.

SAINT-MARC GIRARDIN

Lettres inédites de Voltaire, publ. par MM. de CAYROL et FRANÇOIS, avec introduction, par M. SAINT-MARC GIRARDIN. 2ᵉ édit. augm. 2 vol. in-8.. . . . 14 fr

GODEFROY (F.)

Lexique comparé de la langue de Corneille et de la langue du XVIIᵉ siècle en général. (Ouvrage couronné par l'Académie française.) 2 vol. in-8. . . . 15 fr.

GUADET

Les Girondins, leur vie politique et privée, leur proscription, leur mort. 2 vol. in-8. . . . . 12 fr.

GUÉRIN (MAURICE DE)

Journal, lettres et fragments, publiés par M. TREBUTIEN, avec une étude par M. SAINTE-BEUVE. 1 volume in-8. . . . . 7 fr.

GUÉRIN (EUGÉNIE DE)

Journal et lettres, publiés par M. TREBUTIEN. (Ouvrage couronné par l'Académie française.) 2 vol. in-8. . . . . 11 fr.

GUIZOT

Sir Robert Peel, étude d'histoire contemporaine, accompagnée de fragments inédits des *Mémoires de Robert Peel*. Nouvelle édition. 1 vol. in-8. . . . . 7 fr.

Histoire de la Révolution d'Angleterre, depuis l'avénement de Charles Ier jusqu'à la mort de R. Cromwell (1625-1660). 6 vol. in-8, en 3 parties. . . 42 fr.

— **Histoire de Charles Ier**, depuis son avénement jusqu'à sa mort (1625-1649) précédée d'un *Discours sur la Révolution d'Angleterre*. 8e édit. 2 vol. in-8. 14 fr.

— **Histoire de la République d'Angleterre et de Cromwell** (1649-1658). 2e édit. 2 vol. in-8. . . . . 14 fr.

— **Histoire du protectorat de Richard Cromwell**, et du *Rétablissement des Stuarts* (1659-1660). 2e édit. 2 vol. in-8. . . . . 14 fr.

Études sur l'Histoire de la Révolution d'Angleterre, 2 vol. in-8 :

— **Monk. Chute de la République**. 5e édit. 1 vol. in-8, portrait. . . . . 6 fr.

— **Portraits politiques** des hommes des divers partis. *Parlementaires, Cavaliers, Républicains, Niveleurs*. Études historiques. Nouv^e. édit. 1 vol. in-8. . 6 fr.

Essais sur l'Histoire de France. 10e édit. revue et corrigée. 1 vol. in-8. 6 fr.

Histoire des origines du gouvernement représentatif et des institutions politiques de l'Europe, etc. (*Cours d'Histoire moderne de 1820 à 1822*.) Nouv. édit. 2 vol. in-8. . . . . 10 fr.

Histoire de la civilisation en Europe et en France, depuis la chute de l'empire romain jusqu'à la Révolution française. Nouv. édition. 5 vol. in-8. 30 fr.

Discours académiques, suivis des discours prononcés pour la distribution des prix au Concours général et devant diverses sociétés, etc. 1 vol. in-8. . . 6 fr.

Corneille et son temps. Étude littéraire, etc. 1 vol. in-8. . . . . . 5 fr.

Méditations et Études morales et religieuses. Nouv. édit. 1 vol. in-8. 6 fr.

Études sur les beaux-arts en général. 3e édit. 1 vol. in-8. . . . 6 fr.

De la Démocratie en France. 1 vol. in-8 de 164 pages. . . . . . 2 fr. 50

Abailard et Héloïse. Essai historique par M. et Mme Guizot, suivi des *Lettres d'Abailard et d'Héloïse*, traduites par M. Oddoul. Nouv. édit. 1 vol. in-8. 6 fr.

Grégoire de Tours et Frédégaire. — Histoire des Francs et Chronique, trad. Nouv. édit. revue et augmentée de la *Géographie de Grégoire de Tours et de Frédégaire*, par M. Alfred Jacobs. 2 vol. in-8, avec une carte spéciale. . 14 fr.

Cet ouvrage est autorisé par décision ministérielle pour les Écoles publiques.

Œuvres complètes de W. Shakspeare, traduction nouvelle de M. Guizot, avec notices et notes. 8 vol. in-8. . . . . 40 fr.

Histoire de Washington *et de la fondation de la république des États-Unis*, par M. C. de Witt, avec une Introduction par M. Guizot. 3e édition, revue et augmentée. 1 vol. in-8, avec portraits et carte. . . . . 7 fr.

Correspondance et Écrits de Washington, traduits de l'anglais et mis en ordre par M. Guizot. 4 vol. in-8. . . . . 12 fr.

Dictionnaire universel des synonymes de la langue française, contenant les synonymes de Girard, Beauzée, Roubaud d'Alembert, etc., augmenté d'un grand nombre de nouveaux synonymes, par M. Guizot, 7e édit. 1 vol. gr. in-8. . . 12 fr.

L'introduction de cet ouvrage est autorisée dans les Établissements d'instruction publique.

GUIZOT (GUILLAUME)

Ménandre. Étude historique et littéraire sur la Comédie et la Société grecques. (*Ouvrage couronné par l'Académie française*.) 1 vol. in-8, avec portrait. . . 6 fr.

HOUSSAYE (ARSÈNE)

Les Charmettes. — *J. J. Rousseau et Madame de Warens*. 1 beau vol. in-8 avec portrait et grav. . . . . 7 fr.

HOUSSAYE (HENRY.)
Histoire d'Apelles. Études sur l'art grec. 1 vol. in-8 avec fig. . . . . . 7 fr.

JACQUINET
Des Prédicateurs au xvii° siècle avant Bossuet. (*Ouvrage couronné par l'Académie française.*) 1 vol. in-8. . . . . 6 fr.

J. JANIN
La Poésie et l'Éloquence à Rome au temps des Césars. 1 vol. in-8. 6 fr.

JOBEZ (AD.)
La France sous Louis XV (1715-1774). Tome I à III parus. In-8. Prix du vol. 6 fr.

JOUSSERANDOT
La Civilisation moderne. Cours professé à l'Acad. de Lausanne. 1 v. in-8. 6 fr.

LACODRE
Les Desseins de Dieu. Essai de Philosophie religieuse et pratique. 1 v. in-8. 6 fr.

LÉON LAGRANGE
Joseph Vernet et la Peinture au XVIII° siècle, avec grand nombre de documents inédits. 1 volume in-8. . . . . 7 fr.

LA HARPE
Lycée ou Cours de Littérature. 18 vol. in-8. . . . . 24 fr.

LAMENNAIS
Dante. La Divine Comédie, trad. accompagnée d'une introduction et de notes, avec le texte italien, publ. par M. E. D. Forgues. 2 vol. in-8. . . . . . 14 fr.
Correspondance inédite, publiée par M. Forgues. 2 vol. in-8. . . . . 14 fr.

LAPRADE (V. DE)
Questions d'art et de morale. 1 vol. in-8. . . . . 7 fr. 50
Le Sentiment de la nature avant le Christianisme. 1 vol. in-8. . . 7 fr. 50

LE DIEU (L'ABBÉ)
Mémoires et Journal de l'abbé Le Dieu, sur la vie et les ouvrages de Bossuet, publiés sur les manuscrits autographes. 4 vol. in-8. . . . . . . 24 fr.

LÉLUT
Physiologie de la pensée. Recherche critique des rapports du corps à l'esprit. 2 vol. in-8. . . . . 14 fr.

LEMOINE (ALB.)
L'Aliéné devant la philosophie, la morale et la société. 1 vol. in-8. . . 6 fr.

LEPINOIS (H. DE)
Le Gouvernement des Papes et les Révolutions dans les États de l'Église, d'après des documents extraits des archives secrètes du Vatican, etc. 1 v. in-8. 7 fr.

LITTRÉ
Histoire de la langue française. Études sur les origines, l'étymologie, la grammaire, etc. Nouv. édit. 2 vol. in-8. . . . . 14 fr.

LIVET (CH.)
Précieux et Précieuses. Caractères et mœurs du xvii° siècle. 1 vol. in-8. 7 fr.
La Grammaire française et les Grammairiens du xvii° siècle. (*Mention très-honorable de l'Académie des Inscriptions.*) 1 fort vol. in-8. . . . 7 fr.

LOVE
Le Spiritualisme rationnel, à propos des divers moyens d'arriver à la connaissance, etc. 1 vol. in-8. . . . . 6 fr.

MARGERIE (A. DE)
Théodicée. Études sur Dieu, la Création et la Providence. 2 vol. in-8. . 12 fr.

MARTHA BECKER
Le Général Desaix. Étude historique. 1 vol. in-8, avec portrait. . . . 6 fr.

MARY (D')***
Le Christianisme et le Libre Examen. Discussion des arguments apologétiques. 2 vol. in-8. . . . . 12 fr.

MATTER
Le Mysticisme en France au temps de Fénelon. 1 vol. in-8. . . . 6 fr.
Swedenborg. Sa vie, ses écrits, sa doctrine. 1 vol. in-8. . . . . . . 6 fr.
Saint-Martin, *Le Philosophe inconnu*, sa vie, ses écrits; son maître Martinès et leurs groupes. 1 vol. in-8. . . . . 6 fr.

MAURY (ALF.)
Les Académies d'autrefois, 2 parties :
— *L'ancienne Académie des sciences.* 1 volume in-8. . . . . 7 fr.
— *L'ancienne Académie des inscriptions et belles-lettres.* 1 volume in-8. . 7 fr.
Croyances et légendes de l'antiquité. 1 vol. in-8. . . . . 7 fr.

MÉNARD (L. ET R.)
Tableau historique des Beaux-Arts, depuis la Renaissance jusqu'au dix-huitième siècle. (*Ouvrage couronné par l'Académie des beaux-arts.*) 1 vol. in-8. 6 fr.
Hermès Trismégiste. Traduction nouvelle avec une étude sur les livres hermétiques. 1 vol. in-8. . . . . 6 fr.
La morale avant les philosophes. 1 vol. in-8. . . . . 3 fr. 50

MERCIER DE LACOMBE (CH.)
Henri IV et sa politique. (*Ouvrage couronné par l'Académie française. 2° prix Gobert.*) 1 vol. in-8. . . . . 6 fr.

MERRUAU (P.)
L'Égypte contemporaine. 1840 à 1857. De Méhémet-Ali à Saïd-Pacha; avec une Étude sur l'Isthme de Suez, par M. F. de Lesseps. 1 vol. in-8. . . . 5 fr.

MIGNET
Éloges historiques : *Jouffroy, de Gérando, Laromiguière, Lakanal, Schelling, Portalis, Hallam, Macaulay.* 1 vol. in-8. . . . . 6 fr.
Portraits et notices HISTORIQUES ET LITTÉRAIRES : *Sieyès, Rœderer, Livingston, Talleyrand, Broussais, Merlin, D. de Tracy, Daunou, Siméon, Sismondi, Comte, Ancillon, Bignon, Rossi, Droz, Cabanis, Franklin*, etc. Nouv. édit. 2 v. in-8. 10 fr.
Charles-Quint, SON ABDICATION, SON SÉJOUR ET SA MORT AU MONASTÈRE DE YUSTE. 5° édit., revue et corrigée. 1 beau vol. in-8. . . . . 6 fr.
Histoire de la Révolution française de 1789 à 1814. 9° édit. 2 vol. in-8. 12 fr.

MOLAND (LOUIS)
Origines littéraires de la France. Roman, Légende, Prédication, Poétique, etc. 1 vol. in-8. . . . . 6 fr.

MONNIER (F.)
Le Chancelier d'Aguesseau, etc., avec des documents inédits et des ouvrages nouveaux du Chancelier. (*Ouvr. cour. par l'Acad. franç.*) 2° édit. 1 vol. in-8. 6 fr.

MONTALEMBERT (COMTE DE)
L'Église libre dans l'État libre. Discours prononcé au congrès de Malines. 1 v. in-8. . . . . 2 fr. 50

MOREY (ERNEST)
Quinze ans du règne de Louis XIV. 1700-1715. (*Ouvrage couronné par l'Académie française, 2° prix Gobert.*) 3 vol. in-8. . . . . 15 fr.

NOURRISSON

Philosophie de saint Augustin. (*Ouvrage couronné par l'Académie des sciences morales.*) 2 vol. in-8.................... 14 fr.
La Nature humaine. Essais de psychologie appliquée. (*Ouvrage couronné par l'Académie des sciences morales.*) 1 vol. in-8............ 7 fr.

NOUVION (V. DE)

Histoire du règne de Louis-Philippe Iᵉʳ, roi des Français (1830-1840). 4 vol. in-8.................................... 24 fr.

PELLISSON ET D'OLIVET

Histoire de l'Académie française. Nouv. édit. avec une introduction, des notes et éclaircissements, par M. Ch. Livet. 2 gros vol. in-8..... 14 fr.

POIRSON (A.)

Histoire du règne de Henri IV. (*Ouvrage qui a obtenu deux fois le grand prix Gobert, de l'Académie française.*) Seconde édition, considérablement augmentée. 4 vol. in-8................................ 50 fr.

PONCINS (L. DE)

Les Cahiers de 89 ou les vrais Principes libéraux. 1 vol. in-8...... 6 fr.

POUJADE (EUG.)

Chrétiens et Turcs, scènes et souvenirs de la vie politique, militaire et religieuse en Orient. 1 fort vol. in-8................... 6 fr.

PRELLER

Les Dieux de l'ancienne Rome. *Mythologie romaine*, trad. par M. Dietz, avec préface de M. Alf. Maury. 1 vol. in-8................ 7 fr. 50

RAYNAUD (MAURICE)

Les Médecins au temps de Molière. Mœurs, Institutions, Doctr. 1 v. in-8. 6 fr.

RÉMUSAT (CH. DE)

Bacon. Sa vie, son temps et sa philosophie. 1 vol. in-8.......... 7 fr.
Saint Anselme de Cantorbéry. 1 fort vol. in-8................ 7 fr.
Abélard : Sa vie, sa philosophie et sa théologie. 2 vol. in-8....... 14 fr.
Channing : Sa vie et ses œuvres, avec préface de M. de Rémusat. 1 vol. in-8. 6 fr.

RONDELET (ANT.)

Du Spiritualisme en économie politique. (*Ouvrage couronné par l'Académie des sciences morales.*) 1 vol. in-8....................... 6 fr.

ROUGEMONT

L'Age du Bronze ou les *Sémites en Occident*, matériaux pour servir à l'histoire de la haute antiquité. 1 vol. in-8................... 7 fr.

ROUX (AMÉDÉE)

Montausier, sa vie et son temps. 1 vol. in-8............... 6 fr.

ROUSSET (CAMILLE)

Histoire de Louvois et de son administration politique et militaire. (*Ouvrage couronné par l'Académie française. 1ᵉʳ prix Gobert.*) 3ᵉ édit. 4 vol. in-8. 28 fr.

SACY (S. DE)

Variétés littéraires, morales et historiques. 2ᵉ édit. 2 vol. in-8..... 14 fr.

J. BARTHÉLEMY SAINT-HILAIRE

Le Bouddha et sa religion. Nouv. édition, corr. et augm. 1 vol. in-8.. 7 fr.
Mahomet et le Coran. Précédé d'une introd. sur les devoirs mutuels de la philosophie et de la religion. 1 vol. in-8................. 7 fr.

SAISSET (E.)

Le Scepticisme. — Ænésidème. — Pascal. — Kant. — Études, etc. 1 vol. in-8. 7 fr.
Précurseurs et Disciples de Descartes. Études d'histoire et de philosophie. 1 vol. in-8.................................. 7 fr.

SALVANDY (N. DE)

Histoire de Sobieski et de la Pologne. 2 vol. in-8. Nouv. édit...... 14 fr.
Don Alonso, ou l'Espagne ; histoire contemporaine. Nouv. édit. 2 vol. in-8. 14 fr.

La Révolution de 1830 et *le Parti révolutionnaire*, ou Vingt mois et leurs résultats. Nouv. édit. 1 vol. in-8. 1855. . . . . 5 fr.
Discours de MM. Berryer et de Salvandy à l'Académie française. In-8. 1 fr.
Discours de MM. de Sacy et de Salvandy à l'Académie française. In-8. 1 fr.

SAULCY (F. DE)

Histoire de l'Art judaïque, d'après les textes sacrés et profanes. 1 vol. in-8. 7 fr.
Les Campagnes de Jules César dans les Gaules. Études d'archéologie militaire. Ire partie. 1 vol. in-8, fig. . . . . 7 fr.
Voyage en Terre-Sainte, 1865. 2 beaux vol. grand in-8, ornés de fig. et de cartes. . . . . 32 fr.

SCHILLER

Œuvres dramatiques, trad. de M. DE BARANTE. Nouv. édit. entièrement revue, accompagnée d'une étude, de notices et de notes. 3 vol. in-8. . . . 15 fr.

SCHNITZLER

Rostoptchine et Kutusof. *La Russie en 1812*. Tableau de mœurs et essai de critique historique. 1 vol. in-8. . . . . 7 fr.

SCLOPIS (F.)

Histoire de la Législation italienne, trad. par M. Ch. SCLOPIS, 2 v. in-8. 10 fr.

SHAKSPEARE

Œuvres complètes, trad. de M. Guizot. Nouv. édit. revue, accomp. d'une Étude sur Shakspeare, de notices, de notes. 8 vol. in-8. . . . . 40 fr.

SOREL

Le Couvent des Carmes et le Séminaire Saint-Sulpice pendant la Terreur. 1 vol. in-8 avec pl. . . . . 7 fr.

DANIEL STERN

Dante et Goethe. Dialogues. 1 vol. in-8. . . . . 3 fr. 50

STAAFF

Lectures choisies de littérature française depuis la formation de la langue jusqu'à la Révolution. 2e édition. 1 vol. in-8 de 900 pages. . . . . 7 fr. 50

Mme SWETCHINE

Voir Cte DE FALLOUX.

THIERRY (AMÉDÉE)

Tableau de l'Empire romain, depuis la fondation de Rome jusqu'à la fin du gouvernement impérial en Occident. 4e édit. 1 vol. in-8. . . . . . 7 fr.
Histoire d'Attila, de ses fils et de ses successeurs en Europe. Nouv. édit. revue. 2 vol. in-8. . . . . 14 fr.
Récits de l'Histoire romaine au Ve siècle. 1 vol. in-8 (sous presse).
Nouveaux Récits de l'Histoire romaine aux IVe et Ve siècles. 1 volume in-8. . . . . 7 fr.
Histoire des Gaulois jusqu'à la domination romaine. 6e édition revue. 2 vol. in-8. . . . . 14 fr.
Histoire de la Gaule sous la domination romaine. 4 vol. in-8. Le tome 1er en vente. . . . . 7 fr. 50

TISSOT

Turgot. Sa vie, son administration, ses ouvrages. (*Ouvrage couronné par l'Académie des sciences morales*.) 1 vol. in-8. . . . . 5 fr.
Les Possédées de Morzine. Broch. in-8. . . . . 1 fr.

VILLEMAIN

Souvenirs contemporains d'Histoire et de Littérature. Première partie : M. DE NARBONNE, etc. 7e édit. 1 vol. in-8. . . . . 7 fr.
Souvenirs contemporains d'Histoire et de Littérature. Deuxième partie : LES CENT JOURS. 1 vol. in-8. Nouv. édit. . . . . 7 fr.

VILLEMAIN (suite).

La République de Cicéron, traduite avec une introduction et des suppléments historiques. 1 vol. in-8.. 6 fr.

Choix d'Études SUR LA LITTÉRATURE CONTEMPORAINE : *Rapports académiques*, Études sur *Chateaubriand, A. de Broglie, Nettement*, etc. 1 vol. in-8. . . . . . 6 fr.

Cours de Littérature française, comprenant : *Le Tableau de la Littérature au XVIII° siècle* et le *Tableau de la Littérature au moyen âge*. Nouv. édit. 6 vol. in-8. . . . . 36 fr.

— **Tableau de la Littérature** au XVIII° siècle. 4 vol. in-8. . . . . 24 fr.

— **Tableau de la Littérature** au moyen âge. 2 vol. in-8. . . . . 12 fr.

Tableau de l'éloquence chrétienne au IV° siècle, etc. Nouv. édit. 1 fort vol. in-8. . . . . 6 fr.

Discours et Mélanges littéraires : *Éloges de Montaigne et de Montesquieu*. — *Sur Fénelon et sur Pascal*. — *Rapports et discours académiques*. Nouv. édit. 1 vol. in-8. . . . . 6 fr.

Études de Littérature ancienne et étrangère : *Études sur Hérodote, Lucrèce, Lucain, Cicéron, Tibère et Plutarque*. — *De la corruption des lettres romaines*. — *Essai sur les romans grecs*. — *Shakespeare; Milton; Byron*, etc. Nouv. édit. 1 vol. in-8.. . . . . 6 fr.

Études d'Histoire moderne : *Discours sur l'état de l'Europe au XV° siècle*. — *Lascaris*. — *Essai historique sur les Grecs*. — *Vie de l'Hôpital*. 1 vol. in-8. 6 fr.

VILLEMARQUÉ (H. DE LA)

Barzaz Breiz. *Chants populaires de la Bretagne*, recueillis et annotés avec musique. 1 vol. in-8. . . . . 7 fr. 50

Le grand Mystère de Jésus. Drame breton du moyen âge, avec une Étude sur le théâtre chez les nations celtiques. 1 vol. in-8, pap. de Hollande. . . 12 fr.

— LE MÊME, pap. ordinaire. . . . . 7 fr.

La Légende celtique et la poésie des cloîtres, etc. 1 vol. in-8. . 7 fr.

Les Bardes bretons. Poëmes du VI° siècle, traduits en français avec fac-simile. Nouv. édit. 1 vol. in-8. . . . . 7 fr.

Les Romans de la Table ronde et les Contes des anciens Bretons. Nouv. édit. 1 vol. in-8. . . . . 7 fr.

Myrdhinn ou l'Enchanteur Merlin. Son histoire, ses œuvres, son influence. 1 vol. in-8. . . . . 7 fr.

VOLTAIRE

Lettres inédites de Voltaire, publiées par MM. DE CAYROL et FRANÇOIS, avec une Introduction par M. SAINT-MARC GIRARDIN. 2° édit. augmentée. 2 vol. in-8. 14 fr.

Voltaire à Ferney. Correspondance inédite avec la duchesse de Saxe-Gotha, nouvelles Lettres et Notes historiques inédites, publiées par MM. Ev. BAVOUX et A. FRANÇOIS. nouv. édit. augmentée 1 vol. in-8. . . . . 7 fr.

Voltaire et le président de Brosses. Correspondance inédite, suivie d'un Supplément à la Correspondance de Voltaire, publiée avec notes, par M. TH. FOISSET. 1 vol. in-8. . . . . 5 fr.

WHYTE MELVILLE

Les Gladiateurs. — **Rome et Judée**. — Roman antique, trad. par BERNARD DEROSNE, avec préface de TH. GAUTIER. 2 vol. in-8. . . . . 12 fr.

WITT (CORNÉLIS DE)

Études sur l'histoire des États-Unis d'Amérique. 2 volumes :

— **Thomas Jefferson**. Étude historique sur la démocratie américaine. 2° édit. 1 vol. in-8, orné d'un portrait. . . . . 7 fr.

— **Histoire de Washington** *et de la fondation de la République des États-Unis*, avec une Étude par M. GUIZOT. 5° édit. 1 vol. in-8, orné de portraits et d'une carte. . . . . 7 fr.

ZELLER

Les Empereurs romains. Caractères et portraits historiques. 1 vol. in-8. 7 fr.

ÉDITIONS IN-12

ARMAILLÉ (C*sse* D') NÉE DE SÉGUR
La Reine Marie Leckzinska. Étude historique. 1 vol. in-12. . . . . . . 3 fr.
Catherine de Bourbon, sœur de Henri IV. Étude historique. 1 vol. in-12. 3 fr.

ALAUX
La Raison.—Essai sur l'avenir de la philosophie. 1 vol. in-12. . . . . 3 fr. 50

AMPÈRE (J. J.)
La Science et les Lettres en Orient. 2ᵉ édit. 1 vol. in-12. . . . . 3 fr. 50
Littérature et Voyages. Nouv. édit. 1 vol. in-12. . . . . 3 fr. 50
Heures de poésie. Nouvelle édition. 1 vol. in-12. . . . . 3 fr. 50
La Grèce, Rome et Dante, études littéraires. 3ᵉ édit. 1 vol. in-12. 3 fr. 50
Étude sur J. J. Ampère, par TAMISIER. 1 vol. in-12. . . . . 2 fr.

BADER (Mlle).
La Femme biblique, sa vie morale et sociale. 2ᵉ édit. 1 v. in-12. 3 fr. 50

BABOU
Les Amoureux de M*me* de Sévigné, etc. 2ᵉ édition. 1 vol. in-12. . 3 fr. 50

BARANTE
Histoire des ducs de Bourgogne de la maison de Valois. Nouv. édit. illustrée de vignettes. 8 vol. in-12. . . . . 24 fr.
Tableau littéraire du XVIIIᵉ siècle. Nouv. édit. 1 vol. in-12. . . . 3 fr. 50
Royer-Collard. — Ses discours et ses écrits. Nouv. édit. 2 vol. in-12. 7 fr.
Études historiques et biographiques. Nouv. édit. 2 vol. in-12. . . 7 fr.
Études littéraires et historiques. Nouv. édit. 2 vol. in-12. . . . 7 fr.
Histoire de Jeanne d'Arc. *Édition populaire.* 1 vol. in-12. . . . 1 fr. 25

H. BAUDRILLART
Publicistes modernes. *Young, de Maistre, M. de Biran, Ad. Smith, L. Blanc, Proudhon, Rossi, Stuart-Mill,* etc. 2ᵉ édition. 1 vol. in-12. . . . . 3 fr. 50

BAUTAIN (L'ABBÉ)
Philosophie des lois au point de vue chrétien. 3ᵉ édit. 1 vol. in-12. 3 fr. 50
La Conscience, ou la Règle des actions humaines. 2ᵉ édit. 1 vol. in-12. 3 fr. 50

BENOIT
Chateaubriand, sa vie, ses œuvres. Étude littéraire et morale. (*Ouv. cour. par l'Académie française.*) 1 vol. in-12. . . . . 3 fr.

BERSOT (ERN.)
Essais de philosophie et de morale. 2ᵉ édit. 2 vol. in-12. . . . . . 7 fr.

BERTAULD
La Liberté civile. Nouvelles études sur les publicistes. 2ᵉ éd. 1 v. in-12. 3 fr. 50

BAGUENAULT DE PUCHESSE
L'Immortalité. — *La Mort et la Vie*, etc., avec une lettre de Mgr Dupanloup. 2ᵉ édit. 1 vol. in-12. . . . . 3 fr. 50

BOILLOT
L'Astronomie au XIXᵉ siècle. Tableau des progrès de cette science depuis l'antiquité jusqu'à nos jours. 1 vol. in-12. . . . . 3 fr. 50
Le Mouvement scientifique pendant 1864, par MENAULT et BOILLOT. 1 fort vol. in-12. . . . . 4 fr.
Le Mouvement scientifique pendant l'année 1865. 1 fort vol. in-12. 4 fr.

BONHOMME (H.)
Madame de Maintenon et sa famille. Lettres et documents inédits, avec notes, etc. 1 vol. in-12. . . . . 3 fr.

CASTLE
Phrénologie spiritualiste. 2ᵉ édition. 1 vol. in-12. . . . . 3 fr. 50

CHASLES (PHILARÈTE)
Voyages d'un critique à travers la vie et les livres. Orient. 2ᵉ édit. 1 vol. in-12.. 3 fr. 50

CHASLES (ÉMILE)
Michel de Cervantes. Sa Vie, son temps etc., 2ᵉ édit. 1 vol. in-12... 3 fr. 50

CHASSANG
Apollonius de Tyane. Sa vie, ses voyages, ses prodiges par Philostrate et ses lettres, trad. du grec, avec notes, etc. 2ᵉ édit. 1 vol. in-12.... 3 fr. 50
Histoire du Roman dans l'antiquité grecque et latine. (Ouvrage couronné par l'Académie des inscriptions.) Nouv. édit. 1 vol. in-12........ 3 fr. 50

CHESNEAU (ERNEST)
Les Chefs d'école. — La Peinture au XIXᵉ siècle. 1 vol. .... 3 fr. 50
L'Art et les Artistes modernes en France et en Angleterre. 1 v. in-12. 3 fr. 50

CLÉMENT (PIERRE)
La Police sous Louis XIV. 2ᵉ édition. 1 vol. in-12............... 3 fr. 50
Jacques Cœur et Charles VII. Étude historique. etc. (Ouv. couronné par l'Acad. française.) Nouv. édit. 1 fort vol. in-12............ 4 fr. »
Portraits historiques. Suger, Sully, Novion, Grignan, d'Argenson, Law, Paris, M. d'Arnouville, Terray, etc. 2ᵉ édit. 1 vol. in-12......... 3 fr. 50
Enguerrand de Marigny, Beaune de Semblançay, le Chevalier de Rohan. Épisodes de l'histoire de France. 2ᵉ édit. 1 vol. in-12.......... 3 fr. 50

CLÉMENT DE RIS
Critiques d'art et de littérature. 1 vol. in-12.................. 3 fr. »

COUSIN (V.)
La Société française au XVIIᵉ siècle, d'après le *Grand Cyrus* de Mˡˡᵉ Scudéry. Nouv. édit. 2 vol. in-12............................... 7 fr. »
Madame de Sablé. 4ᵉ édit. 1 vol. in-12......................... 3 fr. 50
La Jeunesse de madame de Longueville. 5ᵉ édition. 1 vol. in-12. 3 fr. 50
Jacqueline Pascal. Premières études, etc. 5ᵉ édit. 1 vol. in-12. 3 fr. 50
Madame de Chevreuse. 3ᵉ édition. 1 vol. in-12................. 3 fr. 50
Premiers essais de philosophie. (Cours de 1815.) Nouv. édit. 1 v. in-12. 3 fr. 50
Philosophie sensualiste du XVIIIᵉ siècle. Nouv. édit. 1 vol. in-12. 3 fr. 50
Introduction à l'histoire de la Philosophie.(Cours de 1828.) 1 v. in-12. 3 fr. 50
Histoire générale de la Philosophie, depuis les temps les plus anciens jusqu'à la fin du XVIIIᵉ siècle. Nouvelle édition, 1 vol. in-12 (sous presse).
Philosophie de Locke. (Cours de 1830.) Nouv. édit. 1 vol. in-12. 3 fr. 50
Du Vrai, du Beau et du Bien, 12ᵉ édition. 1 vol. in-12......... 3 fr. 50
Fragments philosophiques. 4 vol. in-12........................ 14 fr. »
Des Principes de la Révolution française et du Gouvernement représentatif suivis des *Discours politiques*. Nouv. édit. 1 vol. in-12....... 3 fr. 50

CRAVEN (Mᵐᵉ AUG.)
Récit d'une sœur, souvenirs de famille. 6ᵉ édit. 2 vol. in-12.... 8 fr. »

DAREMBERG
La Médecine. — *Histoire et doctrines*. (Ouv. couronné par l'Académie française.) 2ᵉ édit. 1 vol. in-12............................. 3 fr. 50

DELAVIGNE (CASIMIR)
Œuvres complètes : *Théâtre et poésies*. 4 vol. in-12.......... 14 fr.

DELÉCLUZE (E. J.)
Louis David. Son école et son temps. Souvenirs. Nouv. éd. 1 vol. in-12. 3 fr. 50

DESJARDINS (ARTHUR)
Les Devoirs. — Essai sur la morale de Cicéron. (*Ouvrage couronné par l'Institut.*) 1 vol. in-12.. 3 fr. 50

DESJARDINS (ERNEST)
Le Grand Corneille historien. Nouv. édit. 1 vol. in-12 . . . . 3 fr. »

FALLOUX (C* DE)
Correspondance du R. P. Lacordaire et de M Swetchine.** 4* édition, 1 vol. in-12. . . . . 4 fr. »
Madame Swetchine. *Méditations et prières*, 2* édition. 1 vol. in-12. . 3 fr. 50
Madame Swetchine. *Sa vie et ses œuvres*, nouv. édit. 2 vol. in-12. . 7 fr. »
Madame Swetchine. *Lettres inédites*, 2* édit. 1 vol. in-12. . . . . 3 fr. 50
Histoire de saint Pie V, pape. 3* édit. 2 vol. in-12. . . . . 7 fr. »
Louis XVI, 4* édit. 1 vol. in-12. . . . . 5 fr. 50

FEILLET
La Misère au temps de la Fronde et saint Vincent de Paul. (*Mention très-honorable de l'Acad. des sciences morales.*) Nouv. édit. 1 vol. in-12. . 3 fr. 50

FÉNELON
Aventures de Télémaque et d'Aristonoüs, précédées d'une Étude par M. VILLEMAIN. Nouv. édit., ornée de 24 vignettes. 1 vol. in-12. . . . . . 3 fr. »

FEUGÈRE (LÉON)
Caractères et Portraits littéraires du XVI* siècle. 2 vol. in-12. . 7 fr. »
Les Femmes poètes du XVI* siècle, étude suivie de notices sur mademoiselle de Gournay, d'Urfé, Montluc, etc. 1 vol. in-12. . . . . 3 fr. 50

FLAMMARION
La Pluralité des mondes habités, au point de vue de l'astronomie, de la physiologie et de la philosophie naturelle. Nouv. édit. 1 fort vol. in-12, fig. 3 fr. 50
Les Mondes imaginaires et les Mondes réels. Voyage astronomique pittoresque et Revue critique des théories humaines sur les habitants des astres. 4* édit. 1 vol. in-12. . . . . 3 fr. 50

FLEURY (ED.)
Saint-Just et la Terreur. Étude sur la Révolution. 2 vol. in-12. . . 6 fr. »

FOURNEL (VICTOR)
La Littérature indépendante et les Écrivains oubliés. Essais de critique et d'érudition sur le XVII* siècle. 1 vol. in-12. . . . . 3 fr. 50

FRARIÈRE
Influences maternelles pendant la gestation sur les prédispositions morales et intellectuelles des enfants. Nouv. édit. revue et augmentée. 1 v. in-12. 3 fr. »

GALITZIN (LE PRINCE AUG.)
La Russie au XVIII* siècle. Mémoires inédits sur Pierre le Grand, Catherine I* et Pierre III. 2* édition. 1 vol. in-12. . . . . 3 fr. 50

GERMOND DE LAVIGNE
Le Don Quichotte de F. Avellaneda. Trad. avec notes. 1 vol. in-12. 3 fr. »

GÉRUZEZ
Histoire de la Littérature française depuis ses origines jusqu'à la Révolution. (*Ouv. cour. par l'Académie française, 1** prix Gobert.*) Nouv. éd. 2 vol. in-12. 7 fr.

SAINT-MARC GIRARDIN
La Syrie en 1861. Condition des Chrétiens en Orient. 1 vol. in-12. . 3 fr. 50
Tableau de la littérature française au XVI* siècle. 2* édit. 1 vol. in-12. . . . . 3 fr. 50

GOBINEAU (C* DE).
Les Religions et les Philosophies dans l'Asie centrale. 2* édition. 1 vol. in-12. . . . . 4 fr. »

GONCOURT (E. ET J. DE)
Histoire de la société française pendant la Révolution et pendant le Directoire. Nouvelle édition. 2 vol. in-12. . . . . 7 fr. »

GRUN
Pensées des divers âges de la vie. Nouv. édit. 1 vol. in-12. . . 3 fr. 50

GUADET
Les Girondins. Leur vie privée, leur vie publique, leur proscription et leur mort. 2ᵉ édit. 2 vol. in-12. . . . . 7 fr.

GUIZOT
Histoire de la Révolution d'Angleterre, depuis l'avénement de Charles Iᵉʳ jusqu'au rétablissement des Stuarts (1625-1660). 6 vol. in-12, en trois parties. 21 fr.
— **Histoire de Charles Iᵉʳ**, depuis son avénement jusqu'à sa mort (1625-1649), précédée d'un *Discours sur la Révolution d'Angleterre*. 7ᵉ édit. 2 vol. in-12. 7 fr.
— **Histoire de la République d'Angleterre et de Cromwell** (1649-1658). Nouvelle édition. 2 vol. in-12. . . . . 7 fr.
— **Histoire du protectorat de Richard Cromwell** et du **rétablissement des Stuarts** (1659-1660). 3ᵉ édition. 2 vol. in-12. . . . . 7 fr.
Monk. Chute de la République, etc. Étude historique. 1 vol. in-12. 3 fr. 50
Portraits politiques des hommes des divers partis : *Parlementaires, Cavaliers, Républicains, Niveleurs*; études historiques. 1 vol. in-12. . . . 3 fr. 50
Sir Robert Peel. Étude d'histoire contemporaine, augmentée de documents inédits. 1 vol. in-12. . . . . 3 fr. 50
Essais sur l'Histoire de France, etc. Nouv. édit. 1 vol. in-12. . . 3 fr. 50
Histoire de la civilisation en Europe et en France, depuis la chute de l'Empire romain, etc. 7ᵉ édit. 5 vol. in-12. . . . . 17 fr. 50
Histoire des origines du Gouvernement représentatif *et des Institutions politiques de l'Europe*. Nouvelle édit. 2 vol. in-12. . . . . 7 fr.
Corneille et son temps. Étude littéraire suivie d'un *Essai sur Chapelain, Rotrou et Scarron*, etc. Nouv. édit. 1 vol. in-12. . . . . 3 fr. 50
Méditations et Études morales. Nouv. édit. 1 vol. in-12. . . . . 3 fr. 50
Études sur les Beaux-Arts en général. Nouv. édit. 1 vol. in-12. . 3 fr. 50
Discours académiques, suivis des *Discours prononcés au Concours général de l'Université et devant diverses Sociétés religieuses*, etc. 1 vol. in-12. 3 fr. 50
Abailard et Héloïse. Essai historique par M. et Mᵐᵉ Guizot, suivi des *Lettres d'Abailard et d'Héloïse*, trad. par M. Oddoul. Nouv. édit. 1 vol. in-12. 3 fr. 50
Histoire de Washington, par M. C. de Witt, avec une Introduction par M. Guizot. Nouv. édit. 1 vol. in-12, avec carte. . . . . 3 fr. 50
Grégoire de Tours et Frédégaire. — Histoire des Francs et chronique, trad. Nouv. édit. revue et augmentée de la *Géographie de Grégoire de Tours et de Frédégaire*, par M. Alfred Jacobs. 2 vol. in-12. . . . . 7 fr.
Cet ouvrage est autorisé pour les Écoles publiques par décision de Son Exc. le ministre de l'Instruction publique.
Shakspeare. Œuvres complètes. 8 vol. in-12, à. . . . . 3 fr. 50

GUIZOT (GUILLAUME)
Ménandre. Étude historique et littéraire sur la Comédie et la Société grecques. (*Ouvrage couronné par l'Académie française.*) 1 vol. in-12 avec portrait. 3 fr. 50

EUGÉNIE DE GUÉRIN
Journal et Fragments, publiés par Trébutien. (*Ouvrage couronné par l'Académie française.*) 18ᵉ édition. 1 vol. in-12. . . . . 3 fr. 50
Lettres d'Eugénie de Guérin. 10ᵉ édit. 1 vol. in-12. . . . . . . 3 fr. 50
Étude sur Eugénie de Guérin par Aug. Nicolas, broch. in-12. . . . 50 c.

MAURICE DE GUÉRIN
Journal, Lettres et Fragments publiés par Trébutien, avec une Étude par M. Sainte-Beuve. 10ᵉ édition. 1 vol. in-12. . . . . 3 fr. 50

HOUSSAYE (ARSÈNE)
Les Charmettes. — *J. J. Rousseau et Madame de Warens.* Nouvelle édition. 1 vol. in-12, portrait. . . . . 3 fr. 50

JACQUINET
Tableau du Monde physique. Excursions à travers la science. 1 vol. in-12. 3 fr.

JACOBS (ALFRED)
L'Afrique nouvelle. — Récents voyages. — État moral, intellectuel et social dans le continent noir. 1 vol. in-12 avec Carte. . . . . 3 fr. 50

J. JANIN
La Poésie et l'Éloquence à Rome au temps des Césars. Nouvelle édition. 1 vol. in-12. . . . . 3 fr. 50

JOUBERT
Pensées, précédées de sa Correspondance, d'une notice par M. P. DE RAYNAL, et de jugements littéraires par MM. SAINTE-BEUVE, SAINT-MARC GIRARDIN, DE SACY, GRATZEL et POITOU. Nouv. édit. 2 vol. in-12. . . . . 7 fr.

JOULIN (Dr)
Causeries du Docteur. 1 vol. in-12. . . . . 3 fr.

JULIEN (STANISLAS)
Yu-kiao-li. — *Les Deux cousines*, — roman chinois. 2 vol. in-12. . . . . 7 fr.
Les Deux jeunes filles lettrées. Roman traduit du chinois. 2 vol. in-12. 7 fr.

LAFON (MARY)
Les Dernières armes de Richelieu. — Madame de Saint-Vincent. 2ᵉ édit. 1 vol. in-12. . . . . 3 fr.

LAGRANGE (Mᵐᵉ DE)
Laurette de Malboissière. Correspondance d'une jeune fille du temps de Louis XIV. 1 vol. in-12. . . . . 3 fr. 50

LAGRANGE (J.)
Joseph Vernet et la Peinture au XVIIIᵉ siècle. 2ᵉ édit. 1 vol. in-12. . . 3 fr. 50

LAMENNAIS
Dante. *La Divine Comédie.* Trad. avec une introd. et des notes. Nouvelle édition. 2 vol. in-12. . . . . 7 fr.
Correspondance inédite de Lamennais, publiée par M. Forgues. Nouvelle édition. 2 vol. in-12. 7 fr.

LA MORVONNAIS
La Thébaïde des Grèves. — *Reflets de Bretagne.* — Suivis de poésies posthumes. Nouvelle édition. 1 vol. in-12. . . . . 3 fr. 50

LANNAU-ROLLAND
Michel-Ange et Vittoria Colonna. Étude suivie de la traduct. complète des poésies de Michel-Ange. Nouv. édit. 1 vol. in-12. . . . . 3 fr.

LA PILORGERIE (J. DE)
Campagne et Bulletins de la grande armée d'Italie commandée par Charles VIII, d'après des documents rares ou inédits. 1 vol. in-12. . . . . 3 fr. 50

LAPRADE (VICTOR DE)
Le Sentiment de la nature avant le christianisme. 2ᵉ édit. 1 vol. in-12. 3 fr. 50
Questions d'Art et Morale. Nouv. édit. 1 vol. in-12. . . . . . . 3 fr. 50

LEBRUN (PIERRE)
Œuvres poétiques et dramatiques. Nouv. édit. 4 vol. in-12. . . . . . 14 fr.

LEGOUVÉ
Histoire morale des Femmes. 4ᵉ édit. revue et augm. 1 vol. in-12. 3 fr. 50

LÉLUT
Physiologie de la pensée. Recherche critique des rapports du corps à l'esprit. Nouv. édit. 2 vol. in-12. . . . . 7 fr.

LEMOINE (ALBERT)
L'Ame et le Corps. Études de philosophie morale et natur. 1 vol. in-12. 3 fr. 50
L'Aliéné devant la philosophie, la morale et la société. 2ᵉ édit. 1 vol. in-12. 3 fr. 50

LENORMANT (Mᵐᵉ)
Quatre Femmes au temps de la Révolution. (*Ouvrage couronné par l'Académie française.*) 1 vol. in-12. . . . . 3 fr. 50

LENORMANT (FR.)
Turcs et Monténégrins. 1 vol. in-12. . . . . 3 fr. 50

J. LEVALLOIS
Critique militante. Études de philosophie littéraire. 1 vol. in-12. . . 3 fr. 50

LITTRÉ
Histoire de la Langue française, études sur les origines, l'étymologie, la grammaire, les dialectes, la versification et les lettres au moyen âge. Nouvelle édition. 2 vol. in-12. . . . . 7 fr. »

LIVET (CH. L.)
Précieux et Précieuses. Caractères et mœurs du XVIIᵉ siècle. 2ᵉ édition. 1 vol. in-12. . . . . 3 fr. 50

MARGERIE (A. DE)
Théodicée. Études sur Dieu, la Providence, la Création. 2ᵉ édit. 2 vol. in-12. 7 fr. »

MARTIN (TH. HENRY)
La Foudre, l'Électricité et le Magnétisme chez les anciens. 1 v. in-12. 3 50

MARY *** (Dʳ)
Le Christianisme et le Libre Examen. Discussion critique des arguments apologétiques. 2ᵉ édition. 2 vol. in-12. . . . . 7 fr. »

MATTER
Le Mysticisme au temps de Fénelon. 2ᵉ édit. 1 vol. in-12. . . . . 3 fr. 50
Saint-Martin, le Philosophe inconnu, etc. 2ᵉ édition. 1 vol. in-12. . . 3 fr. 50
Swedenborg, sa vie, sa doctrine, etc. 2ᵉ édition. 1 vol. in-12. . . . . 3 fr. 50

MATHIEU
Histoire des Miraculés et des Convulsionnaires de St-Médard, avec Notices sur le diacre Pâris, Carré de Montgeron et le Jansénisme. 1 v. in-12. 3 fr. 50

MAURY (ALFRED)
Les Académies d'autrefois. 2 vol. in-12.
— *L'ancienne Académie des Sciences.* 2ᵉ édition. 1 vol. in-12. . . . . 3 fr. 50
— *L'ancienne Académie des Inscriptions et Belles-Lettres.* 1 v. in-12. 3 fr. 50
Croyances et légendes de l'antiquité. 2ᵉ édition 1 vol. in-12. . . . 5 fr. 50
La Magie et l'Astrologie dans l'antiquité et au moyen âge. 3ᵉ édition. 1 vol. in-12. . . . . 3 fr. 50
Le Sommeil et les Rêves. Études psychologiques sur les phénomènes et les divers états qui s'y rattachent, etc. 3ᵉ édit. revue et augm. 1 vol. in-12. 3 fr. 50

MERCIER DE LACOMBE (CH.)
Henri IV et sa politique. (*Ouvrage couronné par l'Académie française, 2ᵉ prix Gobert*). Nouv. édit. 1 vol. in-12. . . . . 3 fr. 50

MERLET (G.)
Causeries sur les femmes et les livres. 1 vol. in-12. . . . . 3 fr. 50
Portraits d'hier et d'aujourd'hui. 1 vol. in-12. . . . . 3 fr. 50
Les Réalistes et les Fantaisistes dans la littérature. 1 vol. in-12. 3 fr. 50

MIGNET
Éloges historiques, faisant suite aux *Portraits et Notices*. Nouvelle édition. 1 vol. in-12. . . . . 3 fr. 50
Charles-Quint, SON ABDICATION, SON SÉJOUR ET SA MORT AU MONASTÈRE DE YUSTE. 5ᵉ édit. 1 vol. in-12. . . . . 3 fr. 50
Histoire de la Révolution française depuis 1789 jusqu'à 1814. 9ᵉ édit. 2 vol. in-12. . . . . 7 fr. »

MOLAND (LOUIS)

Origines littéraires de la France. — Légende. — Roman. — Prédication. — Théâtre, etc. 2ᵉ édit. 1 vol. in-12................................. 3 fr. 50

MONTALEMBERT

De l'Avenir politique de l'Angleterre. 6ᵉ édit. augmentée. 1 v. in-12. 3 fr. 50

MOUY (CH. DE)

Don Carlos et Philippe II (*Ouvrage couronné par l'Académie française.*) 1 vol. in-12.. 3 fr. 50

NIGHTINGALE (MISS)

Des Soins à donner aux malades, etc. Traduit de l'anglais et précédé d'une lettre de M. Guizot et d'une Introduction par le Dʳ Dareмberg. 1 vol. in-12. 3 fr.

NOURRISSON (F.)

Philosophie de saint Augustin (*ouvrage couronné par l'Institut.*) 2ᵉ édition. 2 vol. in-12... 7 fr. »
Spinoza et le Naturalisme contemporain. 1 vol. in-12. . . . . 3 fr. »
Portraits et Études. Histoire et Philosophie. Nouv. édit. 1 vol. in-12. . 3 fr. 50
Le Cardinal de Bérulle. Sa vie, son temps, ses écrits. 1 vol. in-12. 3 fr. »

D'ORTIGUE (J.)

La Musique à l'église. Philosophie, littérat., critique music. 1 v. in-12. 3 fr. 50

PAGANEL

Histoire de Scanderbeg ou *Turks et Chrétiens au XVᵉ siècle.* Nouv. édit. 1 vol. in-12... 3 fr. 50

PELLISSIER

La Langue française depuis son origine jusqu'à nos jours ; tableau historique de sa formation et de ses progrès. 1 vol. in-12............ 3 fr. »

PENQUER (Mᵐᵉ)

Les Chants du foyer. Poésies. 2ᵉ édition. 1 vol. in-12......... 3 fr. 50
Révélations poétiques. 2ᵉ édit. 1 vol. in-12................. 3 fr. 50

PEZZANI (A.)

La Pluralité des existences de l'âme conforme à la doctrine de la pluralité des Mondes, opinions des philosophes anciens et modernes. 4ᵉ édit. 1 v. in-12. 3 fr. 50
Les Bardes druidiques. Synthèse philosophique du XIXᵉ siècle. 1 v. in-12. 1 fr. 50

PIERRON (ALEXIS)

Voltaire et ses Maîtres. Épisode de l'histoire des humanités en France. 1 volume in-12.. 3 fr. »

POIRSON (AUG.)

Histoire de Henri IV. Nouv. édit. 4 vol. in-12. Les tomes I à III sont en vente. Prix des vol... 11 fr. »

PRELLER

Les Dieux de l'ancienne Rome. — **Mythologie romaine**, traduction par L. Dietz, avec préface de M. Alf. Maury. 2ᵉ édition. 1 fort vol. in-12. . . 4 fr. »

PUYMAIGRE (TH. DE)

Les vieux Auteurs castillans. 2 vol. in-12.................. 7 fr. »
Chants populaires recueillis dans le pays messin, mis en ordre et annotés. 1 fort vol. in-12.. 5 fr. »

RAYNAUD (M.)

Les Médecins au temps de Molière. — Mœurs. — Institutions. — Doctrines. Nouv. édition. 1 vol. in-12............................... 3 fr. 50

RÉMUSAT (CH. DE)

Bacon. Sa vie, son temps et sa philosophie. 1 vol. in-12...... 3 fr. 50
L'Angleterre au XVIIIᵉ siècle. Études et Portraits pour servir à l'histoire politique de l'Angleterre. 2 vol. in-12........................ 7 fr. »
Critiques et Études littéraires. Nouv. édition. 2 vol. in-12..... 7 fr. »

✱ ✱ ✱

Channing. Sa vie et ses œuvres, préface de M. DE RÉMUSAT. 1 vol. in-12. 3 fr. 50
La Vie de village en Angleterre, ou Souvenirs d'un exilé. 1 v. in-12. 3 fr. 50

RONDELET (ANT.)

Le Lendemain du mariage. 1 vol. in-12. . . . . 3 fr. 50
La Morale de la richesse. 1 vol. in-12. . . . . 3 fr. 50
Du Spiritualisme en économie politique. (*Ouvrage couronné par l'Académie des sciences morales.*) 2ᵉ édit. 1 vol. in-12. . . . . 3 fr. 50
Mémoires d'Antoine, ou notions populaires de morale et d'économie politique. (*Ouvrage couronné par l'Académie française.*) Nouvelle édition. 1 vol. in-12. 2 fr.

ROSELLY DE LORGUES

Christophe Colomb. Hist. de sa vie et de ses voyages. 2ᵉ édit. 2 vol. in-12. 7 fr.

ROUSSET (C.)

Histoire de Louvois, etc. (*Ouvrage couronné par l'Académie française, 1ᵉʳ prix Gobert.*) Nouvelle édition. 4 vol. in-12. . . . . 14 fr.

SAISSET

Descartes, ses Précurseurs, ses Disciples. 2ᵉ édition. 1 vol. in-12. 3 fr. 50
Le Scepticisme. Ænésidème, Pascal, Kant, etc. 2ᵉ édit. 1 vol. in-12. 3 fr. 50

SACY (S. DE)

Variétés littéraires, morales et historiques. Nouv. édit. 2 vol. in-12. . . 7 fr.

SAINTE-AULAIRE (Mᵐᵉ DE)

La Chanson d'Antioche, composée par RICHARD LE PÈLERIN, etc. trad. 1 vol. in-12. . . . . 3 fr. 50

SAINT-HILAIRE (BARTH.)

Le Bouddha et sa religion. 3ᵉ édit. revue et corrigée. 1 vol. in-12. . 3 fr. 50
Mahomet et le Coran, précédé d'une Introduction sur les devoirs mutuels de la religion et de la philosophie. 2ᵉ édit. 1 vol. in-12. . . . . 3 fr. 50

SALVANDY

Don Alonso, ou l'Espagne. Histoire contemporaine. Nouv. édit. 2 vol. in-12. 7 fr.

SCHILLER

Œuvres dramatiques complètes. Traduction de M. de Barante, revue par M. de Suckau. 3 vol. in-12 à. . . . . 3 fr. 50

SCHNITZLER

La Russie en 1812. — *Rostopchine et Kutusof.* Nouv. édit. 1 vol. in-12. 3 fr. 50

SÉGUR

Histoire universelle. Ouv. adopté par l'Université. 8ᵉ édit. 6 vol. in-12. 18 fr.
— **Histoire ancienne.** Nouv. édit. 2 vol. in-12. . . . . 6 fr.
— **Histoire romaine.** Nouv. édit. 2 vol. in-12. . . . . 6 fr.
— **Histoire du Bas-Empire.** Nouv. édit. 2 vol. in-12. . . . . . . 6 fr.
Galerie morale, avec une notice par M. SAINTE-BEUVE. 1 vol. in-12. . 3 fr.

SHAKSPEARE

Œuvres complètes. Traduction de M. GUIZOT. 8 vol. in-12 à. . . . . 3 fr. 50

ALEX. SOREL

Le Couvent des Carmes et le Séminaire Saint-Sulpice pendant la Terreur. 2ᵉ édit. 1 vol. in-12 avec figures. . . . . 3 fr. 50

THIERRY (AMÉDÉE)

Histoire d'Attila et de ses successeurs en Europe. 3ᵉ édit. 2 vol. in-12. 7 fr.
Tableau de l'Empire romain, depuis la fondation de Rome, etc. Nouv. édit. 1 vol. in-12. . . . . 3 fr. 50
Récits de l'Histoire romaine au Vᵉ siècle. Derniers temps de l'empire d'Occident. Nouv. édit. 1 vol. in-12. . . . . 3 fr. 50
Histoire des Gaulois depuis les temps les plus reculés jusqu'à l'entière domination romaine. Nouv. édit. 2 vol. in-12. . . . . 7 fr.

VILLEMAIN

La République de Cicéron, traduite et accompagnée d'une Introduction et de Suppléments historiques. 1 vol. in-12. . . . . 3 fr. 50
Choix d'Études SUR LA LITTÉRATURE CONTEMPORAINE : *Rapports académiques. Études sur Chateaubriand, A. de Broglie, Nettement*, etc. 1 vol. in-12. . . . 3 fr. 50
Cours de Littérature française, comprenant : le *Tableau de la Littérature au XVIIIᵉ siècle* et le *Tableau de la Littérature au moyen âge*. Nouvelle édition. 6 vol. in-12. . . . . 21 fr.
— **Tableau de la Littérature au XVIIIᵉ siècle**. 4 vol. in-12. . . . 14 fr.
— **Tableau de la Littérature au moyen âge**. 2 vol. in-12. . . . . 7 fr.
Tableau de l'Éloquence chrétienne au ivᵉ siècle, etc. Nouvelle édition. 1 fort vol. in-12. . . . . 3 fr. 50
Discours et Mélanges littéraires : *Éloges de Montaigne et de Montesquieu.— Notices sur Fénelon et sur Pascal. — Discours sur la critique. — Rapports et Discours académiques*. Nouv. édit. 1 vol. in-12. . . . . 3 fr. 50
Études de Littérature ancienne et étrangère : *Sur Hérodote. — Études sur Lucrèce, Lucain, Cicéron*, etc. — *De la corruption des lettres romaines. — Essai sur les romans grecs. — Shakspeare; Milton; Byron*, etc. Nouvelle édition. 1 vol. in-12. . . . . 3 fr. 50
Études d'Histoire moderne : *Discours sur l'état de l'Europe au XVᵉ siècle. Lascaris. — Essai historique sur les Grecs. — Vie de L'Hôpital*. Nouv. édit. 1 vol. in-12. . . . . 3 fr. 50
Souvenirs contemporains d'Histoire et de Littérature. 2 vol. in-12. . 7 fr.
— Première partie : **M. de Narbonne**, etc. Nouv. édit. 1 vol. in-12. . 3 fr. 50
— Deuxième partie : **Les Cent-Jours**. Nouv. édit. 1 vol. in-12. . . 3 fr. 50

VILLEMARQUÉ (H. DE LA)

Le Grand Mystère de Jésus, drame breton du moyen âge, avec une Étude sur le théâtre celtique. 2ᵉ édit. 1 vol. in-12. . . . . 3 fr. 50
La Légende celtique et la Poésie des Cloîtres bretons. Nouvelle édition. 1 vol. in-12. . . . . 3 fr. 50
L'Enchanteur Merlin (Myrdhinn). Son histoire, ses œuvres, son influence. Nouv. édit. 1 vol. in-12. . . . . 3 fr. 50

WHYTE MELVILLE

Les Gladiateurs. Rome et Judée. Roman antique trad. par Bernard DEROSNE, avec préface de TH. GAUTIER. 2ᵉ édit. 2 vol. in-12. . . . . 7 fr.

WITT (C. DE)

Études sur l'histoire des États-Unis d'Amérique. 2 vol. in-12. . . 7 fr.
— **Histoire de Washington** *et de la fondation de la République des États-Unis*, par M. CORNÉLIS DE WITT, avec une Étude par M. GUIZOT. Nouv. édit. 1 vol. in-12 avec carte. . . . . 3 fr. 50
— **Thomas Jefferson**. *Étude sur la démocratie américaine*. Nouvelle édition. 1 vol. in-12. . . . . 3 fr. 50

ZELLER

Les Empereurs romains. Caractères et portraits historiques. 2ᵉ édition. 1 vol. in-12. . . . . 3 fr. 50
Entretiens sur l'histoire. — Antiquité et moyen âge. 1 vol. in-12. . 3 fr. 50
Entretiens sur l'histoire. — Moyen âge. 1 vol. in-12. . . . . . 3 fr. 50

OUVRAGES DE M. ALLAN KARDEC

Qu'est-ce que le Spiritisme ? Introduction à la connaissance du monde invisible ou des Esprits. 3ᵉ édition, augmentée. 1 vol. in-12. . . . . 1 fr.

Le Spiritisme à sa plus simple expression. Exposé sommaire de l'Enseignement des Esprits et de leurs manifestations. In-12. . . . . 15 c.

Le Livre des Esprits, contenant : les principes de la doctrine spirite sur l'immortalité de l'âme, la nature des Esprits et leurs rapports avec les hommes; les lois morales; la vie présente, la vie future et l'avenir de l'humanité, selon l'enseignement donné par les Esprits. 12ᵉ édition. 1 fort vol. in-12. . . . . 3 fr. 50

Le Livre des Médiums, ou GUIDE DES MÉDIUMS ET DES ÉVOCATEURS, contenant l'enseignement spécial des Esprits sur la théorie de tous les genres de manifestations, les moyens de communiquer avec le monde invisible, etc. 8ᵉ édition. 1 fort vol. in-12. . . . . 3 fr. 50

Le Ciel et l'Enfer, OU LA JUSTICE DIVINE SELON LE SPIRITISME. 1 vol. in-12. 3 fr. 50

L'Évangile selon le spiritisme : PARTIE MORALE. 3ᵉ édit. 1 vol. in-12. 3 fr. 50

Révélations du monde des esprits, par J. ROZE, médium. 3 vol. in-12. 6 fr.

Phénomènes des frères Davenport. Trad. du Dʳ NICHOLS. 1 v. in-12. . . 3 fr.

Des forces naturelles inconnues, à propos des phénomènes produits par les frères Davenport et par les médiums en général. Etude critique par HERMÈS. In-12. . . . . 1 fr.

Histoire de Jeanne d'Arc, dictée par elle-même à Ermance DUFAUX. 2 édit. 1 vol. in-12. . . . . 3 fr

Les Bardes druidiques. Synthèse philosophique du XIXᵉ siècle par M. A. PEZZANI. 1 vol. in-12. . . . . 1 fr. 50

BIBLIOTHÈQUE D'ÉDUCATION MORALE

Première série à 3 fr. le vol. broché

Mᵐᵉ LA PRINCESSE DE BROGLIE

Les Vertus chrétiennes. — Les Vertus théologales et les Commandements de Dieu. Ouvrage approuvé par Mgr l'Archevêque de Paris. 2 vol. in-12, illustrés de lithographies et de vignettes.

Mᵐᵉ DE WITT, NÉE GUIZOT

Une Famille à Paris. Scènes de la Vie des jeunes filles. 1 vol. in-12, orné de lithographies et vignettes.

Promenades d'une Mère, ou les douze Mois. 1 vol. in-12, orné de lithographies et de vignettes.

Les Petits Enfants, contes. 1 vol. in-12, orné de lithographies et de vignettes.

Contes d'une Mère à ses Enfants. 1 vol. in-12, orné de lithographies et de vignettes.

Une Famille à la campagne. 1 vol. in-12, orné de lithographies et de vignettes.

Hélène et ses Amies, histoire pour les jeunes filles; traduit de l'anglais. 1 vol. in-12, orné de lithographies.

DE GERANDO ET B¹⁰ DELESSERT.

Les Bons exemples, nouvelle morale en action. — *Charité et Dévouement.* 1 vol. in-12, illustré de jolies vignettes de J. David.

— 2ᵉ série : *Courage et Humanité.* 1 vol. in-12, illustré de jolies vignettes de J. David.

Mˡˡᵉ ULLIAC-TRÉMADEURE

André, ou LA PIERRE DE TOUCHE. (*Ouvrage couronné.*) Nouv. édit. 1 joli vol. in-12, illustré de lithographies.

Contes de ma mère l'Oie. Nouv. édit. 1 joli vol. in-12, illustré de lithographies.

MICHEL MASSON

Les Enfants célèbres, histoire des enfants qui se sont immortalisés par le malheur, la piété, le courage, le génie, etc. Nouvelle édition. 1 vol. in-12, orné de lithographies et vignettes.

Mᵐᵉ GUILLON-VIARDOT

Cinq Années de la Vie des Jeunes Filles. (*L'Entrée dans le monde.*) 1 joli vol. in-12.

Mᵐᵉ A. TASTU

Lettres choisies de madame de Sévigné, avec son Éloge. (*Couronné par l'Académie française.*) 1 vol. in-12.

Deuxième série à 2 fr. le vol. broché.

Mᵐᵉ GUIZOT

L'Écolier, ou RAOUL ET VICTOR. (*Ouvrage couronné par l'Académie française.*) 12ᵉ édition. 2 vol. in-12, 8 vignettes.

Une Famille, par Mᵐᵉ GUIZOT, ouvrage continué par Mᵐᵉ A. TASTU. 7ᵉ édition. 2 vol. in-12, 8 vignettes.

Les Enfants. Contes pour la jeunesse. 10ᵉ édition. 2 vol. in-12, 8 vignettes.

Nouveaux Contes pour la jeunesse, 9ᵉ édition. 2 vol. in-12, 8 vignettes.

Récréations morales. Contes pour la jeunesse. 10ᵉ édit. 1 vol. in-12, 4 vign.

Lettres de Famille sur l'éducation. (*Ouvrage couronné par l'Académie française.*) 5ᵉ édition. 2 vol. in-12. . . . . 6 fr.

Mᵐᵉ F. RICHOMME

Julien et Alphonse, ou le NOUVEAU MENTOR. (*Ouvrage couronné par l'Académie française.*) 1 vol. in-12, 6 lithographies.

ERNEST FOUINET

Souvenirs de Voyage en Suisse, en Grèce, en Espagne, etc., ou Récits du CAPITAINE KERNOEL, destinés à la jeunesse. 1 vol. in-12 avec 6 lithographies.

Mˡˡᵉ C. DELEYRE

Contes pour les enfants de 5 à 7 ans. Nouv. édit. revue par Mᵐᵉ F. RICHOMME. 1 vol. in-12, avec jolies lithographies.

Contes pour les enfants de 7 à 10 ans. Nouv. édit. revue par Mᵐᵉ F. RICHOMME. 1 vol. in-12, avec jolies lithographies.

Mˡˡᵉ ULLIAC-TRÉMADEURE

Les Jeunes Naturalistes. Entretiens familiers sur les *animaux*, les *végétaux* et les *minéraux*. 5ᵉ édition. 2 vol. in-12, ornés de 32 vignettes.

Mlle ULLIAC-TRÉMADEURE (suite)

Claude, ou le GAGNE-PETIT. (*Ouv. cour. par l'Acad. fr.*) 2ᵉ édit. 1 v. in-12, 4 vig.
Étienne et Valentin, ou MENSONGE ET PROBITÉ. (*Ouvrage couronné.*) 3ᵉ édition. 1 vol. in-12. 4 vignettes.
Les Jeunes Artistes. Contes sur les beaux-arts. Nouv. édit. 1 vol. in-12. 4 vig.
Contes aux jeunes Naturalistes sur les animaux domestiques. 5ᵉ édition. 1 vol. in-12, 4 vignettes.
Émilie, ou la Jeune Fille auteur. 1 vol. in-12. 4 vignettes.

Mme A. TASTU

Les Récits du Maître d'école imités de CÉSAR CANTU, 1 vol. in-12. 4 vignettes.
Les Enfants de la vallée d'Andlau, notions familières sur la religion, les merveilles de la nature, etc., par Mmes VOÏART et A. TASTU. 2 vol. in-12, 8 vignettes.
Lectures pour les Jeunes Filles. Modèles de littérature en prose et en vers, extraits des Écrivains modernes. 2 vol. in-12, 8 portraits.
Album poétique des jeunes Personnes, ou CHOIX DE POÉSIES, extrait des meilleurs auteurs. 1 vol. in-12, 4 portraits.

Mme DELAFAYE-BRÉHIER

Les Petits Béarnais. Leçons de morale. 12ᵉ édition. 2 vol. in-12, 8 vignettes.
Les Enfants de la Providence, ou AVENTURES DE TROIS ORPHELINS. 6ᵉ édition, revue par Mme F. RICHOMME. 2 vol. in-12, 8 vignettes.
Le Collège incendié, ou les ÉCOLIERS EN VOYAGE. 6ᵉ édit. 1 vol. in-12, 4 vign.

Mme L. BERNARD

Les Mythologies racontées à la jeunesse. 5ᵉ édition. 1 vol. in-12, orné de gravures d'après l'antique.

BERQUIN

L'Ami des Enfants. Édition complète. 2 vol. in-12, 32 figures.

Mme ÉL. MOREAU-GAGNE

Voyages et aventures d'un jeune Missionnaire en Océanie, etc. 1 vol. in-12, 4 lithographies.

FERTIAULT

Les Voix amies. Science, jeunesse, raison. Poésies. 1 vol. in-12.

OUVRAGES ILLUSTRÉS GRAND IN-8

Mme TASTU

Éducation maternelle. *Simples leçons d'une mère à ses enfants*, sur la lecture, l'écriture, l'arithmétique, la grammaire, la mémoire, la géographie, l'histoire sainte, etc. Nouvelle édition, imprimée avec luxe, illustrée de 500 jolies vignettes et cartes coloriées. 1 vol. grand in-8, papier jésus glacé. . . . . 15 fr.

FÉNELON

Les Aventures de Télémaque et les Aventures d'Aristonoüs. Édition illustrée par TONY JOHANNOT, BARON, C. NANTEUIL, etc., accompagnée d'ÉTUDES, par MM. VILLEMAIN, S. DE SACY, de l'Académie française, et J. JANIN, et suivie d'un *Vocabulaire historique et géographique*. 1 beau vol. grand in-8, illustré de plus de 200 belles vignettes.. . . . . 9 fr.

MICHELANT

Faits mémorables de l'Histoire de France, recueillis d'après nos meilleurs historiens, et accompagnés d'une introduction par M. DE SÉGUR. 1 beau vol. grand in-8, illustré de 128 très-belles vignettes de V. ADAM. . . . . . . 12 fr.

MICHEL MASSON

Les Enfants célèbres. Histoire des enfants qui se sont immortalisés par le malheur, la piété, le courage, le génie et les talents. Nouvelle édition. 1 beau vol. grand in-8, illustré de très-jolies lithographies et de vignettes sur bois. 9 fr.

Mme GUIZOT

L'Amie des Enfants. Petit Cours de morale en action, comprenant tous les Contes de Mme Guizot. Nouvelle édition, enrichie de *Moralités* en vers, par Mme Élise Moreau. 1 fort vol. grand in-8, illustré de belles lithographies.. 9 fr.

L'Écolier, ou Raoul et Victor. (*Ouvrage couronné par l'Académie française.*) Nouvelle édition. 1 joli vol. grand in-8, illustré de belles lithographies. 9 fr.

PITRE-CHEVALIER

La Bretagne ancienne depuis son origine jusqu'à sa réunion à la France. Nouvelle édition. 1 beau vol. grand in-8, illustré par MM. A. Leleux, Penguilly et T. Johannot, de plus de 200 belles vignettes sur bois, gravures sur acier, types et cartes coloriés. . . . . 15 fr.

La Bretagne moderne depuis sa réunion à la France jusqu'à nos jours. *Histoire des États et des Parlements, de la Révolution dans l'Ouest, des guerres de la Vendée*, etc., illustrée par MM. Leleux, Penguilly et T. Johannot. 1 beau vol. grand in-8, orné de plus de 200 vignettes sur bois, gravures sur acier, types et cartes coloriés. . . . . 15 fr.

La Suisse illustrée. Description et histoire de ses vingt-deux cantons, par MM. de Chateauvieux, Dubochet, Francini, Monnard, Meyer de Knonau, de Ruttimann, Schnell, Strohmeier, de Tscharner, Henry Zschokke, etc.; illustrée de 32 jolies vues gravées sur acier et carte. 1 vol. gr. in-8 jésus. Nouvelle édit. 10 fr.
— Le même ouvrage, en 2 vol. grand in-8, *illustrés* de 50 jolies vues gravées sur acier, costumes coloriés et cartes. . . . . 20 fr.

Mme ÉLISE MOREAU

Une Vocation, ou le Jeune Missionnaire. Ouvrage à l'usage de la jeunesse, 1 vol. in-8, orné de jolies lithographies. . . . . 5 fr.

BUFFON

Le Petit Buffon illustré. Histoire naturelle des *Quadrupèdes*, des *Oiseaux*, des *Insectes* et des *Poissons*; extraite de Buffon, Lacépède, Olivier, etc., par le bibliophile Jacob. 4 vol. gr. in-32, ornés de 325 figures gravées sur acier. 6 fr.
— Le même, avec les 325 figures coloriées avec soin. . . . . 10 fr.

Mme AMABLE TASTU

Le premier Livre de l'Enfance, lecture et écriture. *Simples leçons d'une Mère à ses enfants*. 1 vol. de 80 pages, grand in-8, illustré de plus de 100 vignettes, papier vélin glacé, cartonné avec la couverture. . . . . 2 fr.

BERQUIN

L'Ami des Enfants. Nouvelle édition complète, 1 vol. grand in-8, illustré de jolies lithographies et de vignettes. . . . . 7 fr. 50

Œuvres complètes de Berquin, renfermant l'*Ami des Enfants et des Adolescents*, le *Livre de famille*, *Sandford et Merton*, etc. 4 vol. in-8, format anglais, illustrés de 200 vignettes. . . . . 10 fr.

— **L'Ami des Enfants et des Adolescents.** 2 vol. in-8, avec 100 fig. . 6 fr.
— **Le Livre de Famille.** 1 vol. in-8 avec 50 vignettes. . . . . 3 fr.
— **Sandford et Merton.** 1 vol. in-8, avec 50 vignettes. . . . . . . 3 fr.

HERBIER DES DEMOISELLES

Traité de la Botanique présentée sous une forme nouvelle et spéciale, contenant la description des plantes et les classifications, l'exposé des plantes les plus utiles; leur usage dans les arts et l'économie domestique et les souvenirs historiques qui y sont attachés; les règles pour herboriser; la disposition d'un herbier; etc., etc., par Ed. Audouit, édit. revue par le Dr Hoefer. 1 v. in-8, *illustré de 335 jolies vignettes coloriées*.............................. 10 fr.
— Le même ouvrage, 1 vol. in-12, avec les grav. noires......... 5 fr.
— — — grav. coloriées........ 7 fr. 50
Atlas de l'Herbier des Demoiselles, dessiné par Bézard, gravé et colorié avec soin. Joli album de 106 pl. in-4, renfermant plus de 350 sujets..... 10 fr.

DICTIONNAIRE DE MÉDECINE USUELLE

A l'usage des gens du monde, des chefs de famille et des grands établissements, des administrateurs, des magistrats, des officiers de police judiciaire, et enfin de tous ceux qui se dévouent au soulagement des malades.

Par une société de Membres de l'Institut, de l'Académie de médecine, de Professeurs, de Médecins, d'Avocats, d'Administrateurs et de Chirurgiens des hôpitaux dont les noms suivent : Andrieux, Andry, Blache, Blandin, Bouchardat, Bourgery, Caffe, Capitaine, Carbon du Villards, Chevalier, Cloquet (J.), Colombat, Cottereau, Couverchel, Cullerier (A.), Deleau, Devergie, Donné, Falret, Fiard, Furnari, Gerdy, Gilet de Grammont, Gras (Albin), Guersent, Hardy, Larrey (H.), Lagasquie, Landouzy, Lélut, Leroy d'Etiolles, Lesueur, Magendie, Marc, Marchesseaux, Martins, Miquel, Olivier (d'Angers), Orfila, Paillard de Villeneuve, Pariset, Plisson, Poiseuille, Sanson (A.), Royer-Collard, Trébuchet, Toirac, Velpeau, Vée, etc. Publié sous la direction du docteur Beaude, médecin inspecteur des eaux minérales, membre du Conseil de salubrité. 2 forts vol. in-4... 24 fr.
En demi-reliure dos de chagrin................... 30 fr.

ŒUVRE DE DAVID D'ANGERS

Collection de 125 portraits contemporains gravés par les procédés de M. Ach. Collas, d'après les médaillons du célèbre artiste. Chaque portrait séparément....................................... 75 c.

Portraits de Washington, de Napoléon Ier, de Louis-Philippe, gravés d'après les procédés de M. Ach. Collas. In-folio, chacun......... 3 fr.

Bas-reliefs du Parthénon et du temple de Phigalie, disposés suivant l'ordre de la composition originale et gravés d'après les procédés de M. Ach. Collas. 1 joli album in-4 oblong, contenant 20 planches et un texte de 40 pages, par M. Ch. Lenormant, de l'Institut, cartonné élégamment à l'anglaise..... 10 fr.

OUVRAGES DE NAPOLÉON LANDAIS

ET DE SES COLLABORATEURS

Grand Dictionnaire général des Dictionnaires français, résumé de tous les dictionnaires, par N. LANDAIS, 14ᵉ édition, revue et augmentée d'un *Complément* de 1200 pages. 3 vol. réunis en 2 vol. grand in-4 de 3000 pages. . . . . . 40 fr.
Ce dictionnaire contient la nomenclature exacte des mots *usuels* et *académiques, archaïques et néologiques, artistiques, géographiques, historiques, industriels, scientifiques*, etc., *la conjugaison de tous les verbes irréguliers, la prononciation figurée des mots, les étymologies savantes, la solution de toutes les questions grammaticales*, etc.

Complément du Grand Dictionnaire de Napoléon Landais, pour les onze premières éditions, par une société de savants sous la direction de MM. D. CHÉSUROLLES et L. BARRÉ. 1 fort vol. in-4 de près de 1200 pages à 3 colonnes. . . 15 fr.

Grammaire générale des Grammaires françaises, présentant la solution de toutes les questions grammaticales, par N. LANDAIS. 6ᵉ édit. 1 vol. in-4. . 9 fr.

Petit Dictionnaire des Dictionnaires français, par N. LANDAIS. Ouvrage *entièrement refondu*, et offrant, sur un nouveau plan, la nomenclature complète, la prononciation nécessaire, la définition claire et précise et *l'étymologie* vraie de tous les mots du vocabulaire usuel et littéraire, et de tous les termes scientifiques, artistiques et industriels de la langue française, par M. CHÉSUROLLES. 1 très-joli vol. in-32 de 600 pages.. . . . . 1 fr. 50

Dictionnaire des Rimes françaises, disposé dans un ordre nouveau d'après la distinction des rimes en *suffisantes, riches* et *surabondantes*, etc., précédé d'un *Traité de Versification*, etc., par N. LANDAIS et L. BARRÉ. 1 vol. in-32. . 1 fr. 50

Petit Dictionnaire biographique des personnages célèbres de tous les temps et de tous les pays, *extrait du Dictionnaire de Napoléon Landais*, par M. D. CHÉSUROLLES. 1 fort vol. grand in-32 de 600 pages.. . . . . 1 fr. 50

DICTIONNAIRE DE TOUS LES VERBES

De la langue française tant *réguliers qu'irréguliers*, entièrement conjugués, sous forme synoptique, précédé d'une théorie des verbes et d'un traité des participes, etc. d'après l'ACADÉMIE, LAVEAUX, TRÉVOUX, BOISTE, NAPOLÉON LANDAIS et nos grands écrivains; par MM. VERLAC et LITAIS DE GAUX, professeur, membre de la Société grammaticale de Paris, etc. 1 beau vol. in-4. Nouv. édit.. . . . 10 fr.

VERGANI

Grammaire italienne en 20 leçons, revue par MORNETTI et augmentée par BRUNETTI. Nouvelle édition. 1 vol. in-12.. . . . . 1 fr.

LE CORPS DE L'HOMME

Traité complet d'anatomie et de physiologie humaine, suivi d'un *Précis des Systèmes de* LAVATER *et de* GALL; à l'usage des gens du monde, des médecins et des élèves, par le docteur GALET. 4 vol. in-4, *illustré* de plus de 400 figures dessinées d'après nature et lithographiées. . . . . 90 fr.
— LE MÊME OUVRAGE, avec les 400 figures coloriées avec le plus grand soin. 140 fr.

NOUVELLE COLLECTION DES MÉMOIRES RELATIFS A L'HISTOIRE DE FRANCE
Par MM. Michaud et Poujoulat,
Avec la collaboration de MM. Champollion, Bazin, Moreau, etc.

34 volumes grand in-8 jésus à 2 col., illustrés de plus de 100 portraits sur acier. Prix: 300 fr.

TOME I.
G. DE VILLEHARDOUIN. — H. DE VALENCIENNES. P. SARRAZIN. — SIRE DE JOINVILLE. — Sur le règne de saint Louis et les Croisades (1198-1270).
DU GUESCLIN. — Mémoires (13...-1380).
CHRISTINE DE PISAN — Le Livre des faits, etc., du roi Charles V (1336-1372).

TOME II.
CH. DE PISAN. — Le Livre des faits, 2ᵉ part. (1375-1380).
EXTRAITS DES CHRONIQUEURS, sur les règnes de Philippe le Hardi, etc., jusqu'à Jean II.
JEAN LE MAINGRE dit BOUCICAUT (1368-1421).
J. DES URSINS (1380-1422). — P. DE FENIN (1407-1427).
ANONYME. — Journal d'un bourgeois de Paris sous Charles VI (1409-1422).

TOME III.
MÉMOIRES sur Jeanne d'Arc (1422-1429).
G. GRUEL. — Hist. d'Artus de Richemont (1413-1457).
ANONYME. — Journal d'un bourgeois de Paris sous Charles VII (1422-1449).
O. DE LA MARCHE. — J. DU CLERCQ (1435-1489).

TOME IV.
PH. DE COMINES. — Mém. (1464-1498).
JEAN DE TROYES. — Chronique (1460-1483).
G. DE VILLENEUVE. — Mém. (1494-1497).
J. BOUCHET. — Panég. de la Trémouille (1460-1525).
LE LOYAL SERVITEUR. — Hist. du bon chevalier Bayard (1476-1524).

TOME V.
LA MARK, seign. de Fleurange. — Hist. des règnes de Louis XII et de François Iᵉʳ (1499-1521).
LOUISE DE SAVOIE. — Journal (1476-1522).
MARTIN et G. DU BELLAY. — Mém. (1513-1547).

TOME VI.
F. DE LORRAINE, duc de Guise. — Mém. (1547-1561).
L. DE BOURBON, prince de Condé (1559-1564).
A. DU PUGET. — Mémoires (1561-1596).

TOME VII.
B. DE MONTLUC. — FR. DE RABUTIN. — Commentaires (1521-1574).

TOME VIII.
SAULX-TAVANNES. — Mémoires (1515-1595).
SALIGNAC. — Le siége de Metz (1552).
COLIGNY. — Le siége de S. Quentin (1557).
LA CHASTRE. — Mémoires du duc de Guise en Italie, etc. (1556-1557).
ROCHECHOUART. — ACH. GAMON. — J. PHILIPPI. — Mémoires (1497-1590).

TOME IX.
VIEILLEVILLE. — Mém. (1527-1571). — CASTELNAU. (1559-1570). — J. DE MERGEY (1554-1589). — FR. DE LA NOUE (1562-1570).

TOME X.
B. DU VILLARS. — Mém. (1559-1569). — MARG. DE VALOIS. (1569-1582). — PH. DE CHEVERNY. (1558-1592). — PH. HURAULT, év. de Chartres. (1599-1601).

TOME XI.
DUC DE BOUILLON. — Mém. (1555-1586). — CH. DUC D'ANGOULÊME (1569-1593). — DE VILLEROY. Mém. d'État (1581-1594). — J.-A. DE THOU (1553-1601).
J. CHOISNIN. — Mém. sur l'élection du roi de Pologne (1571-1573).
J. GILLOT, L. BOURGEOIS, DUBOIS. — Relations touchant la régence de Marie de Médicis, etc.
MATH. MERLE et S. AUBAN. — Mém. sur les guerres de religion (1572-1587).
M. DE MAR??LAC et CLAUDE GROULART. — Mém. et voyages ?? cour (1588-1600).

TOMES XII-XIII.
?. — Chronol. novenaire (1589-?). ? septenaire, etc. (1598-1604).

TOMES XIV-XV.
P. DE L'ESTOILE. — Registre-journal d'un curieux, etc. (1574-1589), publié d'après le manuscrit autographe presque entièrement inédit, par MM. Champollion. — Mém. et journal (1589-1611.)

TOMES XVI-XVII.
SULLY. — Mém. des sages et royales œconomies d'Estat, etc. (1570-1628).
MARBAULT, secrétaire de Duplessis-Mornay. — Remarques inédites sur les Mémoires de Sully.

TOME XVIII.
JEANNIN. — Négociations (1598-1609).

TOME XIX.
FONTENAY-MAREUIL (1609-1647). PONTCHARTRAIN Mém. (1610-1620). — M. DE MARILLAC. — Relation exacte de la mort du maréchal d'Ancre. — ROHAN. Mém. sur la guerre de la Valteline, etc. (1610-1629).

TOME XX.
BASSOMPIERRE (1597-1610). D'ESTRÉES (1610-1617).
TH. DU FOSSÉ. — Mémoires de Pontis (1597-1652).

TOMES XXI-XXII.
CARDINAL DE RICHELIEU. — Mémoires (1600-1635).

TOME XXIII.
C. DE RICHELIEU. — Mém. et Testam. (1635-1655).
ARNAULD D'ANDILLY. — Mém. (1610-1636).
ABBÉ ANT. ARNAULD (1634-1675).
GASTON, duc d'Orléans (1608-1636).
DUCHESSE DE NEMOURS. — Mémoires.

TOME XXIV.
Mme DE MOTTEVILLE. — LE P. BERTHOD (1615-1666).

TOME XXV.
CARD. DE RETZ. — Mémoires (1648-1679).

TOME XXVI.
GUY JOLY. — Mém. (1648-1665). CL. JOLY. — Mém. (1650-1653). — P. LENET. — Mém. (1627-1659).

TOME XXVII.
BRIENNE (1615-1661). — MONTRÉSOR (1632-1637).
FONTRAILLES. — Relation de la cour, pendant la faveur de M. de Cinq-Mars (1641).
LA CHATRE. — Mém. (1642-1643). — TURENNE. Mém. (1643-1659). — DUC D'YORK. Mém. (1652-1659).

TOME XXVIII.
Mlle DE MONTPENSIER. — Mémoires (1627-1686).
V. CONRART. — Mém. (1652-1661).

TOME XXIX.
MONTGLAT. — Mém. sur la guerre entre la France et la maison d'Autriche (1635-1660).
LA ROCHEFOUCAULD. — Mém. (1630-1652).
GOURVILLE. — Mémoires (1642-1698).

TOME XXX.
O. TALON. — Mém. (1630-1653). — CHOISY (1644-1724).

TOME XXXI.
HENRI, duc de Guise. — Mém. (1647-1648). — GRAMONT. — Mém. (1604-1677). — GUICHE. — Relation du passage du Rhin. — DU PLESSIS. — Mém. (1622-1671). M. DE *** (de Brégy). — Mém. (1613-1690).

TOME XXXII.
LA PORTE. — Mém. (1624-1666).
CHEVALIER TEMPLE. — Mém. (1672-1679).
Mme DE LA FAYETTE. — Hist. de Mme Henriette d'Angleterre. — Mém. de la cour de France (1688-1689).
LA FARE. — Mém. (1661-1693). — BERWICK. — Mém. (1670-1734). — CAYLUS. — Souvenirs. — TORCY. — Mém. p. servir à l'hist. des négociat. (1697-1713).

TOME XXXIII.
VILLARS. — Mém. (1672-1734). — FORBIN (1677-1710). — DUGUAY-TROUIN. — Mémoires (1689-1710).

TOME XXXIV.
DUC DE NOAILLES. — Mém. (1643-1756). — DUCLOS. — Mém. secrets, etc. (1713-1735).
Mme DE STAAL-DELAUNAY. — Mémoires.

TRÉSOR
DE NUMISMATIQUE
ET DE GLYPTIQUE

OU

Recueil général des Médailles, Monnaies, Pierres gravées, Bas-Reliefs, Ornements, etc.

TANT ANCIENS QUE MODERNES

LES PLUS INTÉRESSANTS SOUS LE RAPPORT DE L'ART ET DE L'HISTOIRE

GRAVÉ PAR LES PROCÉDÉS DE M. ACHILLE COLLAS

SOUS LA DIRECTION DE

M. PAUL DELAROCHE, peintre; M. HENRIQUEL DUPONT, graveur,
M. CHARLES LENORMANT, conservateur de la Bibliothèque, membre de l'Institut, etc.

20 parties ou volumes in-folio, comprenant plus de 1,000 planches accompagnées d'un texte historique et descriptif.

PRIX : 1260 FR.

DIVISION DES VINGT PARTIES

I

Numismatique des Rois grecs.................. 1 vol. avec 92 pl.
Nouvelle Galerie mythologique.................. 1 vol. avec 52 pl.
Bas-reliefs du Parthénon, etc.................. 1 vol. avec 16 pl.
Iconographie des Empereurs romains et de leurs familles. 1 vol. avec 64 pl.

II

Histoire de l'Art monétaire chez les modernes...... 1 vol. avec 56 pl.
Choix historique des Médailles des Papes.......... 1 vol. avec 48 pl.
Recueil de Médailles italiennes, XV° et XVI° siècle... 2 vol. avec 84 pl.
Recueil de Médailles allemandes, XVI° et XVII° siècle.. 1 vol. avec 48 pl.
Sceaux des Rois et Reines d'Angleterre............ 1 vol. avec 36 pl.

III

Sceaux des Rois et des Reines de France.......... 1 vol. avec 28 pl.
Sceaux des grands feudataires de la couronne de France. 1 vol. avec 32 pl.
Sceaux des communes, communautés, évêques, barons et abbés............................ 1 vol. avec 24 pl.
Histoire de France par les Médailles :
  1° de Charles VII à Henri IV................. 1 vol. avec 68 pl.
  2° de Henri IV à Louis XIV.................. 1 vol. avec 36 pl.
  3° de Louis XIV à 1789..................... 1 vol. avec 56 pl.
  4° Révolution française.................... 1 vol. avec 96 pl.
  5° Empire français........................ 1 vol. avec 72 pl.

IV

Recueil général de Bas-reliefs et d'Ornements...... 2 vol. avec 100 pl.

ŒUVRES COMPLÈTES
DE
BARTOLOMMEO BORGHESI

Publiées par les ordres et aux frais de S. M. l'Empereur NAPOLÉON III

ET PAR LES SOINS D'UNE COMMISSION COMPOSÉE DE

MM. LÉON RENIER, J. B. DE ROSSI, N. DESVERGERS, CAVEDONI, G. HENZEN, MINERVINI, RITSCHL, ROCCHI ET E. DESJARDINS, secrétaire

LES ŒUVRES COMPLÈTES DE BORGHESI FORMERONT 5 SÉRIES

En vente : 1° Les **Œuvres numismatiques** en 2 vol. in-4...... 40 fr
2° **Œuvres épigraphiques** qui formeront plusieurs vol. in-4
Tomes 1 à 3................ 60 fr.
Sous presse : 3° Les **Fastes consulaires** en 2 vol. in-folio.
4° La **Correspondance**, dont la plus grande partie est inédite et qui formera aussi plusieurs vol. in-4.
5° L'**Introduction**, comprenant la biographie et les œuvres littéraires de Borghesi.

LETTRES, INSTRUCTIONS ET MÉMOIRES
DE
COLBERT
PUBLIÉS
d'après les ordres de l'Empereur, sur la proposition de M. le Ministre des finances
PAR M. PIERRE CLÉMENT, DE L'INSTITUT

Tomes I à III parus en cinq parties, gr. in-8. — Prix : **46 fr.**

LE NORD DE L'AFRIQUE
DANS L'ANTIQUITÉ GRECQUE ET ROMAINE
ÉTUDE HISTORIQUE ET GÉOGRAPHIQUE
PAR
M. VIVIEN DE SAINT-MARTIN

OUVRAGE COURONNÉ EN 1830 PAR L'ACADÉMIE DES INSCRIPTIONS ET BELLES-LETTRES

1 vol. grand in-8 accompagné de 4 cartes (Imprimerie impériale). Prix : **12 fr.**

JOURNAL DES SAVANTS

COMPOSITION DU BUREAU :

M. LE MINISTRE DE L'INSTRUCTION PUBLIQUE, Président.

Assistants
M. LEBRUN, de l'Académie française.
M. GIRAUD, de l'Acad. des sciences morales.
M. NAUDET, de l'Académie des inscriptions et des sciences morales.
M. MÉRIMÉE, de l'Acad. fr. et des inscript.

Auteurs
M. V. COUSIN, de l'Acad. fr. et sc. morales.
M. CHEVREUL, de l'Académie des sciences.
M. FLOURENS, de l'Acad. fr. et des sciences.

M. VILLEMAIN, de l'Acad. française et des inscriptions.
M. PATIN, de l'Académie française.
M. MIGNET, de l'Acad. fr. et des sc. morales.
M. L. VITET, de l'Acad. fr. et des inscript.
M. B. SAINT-HILAIRE, de l'Ac. des sc. mor.
M. LITTRÉ, de l'Académie des inscriptions.
M. FRANCK, de l'Acad. des sciences morales.
M. BEULÉ, de l'Acad. des beaux-arts.
M. J. BERTRAND, de l'Acad. des sciences.

CONDITIONS DE L'ABONNEMENT

Le *Journal des Savants* paraît chaque mois par cahiers de 8 feuilles in-4. Le prix de l'abonnement est de 36 fr. par an pour Paris, et de 40 fr. pour les départements.

Chaque année forme 1 volume. Il reste encore quelques exemplaires de la collection en 49 vol. au prix de 735 fr. On peut avoir ensemble ou séparément les années depuis 1830 jusqu'en 1863 au prix de 25 fr.

REVUE ARCHÉOLOGIQUE

OU

RECUEIL DE DOCUMENTS ET DE MÉMOIRES RELATIFS A L'ÉTUDE DES MONUMENTS
A LA NUMISMATIQUE ET A LA PHILOLOGIE

DE L'ANTIQUITÉ ET DU MOYEN AGE

PUBLIÉS PAR

MM. le vicomte de Rougé, de Longpérier, F. de Saulcy, Alfred Maury
le duc de Luynes, Renier, Brunet de Presle, Miller, Egger, Beulé,
Membres de l'Institut ;

Viollet-le-Duc, Architecte du Gouvernement ;

le général Creuly, A. Bertrand, Chabouillet, de la Société des Ant. de France.

A. Mariette, Devéria, Conservateurs du Musée du Louvre ;

Vallet de Viriville, Professeur à l'École des chartes ; Perrot, Heuzey,
de l'École d'Athènes, etc.

ET LES PRINCIPAUX ARCHÉOLOGUES FRANÇAIS ET ÉTRANGERS

MODE ET CONDITIONS DE L'ABONNEMENT

La *Revue archéologique* paraît chaque mois par cahiers de 64 à 80 pages grand in-8, qui forment, à la fin de chaque année, deux volumes ornés de planches gravées sur acier et de gravures sur bois intercalées dans le texte.

Prix : Paris : Un an, 25 fr. — Départements : Un an, 27 fr.

Les années 1860 à 1865, formant les 12 premiers volumes de la nouvelle série, coûtent chacune 25 fr. (Le souscripteur à l'année 1866 peut acquérir cette Collection pour 120 fr. au lieu de 150.)